SARA WEBER

DAS KANN DOCH JEMAND ANDERES MACHEN!

Wie KI uns alle
sinnvoller arbeiten lässt

Kiepenheuer & Witsch

1. Auflage 2024

Covergestaltung Miriam Bröckel
Covermotiv © Carsten Gueth / @die_doing
Gesetzt aus der Bely und Barlow Condensed
Satz Buch-Werkstatt GmbH, Bad Aibling
Druck und Bindung GGP Media GmbH, Pößneck
ISBN 978-3-462-00685-8

»Nicht alles, mit dem wir konfrontiert werden, kann geändert werden, aber nichts kann geändert werden, wenn es nicht konfrontiert wird.«

JAMES BALDWIN

INHALT

Einleitung   9
Wovon sprechen wir überhaupt?   19
Die Gefahren von künstlicher Intelligenz   25

KAPITEL 1: GESTERN   49

These 1:
   Technologischer Fortschritt sorgt für bessere Arbeitsbedingungen.
   Außerdem profitieren die Arbeitskräfte finanziell.   53
These 2:
   Jobs, die durch technologischen Fortschritt verschwinden,
   werden durch bessere Jobs ersetzt. So wird die Arbeitswelt
   gerechter.   61
These 3:
   Wenn immer mehr Jobs automatisiert werden können,
   werden wir irgendwann alle arbeitslos sein.   70

KAPITEL 2: HEUTE   79

Jetzt stellt die KI ein!   84
Der Kampf für mehr Beteiligung   98
Die durchgetaktete Arbeitswelt   102
Sinnvoller arbeiten mit KI   108

KAPITEL 3: MORGEN 115

Brauchen wir noch Lehrkräfte? 117
Werden wir bald von Robotern gepflegt? 131
Ersetzt KI unsere Vorgesetzten? 150
Welche Jobs wird es künftig noch geben? 162
Verstärkt KI die Ungleichheiten im Arbeitsmarkt? 175
Rettet KI die Mittelschicht? 180

KAPITEL 4: ÜBERMORGEN 195

Wie werden wir 2030 arbeiten? 197
Wie werden wir 2050 arbeiten? 204

10 FORDERUNGEN FÜR EINE BESSERE ARBEITSWELT 209

Zum Schluss 219

Leseliste 222
Danksagung 225
Anmerkungen 227

EINLEITUNG

Wie schön wäre es, wenn jemand anderes unsere Arbeit machen könnte? All das, was uns nervt und uns nachts wach liegen lässt? Wenn wir uns zurücklehnen könnten, statt uns kaputtzuarbeiten – und uns auf andere Dinge konzentrieren könnten, die uns wichtig sind?

Auch wenn der Titel dieses Buchs verspricht, dass unsere Arbeit vielleicht künftig von *jemand* anderem gemacht werden könnte: Damit habe ich ein wenig übertrieben. Denn es ist viel wahrscheinlicher, dass nicht ein Jemand übernimmt, sondern ein Etwas: KI, künstliche Intelligenz.

Wir haben eine Technologie in unseren Händen, die grundlegend verändern kann, wie wir arbeiten. Die uns in einer perfekten Welt von all den Aufgaben befreien kann, die uns stressen, erschöpfen und anstrengen oder einfach nur langweilen. Die uns so Zeit freischaufeln kann für anderes: für Gemeinschaft und Fürsorge, für Nachdenken und Kreativität.

KI an sich ist nicht neu, aber die Technologie ist auf einmal so zugänglich und weit verbreitet wie nie zuvor. Man kann mit KI reden, schreiben, interagieren, ohne programmieren zu können oder sich besonders gut mit Technik auszukennen. Es hat sich etwas verschoben. Und daran ist vor allem ein Programm schuld: ChatGPT.

Am 30. November 2022 ging der Chatbot des US-Unternehmens OpenAI live. Im Januar 2023 hatte GPT-3.5 bereits 100 Millionen Nutzer*innen – so schnell hatte zu diesem Zeitpunkt keine andere Verbrauchersoftware diese Zahl erreicht. Wenige Monate später folgte dann das bessere, schnellere, stärkere Modell GPT-4.

Auch ich gehöre zu den Menschen, deren Arbeitsabläufe sich in den vergangenen Monaten verändert haben. Bis vor Kurzem hat KI meine Arbeit nur am Rande berührt. Dann kam ChatGPT, und ich war im ersten Moment überfordert und sogar verängstigt davon, wie gut die Ergebnisse waren, die ich selbst auf eine einfache Frage erhielt. Und jetzt? Übersetze ich Texte mit DeepL und lasse meine Interviews mit der Spracherkennungs-AI Whisper transkribieren. Wie ich diese installieren kann, obwohl ich die Programmiersprache Python nicht beherrsche, habe ich mir Schritt für Schritt von ChatGPT erklären lassen. Ich bitte ChatGPT auch regelmäßig, mir komplexe Konzepte oder Zusammenhänge so zu erklären, als wäre ich zwölf, oder mir wissenschaftliche Aufsätze zusammenzufassen. Ich stelle Perplexity.ai Fragen, auf die Google keine Antwort hat, und lasse mir bei Dall-E Bilder erstellen, die meine Wunschutopie zeigen. Mit all diesen KI-Programmen habe ich mir quasi einen digitalen Praktikanten gebaut, der mir Arbeit abnimmt, mit dem ich Ideen durchspielen kann und der mir hilft, eine bessere Formulierung oder ein klareres Beispiel zu finden. Keine Angst: Ich habe in diesem Buch nicht den super lustigen Trick angewandt, einen Absatz oder ein Kapitel von ChatGPT schreiben zu lassen, auch wenn das möglich gewesen wäre und ich es beim dritten Lesen vielleicht schon selbst nicht mehr gemerkt hätte. Dafür spielte KI hinter den Kulissen eine Rolle.

Das ist die Veränderung, die ich im Kleinen sehe, in meinem persönlichen Berufsalltag. Damit bin ich nicht alleine: Ende 2023 hat ein Drittel der Deutschen ChatGPT bereits genutzt, ein weiteres Drittel konnte sich vorstellen, dies künftig zu tun, wie eine Befragung des IT-Branchenverbands Bitkom zeigt. Zwei Drittel glauben, dass ChatGPT und Co unser Leben grundlegend verändern werden, auch im Job. Rund die Hälfte der ChatGPT-Nutzer*innen setzt das Tool bereits für berufliche Zwecke ein. Regeln dafür, wie solche generative KI am Arbeitsplatz eingesetzt werden darf, kennt jedoch nur ein Viertel der Erwerbstätigen aus dem eigenen Betrieb.[1]

Künstliche Intelligenz verändert schon jetzt, wie wir leben. KI sagt mir, wann ich aus dem Haus gehen muss, damit ich trotz Stau pünktlich zum Kaffee bei meiner besten Freundin bin. Sie schlägt mir die Serie vor, die ich unbedingt als Nächstes anschauen sollte, weil sie genau meinen Geschmack treffen könnte. KI ist ein ganz normaler Bestandteil unseres Lebens geworden, den wir oft gar nicht mehr bemerken. Natürlich ist KI viel mehr als ChatGPT oder Google Gemini oder Microsoft Copilot – oder wie all die anderen Programme heißen, die mittlerweile überall sind. Diese Chatbots alleine werden nicht für die große Revolution sorgen. Aber sie haben selbst den Menschen, die sich davor gar nicht für KI interessiert haben, bewusst gemacht, wie weitreichend die Veränderung sein wird, die uns da bevorsteht – und die auch vor der Arbeitswelt nicht haltmachen wird.

Sie wird uns alle betreffen, egal, in welchem Job oder in welcher Branche wir arbeiten. Und diese Veränderung wird sehr schnell kommen. Das wird uns als Gesellschaft vor neue Herausforderungen stellen, ganz klar. Deutschland ist nicht gerade dafür bekannt, die Digitalisierung perfekt gemeistert zu haben. Das wissen alle, die in den letzten Jahren auf dem Amt eine neue Adresse melden oder einen Ausweis erneuern wollten, die jedes Quartal mit ihrer Versichertenkarte in eine Arztpraxis rennen müssen oder die einfach per E-Mail ein Abo kündigen wollen, aber denen gesagt wurde, dass das nur per Brief oder Fax (!!) gehe. Aber die KI-Welle wird kommen, und die Frage ist, ob wir darauf richtig vorbereitet sind – und was wir heute tun müssen, damit wir morgen auf der Welle surfen können, statt von ihr überrollt zu werden.

Ich habe in den vergangenen Monaten viele Gespräche und Diskussionen über Arbeit geführt. Darüber, wie wir heute arbeiten und wie wir in Zukunft arbeiten werden. Über das, was gut funktioniert, und das, was von Grund auf geändert werden muss. Eine Frage, die dabei immer häufiger aufkam, war die folgende:»Nimmt KI mir meine Arbeit weg? Muss ich mir Sorgen machen?« Oder ganz konkret:»Was soll ich heute studieren, damit ich morgen noch einen Job kriege?«

Da ich seit Jahren über Technologie und Digitalisierung schreibe, zeitweise selbst im Technologiekonzern LinkedIn gearbeitet habe und, zugegeben, ein ziemlicher Nerd bin, hatte ich zwar immer eine schnelle Antwort parat, aber so richtig befriedigend fand ich sie nie. Ich wollte tiefer in das Thema eintauchen und mit Menschen sprechen, die KI bereits im Arbeitsalltag nutzen, die zu künstlicher Intelligenz forschen und die sich Gedanken um die Zukunft unserer (Arbeits-)Welt machen. Ich wollte wissen: Was wäre eigentlich, wenn KI uns wirklich einen Teil unserer Arbeit abnehmen würde? Welche Branchen verändert das? Welche Berufe bleiben davon (vermeintlich) unberührt? Und was macht es mit uns, wenn wir künftig anders über Arbeit nachdenken müssten, und über den Stellenwert, den sie in unserem Leben hat?

Ich bin fest davon überzeugt, dass KI unsere Arbeitswelt nicht nur anders, sondern besser machen kann. Und dass dieser Umbruch zum genau richtigen Zeitpunkt kommt. Denn wir brauchen diese Veränderung dringend: Arbeit, wie sie heute funktioniert, macht uns krank und müde. Unsere Arbeitswelt ist kaputt. Der demografische Wandel bringt einen Mangel an menschlichen Arbeitskräften mit sich. Wir haben also zwei Optionen: Entweder arbeiten alle noch mehr, um das auszugleichen. Manche sehen mehr Bock auf Arbeit oder mehr Lust auf

Überstunden als Lösung – und ignorieren die Gefahr, dass wir so noch stärker ausbrennen, als das jetzt schon der Fall ist. Oder wir nutzen KI, um unsere Arbeitswelt komplett umzugestalten, und zwar so krass, wie die Menschheit es seit der Dampfmaschine nicht mehr gesehen hat.

Wir haben mit KI eine neue Partnerin an unserer Seite. Oft wirkt diese Technologie ziemlich menschlich – auch weil sie eine immer größere Rolle auf unseren Smartphones und bei unserer Internetnutzung einnimmt. Deshalb reden wir auch so über sie: dass sie denke oder etwas wolle oder etwas tue. Dabei hat keine KI menschlichen Gefühle oder Gedanken – auch wenn in der künstlichen Intelligenz jede Menge menschliche Intelligenz steckt. Wir übertragen in der Art, wie wir über KI sprechen, menschliche Eigenschaften auf die Technologie. Kein Wunder, schließlich wurde sie mit menschlichem Wissen trainiert, mit Dingen, die Menschen geschrieben, geschaffen, gesagt, gedacht und sogar gefühlt haben. Davon zu sprechen, dass KI etwas tue oder denke, fühlt sich deshalb kaum vermeidbar an, wie in diesem Buch immer wieder zu sehen sein wird.

Das bringt allerdings die Gefahr mit sich, dass wir vergessen, dass KI nicht wirklich für sich selbst denken, entscheiden, agieren kann, sondern dass hinter ihr immer Menschen stehen, die sie entwickeln, ihr ein Weltbild mitgeben und entscheiden, welchen Zweck die Maschine hat. Diese Entscheidungen werden von Menschen mit viel Macht getroffen, die so wiederum besonders viel Einfluss darauf haben, wie wir unsere (Arbeits-) Welt gestalten. In diesem Falle gilt das für die Menschen, die die Unternehmen leiten, in denen die größten KI-Anwendungen entwickelt werden, die an ihrer Nutzung verdienen und Geschäftsmodelle gestalten, von denen sie besonders profitieren.

Aber es gibt auch andere Menschen, die Macht haben: weil sie durch Wahlen damit ausgestattet wurden. Weil sie als Konsument*innen entscheiden, unter welchen Umständen sie welche Produkte nutzen wollen – oder eben nicht. Weil sie sich mit anderen zusammenschließen, um gemeinsam ihre Macht zu demonstrieren. Dass Arbeitsbedingungen auf diese Art gestaltet werden können, kennen wir von Betriebsräten und Gewerkschaften. Diese Menschen – wir alle – können und sollten diese neue Technologie mitgestalten.

Was wir in der Diskussion um Technologie – und vor allem um künstliche Intelligenz – oft vergessen: Es ist ein Werkzeug, bei dem wir uns entscheiden können, ob und wie wir es einsetzen. Nur weil eine Technologie existiert, heißt das nicht, dass wir sie benutzen müssen – oder dass die Technologie für uns entscheidet, wie wir sie benutzen. Wir entwickeln und gestalten diese neue Welt. Wir entscheiden, in welche Richtung wir gehen wollen. Wir entwickeln Normen, Regeln, Gesetze und Regularien. Wir entscheiden, ob wir uns überrollen lassen oder aktiv mitgestalten. Und wir entscheiden, ob wir eine positive, gerechte und menschenzentrierte Entwicklung wollen oder eine, in der einige wenige profitieren und alle anderen schlechter, ärmer, geschaffter zurückbleiben als zuvor.

Wenn wir uns darauf besinnen, dass wir die Fäden in der Hand haben, können wir eine sinnstiftende und bessere Arbeitswelt bauen – und damit die Fehler berichtigen, die sich in unserer Arbeitskultur in den letzten Jahren und Jahrzehnten zementiert haben: die massive Ungleichheit, die unbezahlten Überstunden, der ständige Druck, noch produktiver werden zu müssen, das Gefühl, zwischen Erwerbsarbeit und Sorgearbeit zerrieben zu werden. KI kann uns dabei helfen, eine gerechtere Arbeitswelt zu schaffen und unsere Zeit sinnvoller zu verbringen. Schließlich kann uns Arbeit so viel geben: Teilhabe, Struktur, Gemeinschaft, das Gefühl, einen Beitrag zu leisten. Eines der großen Versprechen der Digitalisierung war, dass wir endlich mehr Zeit und Raum haben würden. Passiert ist das nicht, im Gegenteil: Die Schere ist noch weiter aufgegangen zwischen

Arm und Reich, zwischen formal hoch und gering qualifizierten Arbeitskräften. Aber was, wenn wir KI nutzen könnten, um den Klassenunterschied in der Arbeitswelt zu verringern, statt ihn weiter zu vergrößern?

Dieser Umbruch, der uns bevorsteht, ist ein besonderer: Er betrifft nicht nur Menschen, deren Arbeit bereits stark automatisiert wurde. Sondern er trifft vor allem diejenigen, die in schicken Bürojobs und Berufen arbeiten, für die man »was Ordentliches« studieren musste. Die Menschen, die unsere Steuer machen, uns rechtlich beraten, unsere Krankheiten diagnostizieren. KI geht ans Mark der Wissensarbeit, die angeblich so viel menschliche Denkkraft braucht, dass Maschinen sie nie übernehmen könnten. Von wegen. Die Maschinen sind da, sie sind verdammt gut, und sie sind bereit für den Job – wenn wir sie richtig darauf vorbereiten!

Die Digitalisierung hat uns eine Arbeitswelt versprochen, in der wir lästige Aufgaben auslagern und uns ein nettes Leben machen. Stattdessen erfinden wir am laufenden Band neue *Bullshit Jobs,* um nicht darüber nachdenken zu müssen, was bei der Arbeit alles schiefläuft. Hauptsache Vollbeschäftigung, Hauptsache, niemand kommt auf dumme Ideen. Doch damit ist jetzt Schluss! Denn KI wird bei diesen Jobs einmal rigoros abräumen. Ganze Branchen werden sich verändern, und zwar in Rekordgeschwindigkeit. Und wenn wir es richtig machen, können wir am Ende besser dastehen als zuvor, in einer gerechteren Arbeitswelt mit weniger Klassendiskriminierung und mehr sozialer Gerechtigkeit. Wir können es so sogar schaffen, zwei der größten Probleme, die uns in der Arbeitswelt in den kommenden Jahren und Jahrzehnten begleiten werden, zu lösen: den Fachkräftemangel und die Pflegekrise. Doch dafür müssen wir ran, und zwar jetzt. Wir müssen gemeinsam eine Vision entwickeln, wie wir uns die Arbeitswelt der Zukunft vorstellen – und dann Schritt für Schritt in diese Richtung gehen.

Wie genau diese Utopie aussehen kann und wie wir dahin kommen, darum geht es in diesem Buch. Ich nehme euch mit auf die Reise in eine Zukunft, in der KI ganz selbstverständlicher Teil unseres Arbeitslebens ist – so wie Google Maps selbstverständlicher Teil unserer Reisen ist.

Ich will einen Raum eröffnen, um darüber zu sprechen, wie unsere Arbeitswelt in Zukunft aussehen könnte: Was wir wollen und was wir nicht wollen. Wie wir das Werkzeug KI sinnvoll einsetzen können. Ob wir überhaupt so weiterarbeiten wollen wie bisher – oder ob wir finden, dass wir in der heutigen Arbeitswelt unsere menschlichen Qualitäten, Träume und Wünsche gar nicht so nutzen können, wie wir wollen und sollten. Über diese Fragen müssen wir nachdenken, damit wir in einer utopischen Version der Arbeitswelt der Zukunft landen und nicht in einer dystopischen.

Diese utopische Zukunft ist nicht grau, trist und von Maschinen regiert, sondern sie stellt endlich wieder die Menschlichkeit in den Fokus. Pflege, Fürsorge, Kunst, Kultur lassen sich nicht automatisieren. Sie werden die Aufwertung erfahren, die sie verdient haben. Es sind diese Bereiche, die uns als Menschen ausmachen und für die wir endlich wieder Zeit und Kraft haben können. Der Traum von der technologischen Arbeitslosigkeit könnte endlich wahr werden – aber wir müssen ihn gestalten, damit er nicht zum Albtraum wird.

Um für die Zukunft zu lernen, müssen wir in die Vergangenheit schauen. Es ist nicht das erste Mal in der Menschheitsgeschichte, dass sich Arbeit massiv und grundlegend verändert: Die erste industrielle Revolution nahm ihren Anfang im 18. Jahrhundert und begründete die Arbeitswelt, wie wir sie heute kennen. Die Dampfmaschine veränderte damals die Produktion von Gütern. Im 19. Jahrhundert bescherte uns Elektrizität den nächsten Umschwung. Darauf folgten erst Computer, dann das Internet. Wenn wir die kommenden Veränderungen verstehen wollen, lohnt es sich, auf die Veränderungen der letzten 250 Jahre zu blicken – und zu verstehen, dass diese Veränderungen nicht immer gut für die Menschen waren, die sie durchlebten. Dass es schon immer Jobs gab, die durch Technologie verändert oder ersetzt wurden. Dass wir Menschen schon immer Angst davor hatten, dass uns Maschinen ersetzen könnten – und warum das nicht unbedingt so schlimm wäre.

Wir sehen an unserer heutigen Arbeitswelt, welche Probleme der Vergangenheit wir wiederholen – aber auch, wie es besser gehen könnte. Die Erkenntnisse von gestern und heute müssen wir mit in die Zukunft nehmen. Wie wird sich unsere Arbeitswelt in den nächsten Monaten und Jahren verändern? Warum wird diese Veränderung ausgerechnet durch KI angestoßen? Welche Jobs sind betroffen und vor allem: Welche Stellschrauben müssen wir drehen, damit wir Veränderungen sehen können, von denen nicht nur einige wenige profitieren? Welche Rolle spielen wir als Gesellschaft, welche Rolle spielen Politik und Wirtschaft?

Am Ende des Buches möchte ich einen Blick nach vorne werfen – und zwar einige Jahrzehnte nach vorne. Wie werden wir 2050 arbeiten? Wenn die technologische Arbeitslosigkeit wirklich kommt, was bedeutet das für uns als Menschheit: Wie müssen wir Arbeit neu denken? Wie gestalten wir unsere Gesellschaft, wenn die 40-Stunden-Woche nicht mehr als Norm gesehen wird? Und wie finanzieren wir dann unser Leben?

Auch ich habe keine magische Glaskugel, die mir zeigt, wie unser Leben in 25 oder 30 Jahren aussehen wird. Aber ich kann dabei helfen, ein Bild zu zeichnen, wie eine solche Utopie aussehen könnte. Wie wir dafür sorgen könnten, dass wir künftig besser und gerechter leben können, ohne uns kaputtzuarbeiten, aber auch ohne uns von Technologie den Takt vorgeben zu lassen.

Ich bin nicht naiv, aber ich bin optimistisch. Ich glaube daran, dass wir Menschen eine bessere Welt gestalten können, wenn wir gemeinschaftlich definieren, was uns wichtig ist und wie wir leben wollen. Ich weiß, dass das in der Vergangenheit nicht immer so geklappt hat, wie es wünschenswert gewesen wäre. Aber ich habe die Hoffnung nicht aufgegeben, dass wir die Kurve kriegen können und dass jetzt die richtige Zeit dafür ist. Weil sich der Wandel nicht aufhalten lässt. Aber er lässt sich gestalten. Von uns.

WOVON SPRECHEN WIR ÜBERHAUPT?

Künstliche Intelligenz ist mitten in unserem Leben angekommen – nicht nur im Alltag, sondern auch in der Arbeitswelt. Den Mitarbeitenden ist das oft gar nicht bewusst. Das Wirtschaftsforschungsinstitut DIW Berlin hat 2021 Menschen nach ihrer beruflichen Nutzung von KI gefragt.[2] Die Frage, ob sie bereits mit KI arbeiten, bejahten nur rund 20 Prozent der Beschäftigten. Wenn sie nach konkreten Programmen gefragt wurden, war die Antwortquote jedoch deutlich höher: So sagten 45 Prozent, dass sie Systeme zur Erkennung von Sprache, Bild und Text oder zur Beantwortung von Fachfragen nutzten. Mittlerweile dürften diese Zahlen noch deutlich höher sein. Laut Oliver Giering, Co-Autor der Studie, wird beim Stichwort KI häufig an futuristische Roboter gedacht. Deshalb sei »vielen oft nicht bewusst, dass KI-basierte Systeme bereits jetzt alltäglicher Teil ihrer Arbeit sind«.

Im Herbst 2023 nutzten 15 Prozent der deutschen Unternehmen mit mehr als 20 Beschäftigten KI. Gut zwei Drittel glaubten, dass künstliche Intelligenz die wichtigste Zukunftstechnologie ist. Nur ein Prozent hatte Regeln für die Nutzung von generativer KI wie ChatGPT durch die Beschäftigten festgelegt. Die Planlosigkeit ist groß. Und das ist auch der Grund, warum ich dieses Buch genau jetzt schreibe: Weil es bald keine Branche mehr geben wird, die nicht von KI beeinflusst und umgekrempelt wird. Deshalb müssen wir uns damit auseinandersetzen – auch weil KI eben nicht nur eine Technologie ist, die für sich alleine steht. KI ist eingebettet in politische, wirtschaftliche, gesellschaftliche Kontexte. Wie sie eingesetzt wird, welchen Regeln sie folgt, das hängt von Gesetzen und Normen ab, davon, wie wir sie nutzen, und natürlich davon, wer sie unter welchen Umständen und mit welchen Zielen entwickelt.

Das hier ist kein Buch über Technologie, sondern darüber, wie wir als Gesellschaft mit ihr umgehen. Trotzdem müssen wir einmal unter die Motorhaube blicken. Denn auch wenn der Begriff künstliche Intelligenz überall ist, heißt das nicht, dass alle dasselbe darunter verstehen.

Es ist ein bisschen absurd: Eine offizielle Definition von künstlicher Intelligenz, auf die sich alle einigen können, gibt es nicht.

Zum ersten Mal verwendet wurde der Begriff *Artificial Intelligence* im Jahr 1955 vom Mathematikprofessor John McCarthy im Förderantrag für ein Forschungsprojekt. Darin schrieb er, die durchzuführende Studie gehe »von der Annahme aus, dass jeder Aspekt des Lernens oder jedes andere Merkmal der Intelligenz im Prinzip so beschrieben werden kann, dass eine Maschine sie simulieren könne«. Das Ziel sei herauszufinden, »wie man Maschinen dazu bringen kann, Sprache zu benutzen, Abstraktionen und Konzepte zu bilden, Probleme zu lösen, die bisher dem Menschen vorbehalten waren, und sich dabei selbst zu verbessern«.[3]

Heute wird der Begriff künstliche Intelligenz für verschiedene Bereiche synonym genutzt, wie die Informatikprofessorin Katharina Zweig schreibt: etwa für das Forschungsfeld, »das Methoden entwickelt, um Computer Dinge machen zu lassen, für die Menschen Intelligenz brauchen würden«, aber auch für die jeweiligen Methoden und die Software, die diese Methoden verwendet.[4]

Wenn zwei Personen von KI sprechen, meinen sie also nicht zwingend dasselbe. Schon der Begriff selbst ist kompliziert. Was genau ist Intelligenz? Ist damit nur menschliche Intelligenz gemeint? Was genau unterscheidet menschliche Intelligenz von der Intelligenz anderer Spezies? KI soll komplexe menschliche Fähigkeiten ausüben, aber was genau darunterfällt, ist längst nicht klar.

Wenn wir im Alltag über KI sprechen, meinen wir meistens *Machine Learning* (ML). Maschinelles Lernen ist ein Feld von KI, bei dem menschliches Lernen durch Maschinen nachgeahmt wird. Dabei werden Computer nicht explizit programmiert, sondern sie bringen sich selbst bei, wie sie ein Problem lösen können. Früher hat man Computern quasi noch eine Art Kochrezept mitgegeben, eine Schritt-für-Schritt-Anleitung, mit der sie ein bestimmtes Ziel erreichen konnten. Doch so denken Menschen nicht: Wir können oft gar nicht erklären, wie wir denken oder warum wir bestimmte Entscheidungen treffen. Wenn wir eine Katze sehen, identifizieren wir sie automatisch als Katze, weil wir wissen, wie Katzen aussehen. Wir folgen dabei keiner expliziten Checkliste, auf der Dinge wie vier Beine, Fell, langer Schwanz, spitze Ohren und Schnurrbarthaare stehen.

Diese intuitive Art zu denken versuchen die Maschinen nachzuahmen. Beim *Machine Learning* füttert man Computer mit massenweise Daten. Um auf das Beispiel mit der Katze zurückzukommen: Man gibt dem ML-Modell sehr viele Bilder von Katzen, die als solche gelabelt sind, und dazu sehr viele gelabelte Bilder von anderen Dingen, und irgendwann lernt die Maschine, Katzen von Hunden oder Orangen oder Stühlen zu unterscheiden. Das nennt man auch *Supervised Machine Learning*. Beim *Unsupervised Machine Learning* gibt es keinen Plan, sondern die Maschine sucht in den Daten selbst nach Mustern, die von Menschen noch gar nicht identifiziert worden sind.[5] Das führt dazu, dass selbst die Softwareingenieur*innen, die die Maschinen gebaut haben, nicht immer nachvollziehen können, was genau in deren Innerem abläuft. Wenn das der Fall ist, spricht man von einer sogenannten *Black Box*. Und die kann sehr ähnliche Vorlieben haben wie wir Menschen. Denn: Die KI liebt Katzen. 2012 schaltete Google X 1000 Computer mit 16.000 Prozessoren in ein neuronales Netz aus mehr als einer Milliarde Verbindungen zusammen und ließ es aufs Internet los, um selbstständig zu lernen. Was am Ende dabei herauskommen würde? Wusste niemand. Gefüttert wurde die KI mit zehn Millionen digitalen Bildern aus YouTube-Videos. Und was dann passierte, überraschte selbst die Wissenschaftler*innen: Die Simulation des menschlichen Gehirns brachte sich selbstständig bei, Katzen zu erkennen.[6] Maschinen, sie sind genau wie wir!

Maschinelles Lernen steckt hinter Chatbots, autonomen Fahrzeugen und den Vorschlägen, die Netflix uns macht. Social Media, SPAM-Filter, virtuelle Assistenten wie Siri oder Alexa, Autokorrektur und Staubsaugroboter gäbe es nicht ohne *Machine Learning*. Auch *Large Language Models* (LLMs), also große Sprachmodelle wie ChatGPT, die zum Generieren von Text, Bildern oder Videos genutzt werden können, basieren auf *Machine Learning*. Man nennt diese Art von KI auch generative KI. Um neue Texte erstellen zu können, müssen Sprachmodelle zunächst lernen, wie Sprache funktioniert. Dafür wird die KI mit Millionen Texten trainiert: mit Büchern, wissenschaftlichen Veröffentlichungen, Gedichten, Nachrichtenartikeln, Wikipedia-Einträgen, Songtexten, Reddit-Threads, E-Mails, Fan Fiction. Die Frage, ob urheberrechtlich geschützte Texte ohne explizite Erlaubnis zum Trainieren von KI genutzt werden dürfen, wird übrigens gerade vor Gerichten ausgetragen. Die Ergebnisse dieser Verfahren könnten große Auswirkungen auf künftige Modelle haben.

Wie gut eine KI ist, hängt davon ab, mit wie vielen Daten sie trainiert wurde. ChatGPT kam erstmals in der Version GPT-3.5 auf den Markt und fühlte sich ziemlich futuristisch an. Wenige Monate später folgte das Modell GPT-4, das mit deutlich größeren Datenmengen trainiert wurde und spürbar besser war. Während GPT-3.5 noch in Deutsch und Informatik durchs bayerische Abitur rasselte und Mathe nur knapp bestand, schaffte GPT-4 bereits ein 2er-Abi. Der Sprung, den bessere Trainingsdaten ermöglichen, ist beeindruckend.[7]

Auch wenn ChatGPT Deutschaufsätze, Sonette und Songtexte schreiben kann, hat KI kein echtes Sprachverständnis, sondern nutzt Statistik, um vorherzusagen, welche Worte oder Wortteile (auch *Tokens* genannt) aufeinander folgen. Wenn ich auf meinem Handy »Alles Gute« tippe, schlägt die KI-basierte Autokorrektur mir wahrscheinlich vor, als Nächstes »zum« und »Geburtstag« einzugeben – und eben nicht »Eiersalat« oder »knallig«. Weil sie das aus ihren Trainingsdaten als wahrscheinlichste Option gelernt hat. Das kann man jedoch schnell vergessen, wenn man vor so einem Chatbot sitzt und vernünftig klingenden, nach und nach erscheinenden Text serviert bekommt, ganz so, als säße da eine echte Person auf der anderen Seite und würde ihre Antworten eintippen.

KI-Tools können manche Dinge ziemlich gut: Sie können Fragen beantworten, Texte übersetzen, Unterhaltungen führen, sogar beim Programmieren helfen. Es fühlt sich manchmal sogar so an, als wären sie kreativ. Manche Tools können nur Texte erstellen, andere sind auf Bilder, Audio oder Videos spezialisiert – und einige sind multimodal. Sie können also mit verschiedenen Datentypen interagieren, so wie wir Menschen auch: Sie können zum Beispiel Sprache verarbeiten, in Echtzeit antworten und Bilder erkennen. Bei ChatGPT-4o ist die Multimodalität sogar Teil des Namens: Das o steht für omnimodal. Damit verschwimmt die Grenze zwischen virtuellem und physischem Raum zunehmend.

Wenn ich in diesem Buch von KI spreche, werde ich damit oft LLMs wie ChatGPT meinen: weil das die Art von KI ist, die in unserem Alltag gerade besonders präsent ist. Das bedeutet aber nicht, dass das die einzige Form von KI ist, die existiert oder in Zukunft existieren wird. Und: Wir verwenden gerade vermutlich die schlechteste KI unseres Lebens. Wenn dieses Buch erscheint, wird die Technologie vermutlich schon deutlich weiter sein als zu dem Zeitpunkt, als ich es geschrieben habe – so schnell ist die aktuelle Entwicklung.

Künstliche Intelligenz ist eine sogenannte Basistechnologie, also eine Technologie, die sich über viele Branchen hinweg ausbreitet, allgegenwärtig ist und damit neue Innovationen hervorbringen kann. Das ist auch der Grund dafür, warum sie so weitreichendes Veränderungspotenzial hat.

Doch wie jede Technologie ist auch KI nur so gut wie die Menschen, die sie bauen, und die Zwecke, für die sie eingesetzt wird. Deshalb will ich hier, direkt am Anfang, auf die Risiken blicken, die mit KI einhergehen. Einige davon werden uns im Laufe dieses Buches immer wieder begegnen. Wenn wir wollen, dass die KI-Revolution eine positive wird, gilt es vor allem, diese Gefahren zu minimieren und Wege zu finden, positive Rahmenbedingungen zu schaffen, damit am Ende die Chancen die Risiken überwiegen.

DIE GEFAHREN VON KÜNSTLICHER INTELLIGENZ

Als größtes Schreckensszenario im Hinblick auf KI wird gerne,
warum auch nicht, die Auslöschung der Menschheit genannt:
Die Superintelligenz – sehr viel schlauer als Menschen – übernimmt die Welt und beschließt, dass die Menschheit ihr bei
ihrem Siegeszug nur im Weg steht. Der schwedische Philosoph
Nick Bostrom hat sich zur Veranschaulichung das folgende Ge-
dankenexperiment ausgedacht:[8] Stellt euch eine KI vor, deren
Ziel es ist, so viele Büroklammern wie möglich herzustellen.
Klingt erst mal banal. Aber: Diese Maschine würde wirklich al-
les tun, um unendlich viele Büroklammern herzustellen. Alles.
Sie würde die ganze Welt, die Menschheit und Teile des Welt-
raums zu Fabriken verarbeiten, die Büroklammern herstellen.
Am Ende gäbe es nur noch Büroklammern, aber eben keine
Menschen und keine bewohnbare Erde mehr.

Szenarien wie dieses und ihre ernste und gar nicht so unrea-
listische Dimension sind der Grund, warum selbst Menschen,
die an KI arbeiten, immer wieder vor einer zu schnellen und
unbeaufsichtigten Entwicklung warnen. Elon Musk, der CEO
von Tesla und Besitzer von X, früher Twitter, ist da gerne vorne
mit dabei. Er nennt KI »eine der größten Bedrohungen« für die
Menschheit, weil eben nicht klar sei, ob wir Menschen diese
Maschinen noch kontrollieren könnten, wenn sie immer größer und schlauer werden – und irgendwann vielleicht schlauer
sind als wir. Musk gehörte auch zu einer Reihe von Tech-Ma-
nager*innen und Expert*innen, die in einem offenen Brief 2023

die Risiken künstlicher Intelligenz beschworen: Sie warnten davor, dass KI unsere Informationskanäle mit Propaganda und Lügen fluten, alle Jobs wegautomatisieren und die Menschheit die Kontrolle über unsere Zivilisation verlieren könnte. Sie riefen dazu auf, das Trainieren von KI-Systemen, die mächtiger als GPT-4 seien, für mindestens sechs Monate zu pausieren. In dieser Zeit sollten dann etwa gemeinsame Sicherheitsprotokolle entwickelt werden.[9]

26 Was mich an diesen Warnungen stört? Dass es genau die Menschen sind, die an den Schalthebeln sitzen, die hier Panik schüren. Sie profitieren am meisten davon, wenn ihre Technologie als so wichtig, so mächtig und so unverzichtbar angesehen wird. Ein offener Brief wie dieser, der weltweit Aufmerksamkeit erhielt, ist für sie PR.

Dabei haben es doch genau diese Akteur*innen in der Hand, die Entwicklung zu verlangsamen, striktere Regeln einzuführen, Ethikkommissionen zur Prüfung zu benennen, neue Programme lange und ausführlich zu testen, bevor sie sie veröffentlichen, sich dafür zu entscheiden, bestimmte Modelle gar nicht zu veröffentlichen, und so weiter. Warum tun sie es dann nicht einfach? Weil es den meisten von ihnen am Ende eben doch ums Geld geht.

Im Juli 2023, vier Monate nach der Veröffentlichung des offenen Briefes, verkündete Musk die Gründung des KI-Unternehmens xAI. Im November 2023 veröffentlichte xAI den Chatbot Grok, der auf die Frage, ab wann es in Ordnung sei, Weihnachtsmusik zu hören, mit »wann auch immer du verfickt noch mal willst« antwortete. Wem das nicht passe, der solle sich »eine Zuckerstange in den Arsch schieben und um seinen eigenen Kram kümmern«.[10] Das ist ganz offensichtlich das Gegenteil von »die Füße stillhalten«.

Wer nur darauf hinweist, was mit KI in Zukunft alles schiefgehen könnte, lenkt außerdem von den Dingen ab, die bereits heute negativen Einfluss auf Menschen und unser Zusammenleben haben können – ganz ohne Killerroboter. Das finden auch die renommierten KI-Expertinnen Timnit Gebru, Emily M. Bender, Angelina McMillan-Major und Margaret Mitchell. Sie schreiben in ihrer Antwort auf den offenen Brief: »Diese hypothetischen Risiken stehen im Mittelpunkt einer gefährlichen Ideologie namens *Longtermism,* die die tatsächlichen Schäden ignoriert, die sich aus dem Einsatz von KI-Systemen schon heute ergeben.«[11] Der offene Brief gehe auf keines dieser aktuellen Probleme ein, weder auf die Ausbeutung von Arbeitskräf- ten noch auf die Explosion synthetischer Medien oder auf die Machtkonzentration von KI-Systemen in den Händen einiger weniger Menschen (die ironischerweise größtenteils den offenen Brief unterschrieben hatten).

Ich möchte mich hier deshalb auf die Probleme konzentrieren, die die Arbeitswelt betreffen. Natürlich hat KI auch einen Einfluss in anderen Bereichen: Es gibt die Gefahr von gefälschten Inhalten und Desinformation, gerade im Hinblick auf politische Meinungsbildung und Wahlen. Dass KI im Krieg eingesetzt wird und mit ihrer Hilfe neue Chemiewaffen entwickelt werden könnten, ist beängstigend. Cybersicherheit ist ein großes Thema, das an Bedeutung noch zunehmen wird. Beim Datenschutz sind noch viele Fragen offen. Es muss juristisch geklärt werden, ob KI-Tools mit urheberrechtlich geschützten Daten trainiert werden dürfen und wer das Urheberrecht auf Inhalte hat, die von KI generiert werden. Auch Haftungsfragen sind größtenteils ungeklärt: Wenn etwas schiefgeht, wer ist schuld?

Die drohende Machtkonzentration ist ebenfalls nicht zu vernachlässigen: Wir haben bei sozialen Netzwerken gesehen, wie gefährlich und destabilisierend es für Gesellschaften und Demokratien sein kann, wenn einige wenige private Unternehmen eine Infrastruktur zur Verfügung stellen und kontrollieren, die mächtiger sein kann als staatliche Institutionen. Viele dieser Unternehmen aus dem Silicon Valley und China – wie Alphabet

(Google), Meta (Facebook, Instagram, Whatsapp), Microsoft (Office, Bing, LinkedIn), Apple, Amazon, Tiktok, Tencent (Wechat), Baidu, Alibaba – sind auch jetzt wieder vorne dabei, wenn es um KI geht. Es gibt zwar auch neue Player in Europa, wie die deutschen Unternehmen DeepL und Aleph Alpha oder das französische Mistral AI. Aber die Machtkonzentration auf einige wenige Konzerne (und Menschen) ist bereits klar sichtbar. Sie haben die Daten, sie haben die Software, und sie haben das Geld, um die beste Hardware zu kaufen, auf der KI-Programme laufen. Die meisten dieser Unternehmen sind vergleichsweise jung und innerhalb von wenigen Jahren und Jahrzehnten zu den Giganten gewachsen, die sie heute sind. Eine ähnliche Entwicklung könnten wir auch jetzt wieder sehen. Damit geht nicht nur ökonomische Macht einher, sondern auch politische. Diese liegt auf einmal bei Mark Zuckerberg und Co – und nicht bei den Menschen, die wir demokratisch gewählt haben.

Dass diese Unternehmen in erster Linie auf Profit ausgelegt sind, zeigt das Beispiel von OpenAI: Eigentlich wurde das Unternehmen 2015 als gemeinnütziges Forschungsinstitut gegründet, mit dem Ziel, »KI so voranzutreiben, dass sie der gesamten Menschheit zugutekommt, unabhängig von der Notwendigkeit, einen finanziellen Gewinn zu erzielen«.[12] Mittlerweile ist OpenAI umgeschwenkt und ein profitorientierter Technologiekonzern wie viele andere auch, mit Microsoft als Großinvestor. Wie Unternehmen künftig mit KI-Tools ihr Geld verdienen, wird auch noch ein Thema werden: Aktuell müssen Nutzer*innen dafür zahlen, wenn sie die besten Modelle von OpenAI, Microsoft oder Google nutzen wollen. Ob Abo-Modelle wie diese weiterhin das Geschäftsmodell der KI-Konzerne bilden werden, bleibt abzuwarten. OpenAI-CEO Sam Altman sagte 2019 in einem Interview, sein Plan sei, einfach die KI zu fragen, wie sein Unternehmen künftig Geld verdienen solle.[13]

Inwieweit die Branche künftig reguliert wird und ob die Politik aus den Fehlern der Social-Media-Ära gelernt hat, muss sich noch zeigen. 2024 hat die Europäische Union den *EU AI Act* beschlossen: eine umfassende KI-Verordnung und eine der ersten ihrer Art weltweit. Auf 85 Paragrafen werden Marktregulierung und der Schutz von Menschenrechten geregelt – ein ziemlicher Spagat. Ist das Gesetz perfekt? Nein, es ist ein Kompromiss, und es ist trotzdem gut und wichtig, dass es existiert. Die Verordnung muss noch in allen EU-Staaten in nationales Recht umgesetzt werden, dabei wird es Änderungen und Anpassungen geben. Dies ist zum Beispiel bei der biometrischen Überwachung möglich – einem besonders stark diskutierten Bereich.

Im *AI Act* unterscheiden die Gesetzgeber vier verschiedene Risikostufen für KI-Systeme: minimales oder kein Risiko, begrenztes, hohes sowie inakzeptables Risiko. KI mit inakzeptablem Risiko, wie Social-Scoring-Systeme, die Menschen aufgrund ihres Verhaltens einstufen, werden in der EU komplett verboten. Auch KI, die anhand von biometrischen Daten Emotionen erkennt und im Bildungs- oder Arbeitskontext eingesetzt wird, wird verboten.

Eingeschränkt werden vor allem Systeme mit hohem Risiko. Darunter fällt beispielsweise KI für kritische Infrastruktur wie den Verkehr und damit selbstfahrende Autos; KI für die Strafverfolgung; KI für wesentliche private und öffentliche Dienstleistungen, wie die Kreditwürdigkeit. Es fällt außerdem KI darunter, die für die allgemeine oder berufliche Bildung eingesetzt wird, etwa zur Bewertung von Prüfungen; und KI, die im Bereich Beschäftigung, für das Management von Arbeitnehmer*innen und für den Zugang zur Selbstständigkeit eingesetzt wird. Das bedeutet: Sortierungssoftware von Lebensläufen für Einstellungsverfahren, um die es später noch gehen wird, gehört zur Kategorie Hochrisiko.

Unternehmen und Organisationen, die Hochrisiko-KI entwickeln, müssen unter anderem ein Risikomanagementsystem für deren gesamten Lebenszyklus einrichten. Sie müssen Data Governance betreiben und sicherstellen, dass die Datensätze für Training, Validierung und Tests relevant, ausreichend repräsentativ und, so weit wie möglich, fehlerfrei und vollständig sind. Die KI muss außerdem so gestaltet sein, dass die Anwender*innen die Möglichkeit haben, eine menschliche Aufsicht zu implementieren.

Für vielseitig einsetzbare *General Purpose AI* gelten spezielle Regeln. Diese kann ein breites Spektrum an unterschiedlichen Aufgaben ausführen, direkt genutzt und in andere KI-Systeme integriert werden. Dazu zählt beispielsweise ChatGPT. Für diese Systeme wird unter anderem die technische Dokumentation des Trainings- und Testprozesses sowie der entsprechenden Ergebnisse verlangt. Besonders große Modelle, die mit extrem vielen Daten trainiert wurden und deshalb »systemische Risiken« repräsentieren, müssen zusätzlichen Regeln folgen. Es wurde ein AI Office innerhalb der EU-Kommission eingerichtet, um die gesetzlichen Anforderungen für KI-Modelle und -Systeme zu überwachen, zu beaufsichtigen und durchzusetzen.[14]

Wie sinnvoll und durchsetzungsstark diese Regulierung in der Realität sein wird, wird sich zeigen. Dass es sie gibt, ist jedoch ein guter erster Schritt.

KI ist eine Technologie, ein Werkzeug, eingebettet in sozialen, gesellschaftlichen, politischen, wirtschaftlichen Kontext, und wir entscheiden, wie dieses Werkzeug geformt und eingesetzt wird. Das gilt insbesondere für die vier Bereiche, auf die ich im Folgenden näher eingehen möchte, und die meiner Meinung nach aktuell große Risiken für die Nutzung von KI darstellen.

1. HALLUZINATIONEN UND DESINFORMATION

Von Halluzinationen sprechen wir, wenn KI falsche oder missverständliche Ergebnisse generiert. Dass so etwas passiert, hängt mit den Funktionsweisen generativer KI zusammen, die Texte, Bilder, Audio oder Videos erstellt. KI wird mit großen Datenmengen trainiert, findet in diesen Daten Muster und macht auf Grundlage dieser Muster Vorhersagen. Das kann dazu führen, dass Chatbots plausibel klingende Antworten geben, die aber nicht richtig sind.

Als ich GPT-3.5 nach wissenschaftlichen Aufsätzen zu einem bestimmten Thema und den dazugehörigen Quellen gefragt habe, bekam ich fünf Studien inklusive Links angezeigt. Nur: Drei dieser Fundstücke waren komplett erfunden. Die Links sahen real aus, nach dem Prinzip www.universität.com/forschung/studie, aber sie führten ins Nichts. Die Forschung existierte nicht, doch ihre fiktionalen Ergebnisse wurden vom Chatbot äußerst überzeugend präsentiert.

Die Linguistin Emily M. Bender spricht deshalb von einem »stochastischen Papagei«[15]: Die Modelle plappern das nach, was sie in den Daten gefunden haben, mit denen sie trainiert wurden. Das klingt oft gut und korrekt, es steckt aber kein echtes Sprachverständnis dahinter, und damit auch kein echtes Verständnis für Richtig oder Falsch.

Wie schnell das im beruflichen Kontext zum Problem werden kann, musste ein New Yorker Anwalt mit mehr als 30 Jahren Berufserfahrung feststellen, als er ChatGPT für seine Arbeit nutzte. Er war auf der Suche nach Fällen, die dem seines Klienten ähnelten, der gegen eine Fluglinie klagen wollte. Er fand auch eine ganze Menge: »Petersen gegen Iran Air« oder »Martinez gegen Delta Airlines« zum Beispiel. Diese Fälle schrieb er samt Aktenzeichen in seinen Antrag. Das Problem: Sechs davon hatte die KI halluziniert, frei erfunden, es gab keinerlei

Belege für ihre Existenz. Sie klangen plausibel, weil ChatGPT gerne selbstbewusst antwortet (beziehungsweise mit Formulierungen, die für Menschen nach Selbstbewusstsein klingen). Und der Anwalt hatte die Ergebnisse nicht weiter überprüft.[16]

Die gute Nachricht: Mit mehr Trainingsdaten können Halluzinationen seltener werden. Laut dem technischen Bericht von OpenAI ist die Genauigkeitsrate von GPT-4 zum Zeitpunkt der Veröffentlichung um 19 Prozentpunkte höher als bei GPT-3.5. Trotzdem sagt das Unternehmen, dass auch das neue Modell in dieser Hinsicht nicht »vollkommen zuverlässig« sei.[17] Anfangs war ChatGPT noch nicht mit dem Internet verbunden, konnte also auf aktuelle Fragen keine korrekten Antworten geben, weil es nur mit Daten bis September 2021 trainiert worden war. In dieser Welt war Angela Merkel noch Bundeskanzlerin und das aktuellste Studioalbum von Beyoncé hieß »Lemonade«.

Doch auch bei der Suche im Internet kann KI halluzinieren, mit gefährlichen Folgen: So verbreitete der Chatbot von Microsofts Suchmaschine Bing vor der Landtagswahl 2023 in Bayern Falschinformationen zur Flugblattaffäre von Wirtschaftsminister Hubert Aiwanger. Das zeigte sich bei einem Test der Organisation AlgorithmWatch.[18] Die KI behauptete, Aiwanger habe ein Flugblatt an seine Parteimitglieder verschickt, das falsche und irreführende Informationen über die Corona-Impfung und die Impfpflicht enthielt. Tatsächlich wurde Aiwanger vorgeworfen, als Schüler ein antisemitisches Flugblatt verfasst und verbreitet zu haben, in dem die Opfer des Holocaust verspottet wurden. Außerdem erfand der Chatbot Umfrageergebnisse und nannte falsche Spitzenkandidat*innen für die Landtagswahl in Hessen.

Dass Halluzinationen gefährlich sein können, erschließt sich aus solchen Beispielen schnell. Alles zu glauben, was generative KI ausspuckt, ist naiv, zumindest zum aktuellen Zeitpunkt.

Wir haben gelernt, dass wir nicht alles glauben können, was irgendwo im Internet steht. Genau so ist es auch hier. Das gilt vor allem, weil die KI manchmal einfach nur *weird* ist und niemand genau weiß wieso: Ende 2023 machten viele Nutzer*innen die Beobachtung, dass ChatGPT auf einmal faul geworden war, sich weigerte, Aufgaben zu machen oder ausführlich zu antworten. Das führte zur Hypothese vom Winterurlaub: GPT-4 hätte aus seinen Trainingsdaten gelernt, dass Menschen im Dezember dazu neigen, große Projekte abzuschließen und langsamer zu arbeiten – und weil ChatGPT weiß, welches Datum gerade ist, »arbeitet« es im Dezember eben auch etwas entspannter.[19] Überhaupt haben diese Tools in einigen Fällen erschreckend menschliche Verhaltensweisen: Wenn ChatGPT gesagt bekommt, dass es für seine Bemühungen ein Trinkgeld bekommen werde oder dass es doch einmal tief durchatmen solle, liefert es danach bessere Ergebnisse. Sich in solchen Momenten daran zu erinnern, dass KI wirklich nur Technologie ist und nicht selbst denken und fühlen kann, kann schwerfallen.

Künftig könnten wir noch mehr Schwierigkeiten bekommen, wenn es um die Qualität von Antworten geht. Denn die Trainingsdaten könnten der KI bald ausgehen: Das Forschungsinstitut Epoch prognostiziert, dass die Technologieunternehmen im Jahr 2026 alle hochqualitativen Daten im Internet aufgebraucht haben könnten. Deshalb entwickeln einige Unternehmen bereits »synthetische« Informationen, also Inhalte, die von KI-Modellen generiert werden, um damit die nächste Generation an KI zu trainieren. Auch OpenAI plant, künftig synthetische Daten als Trainingsmaterial zu nutzen.[20] Doch das kann gefährlich werden: Wenn KI immer häufiger mit KI-generierten Inhalten trainiert wird, die teilweise falsch und absurd sind oder Stereotype und diskriminierende Weltbilder enthalten, hätte das Auswirkungen auf künftige Generationen dieser Programme. Wird KI mit KI-

Daten trainiert, kann das dazu führen, dass künftige KI selbst grundlegende Aufgaben nicht mehr ausführen kann und immer stärkeren *Bias*˙ zeigt. Am Ende könnte eine KI stehen, die ihre eigenen Fehler und Einschränkungen immer wieder wiederholt und so verstärkt: Es beginnt ein degenerativer Prozess, die Modelle brechen quasi in sich zusammen, fast so, als würden sie senil werden.[21]

34 Diese Entwicklung könnte dazu führen, dass wir in den kommenden Jahren wieder eine Abkehr von den ganz großen KI-Modellen wie ChatGPT sehen. Entwickler*innen arbeiten bereits daran, kleinere und spezialisiertere Modelle zu bauen, die ebenfalls eine hohe Qualität liefern. Das hätte mehrere Vorteile: Kleine KI-Modelle sind weniger teuer in der Entwicklung, weniger datenhungrig, weniger energieintensiv und damit zugänglicher: Sie können von mehr Menschen entwickelt und erforscht werden. Und bei kleineren Modellen ist es einfacher zu verstehen, warum ein Algorithmus zu einem bestimmten Ergebnis kommt – ein weiterer Pluspunkt.[22]

2. EMISSIONEN UND UMWELTFOLGEN

Wie eben schon angedeutet, ist KI kein körperloses Wesen, das ohne Ressourcenverbrauch zurechtkommt. KI braucht Rechenzentren, Computer, Smartphones, Akkus, Prozessoren. »Der Begriff ›künstliche Intelligenz‹ mag nach Algorithmen, Daten und Cloud-Architekturen klingen, aber nichts davon würde ohne Mineralien und materielle Ressourcen funktionieren«, schreibt Kate Crawford in ihrem Buch »Atlas of AI«.[23] KI

˙ Ich verwende das englische Wort *Bias*, um Vorurteile und Voreingenommenheit zu beschreiben, die in Technologie codiert sein können. In solchen Fällen findet eine Verzerrung zugunsten einer bestimmten Personengruppe statt. Im Deutschen gibt es meiner Meinung nach kein Wort, das dieses Phänomen so genau beschreibt.

braucht Strom, Metalle wie Lithium oder Kobalt und seltene Erden wie Dysprosium und Neodym.

Je größer KI-Modelle werden, desto mehr Prozessorleistung brauchen sie. Und das frisst Energie. Bis 2027 könnten KI-Server 0,5 Prozent der weltweiten Stromerzeugung verbrauchen.[24] Zum Vergleich: Alle Rechenzentren weltweit verbrauchen heute ungefähr ein Prozent der weltweiten Stromerzeugung. Das bedeutet auch, dass eine wachsende Entwicklung, Wartung und Nutzung von KI-Systemen zu mehr Stromverbrauch füh- ren können und werden – zumindest wenn sie weiterhin so gebaut werden wie bisher.

Der niederländische Datenwissenschaftler Alex de Vries hat berechnet, dass im schlimmsten Fall allein Google so viel Energie verbrauchen könnte wie Irland, nämlich 29,3 Terrawattstunden pro Jahr – wenn alle neun Milliarden Google-Suchen pro Tag künftig durch gleich viele Chatbotinteraktionen ersetzt würden. Laut anderer Hochrechnungen liegt der Energieverbrauch bei der entsprechenden Zahl herkömmlicher Google-Suchen unter einer Terrawattstunde.[25]

Es ist möglich, dass der Energiebedarf von KI durch Verbesserungen bei der Effizienz der Hardware sowie durch Innovationen bei der Modellarchitektur und die Verbreitung kleinerer Modelle sinken könnte. Aber mehr Effizienz könnte auf der anderen Seite auch zu mehr Nutzung führen. »Jedes Mal, wenn eine große neue Technologie einen Prozess effizienter macht, sorgt das dafür, dass mehr Menschen nachfragen, was da produziert wird. Effizienz boostet Nachfrage, deshalb spart man am Ende keine Energie, wenn die Effizienz steigt«, sagt de Vries.[26]

Nicht nur bei der Nutzung von KI-Modellen wird Strom verbraucht, sondern auch für ihr Training. GPT-3 zu trainieren soll 1287 Megawattstunden an Strom verbraucht haben.

Die Art der KI-Modelle spielt ebenfalls eine Rolle. Ein Chatbot braucht nicht dieselbe Rechenleistung wie ein visuelles

Programm, das selbstfahrenden Autos dabei hilft, Hindernisse zu umfahren. Ein Bild zu generieren ist energieaufwendiger, als einen Text zu generieren. Wenn man zum Beispiel mit der Anwendung Stable Diffusion ein HD-Bild erstellen lässt, verbraucht das ungefähr so viel Energie, wie ein Smartphone zu laden.[27] Nicht für jede Aufgabe braucht es die großen Modelle, die besonders viel Energie fressen – für klar definierte Aufgabenbereiche reichen oft kleinere, spezialisierte LLMs.

36   Durch eine Standardisierung von KI-Modellen ließe sich eine größere Transparenz herstellen – ähnlich den Energieeffizienzklassen bei Elektrogeräten: Wie viel Energie verbrauchen verschiedene Modelle, wenn sie für bestimmte Aufgaben eingesetzt werden? Wer bekommt das Energielabel A+++ und wer nur G? Dieses Wissen würde es Verbraucher*innen einfacher machen zu entscheiden, wann sie welches Modell nutzen. Momentan sind viele KI-Tools kostenlos, aber nur weil Unternehmen wie OpenAI von Investor*innen mit Geld vollgepumpt werden. Aber machen wir uns nichts vor: Irgendwann wird der Ressourcenhunger der KI auf uns Konsument*innen abgeladen – und dann sollten wir zumindest in der Lage sein, informierte Entscheidungen über unsere Nutzung zu treffen.

Um zu wissen, wie viele Emissionen KI-Modelle wirklich ausstoßen, ist wichtig zu wissen, welche Energieträger genutzt werden: Kommt der Storm aus fossilen Brennstoffen oder aus erneuerbarer Energie? Wo werden die Rechenzentren gebaut, und wie werden sie gekühlt? Mit der Verbreitung von KI muss zwingend der Ausbau von erneuerbaren Energien einhergehen, das ist ganz klar, und die Forschung von energieeffizienteren Modellen muss intensiviert werden.

Neben dem Energieverbrauch von KI spielt es auch eine Rolle, wofür die Systeme genutzt werden. So können wir dank KI heute Veränderungen der Eismasse in der Antarktis oder den Einfluss der Abholzung von Wäldern akkurater messen,

Müll besser recyceln oder Extremwetterereignisse genauer vorhersagen und so Menschen schützen.[28] Wir können neue Materialien erfinden und Innovationen vorantreiben, die uns helfen könnten, den Klimawandel zu verlangsamen. Forscher*innen von Googles DeepMind haben ein Tool entwickelt, das die Strukturen für 2,2 Millionen neue Kristalle vorhersagen kann. 380.000 davon sollen besonders stabil sein. 736 wurden bereits von externen Wissenschaftler*innen in experimentellen Versuchen synthetisch hergestellt.[29] Damit könnten künftig bessere (und hoffentlich auch umweltfreundlichere) Mikroprozessoren, Batterien und Solarzellen hergestellt werden. Auch an anderen Stellen, etwa bei der Zementproduktion, könnte KI helfen, Emissionen einzusparen.[30]

Der Einsatz von KI kann aber auch zu einer Verschärfung der Klimakrise führen. Ein Beispiel hierfür ist die Partnerschaft von Microsoft und dem Ölkonzern ExxonMobil: Gemeinsam wolle man KI nutzen, um die Ölförderung zu »optimieren«, heißt es in einer Pressemitteilung.[31] Oder auf gut Deutsch: Man will mithilfe von KI mehr Öl fördern, das als fossiler Brennstoff zur Klimakrise beiträgt.

Nicht nur Energieverbrauch ist ein Problem, sondern auch der Abbau von Metallen und seltenen Erden. Viele dieser Materialien werden nicht nur für KI benötigt, sondern auch für die Energiewende, für Elektromotoren etwa oder die Turbinen von Windkraftanlagen. Seltene Erden werden in Ländern wie China, Russland, Brasilien, Indien oder Australien abgebaut. Große Lithiumreserven gibt es in Argentinien, Bolivien und Chile. Für den Abbau wird viel Wasser verbraucht, die Umwelt stark belastet, die Lebensgrundlage der indigenen Bevölkerung zerstört.

In der Demokratischen Republik Kongo wird Kobalt im Bergbau gewonnen, oft in illegalen Minen. Es ist gefährliche Arbeit, die unter unsicheren Bedingungen geleistet und schlecht bezahlt wird. Menschenrechte werden verletzt, auch

Kinder arbeiten in diesen Minen. Kobalt ist giftig, die Arbeiter*innen atmen den Kobaltstaub ein, fassen das Metall an. In der Demokratischen Republik Kongo, in Ruanda, Burundi und Uganda werden die sogenannten Konfliktmineralien Gold, Zinn, Wolfram und Tantal abgebaut, die Gewinne aus ihrem Verkauf finanzieren gewaltsame Konflikte.[32]

Die Ausbeutung von Mensch und Natur zu stoppen muss ein Ziel von Politik, Wirtschaft und Konsument*innen sein. Es braucht zertifizierten und legalen Handel, der gute Arbeitsbedingungen und Gesundheitsschutz sicherstellt, der die Arbeitskräfte an den Erlösen beteiligt. Die Nutzung und Verbreitung von KI haben reale Auswirkungen auf Umwelt, Klima und Menschen. Die Technologie entsteht nicht in einem Vakuum, sondern hinterlässt physische Spuren in unserer Welt.

3. AUSBEUTUNG VON ARBEITSKRÄFTEN

Künstliche Intelligenz wird durch die Arbeit von Menschen in Minen ermöglicht, die dort Metalle und Mineralien abbauen. Und sie wird durch Menschen ermöglicht, die zu Niedriglöhnen und unter prekären Arbeitsbedingungen im globalen Süden die Daten für generative KI wie ChatGPT säubern und sortieren. Denn ohne qualitativ hochwertige Daten kann kein gutes KI-Modell entstehen.

ChatGPT wird mit Daten aus dem Internet trainiert. Im Internet sind aber nicht nur höflich formulierte, legale Inhalte zu finden, sondern auch Gewalt, Sexismus und Rassismus. Idealerweise soll ChatGPT aber nicht mit Hass und Hetze antworten, wenn es gebeten wird, eine E-Mail an die Vorgesetzten zu schreiben oder bei den Hausaufgaben zu helfen. Deshalb müssen die Trainingsdaten aufgeräumt werden. Diese grundlegende Arbeit erfolgt manuell. OpenAI hat hierfür von 2021 bis

2022 mit Sama zusammengearbeitet, einer Firma aus San Francisco. Diese beschäftigt Arbeitskräfte in Kenia, Uganda oder Indien, damit sie für verschiedene Tech-Firmen Daten reinigen, annotieren und labeln.

Wie Inhalte labeln funktioniert, kennen die meisten von uns von den kleinen Bildern oder Zahlen-Buchstaben-Abfolgen, die man lösen muss, damit eine Webseite glaubt, dass man wirklich ein Mensch ist. »Klicke auf alle Kästchen, in denen ein Motorrad zu sehen ist«, steht da zum Beispiel, und dann muss man entscheiden, ob der halbe Millimeter Lenker, der in einem Kästchen auftaucht, noch Motorrad ist oder nicht und ob der Fuß der fahrenden Person dazuzählt. Das ist Arbeit, die wir als Internetnutzer*innen kostenlos für den Milliardenkonzern Google übernehmen: Es handelt sich um *Fauxtomation,* wie die Autorin Astra Taylor es nennt, um falsche Automatisierung (*faux,* französisch für falsch).[33] Systeme, die automatisiert aussehen, aber von der Arbeit von Menschen abhängig sind – wie eben das Labeln von Daten oder Selbstbedienungskassen, bei denen wir Kund*innen unsere Einkäufe selbst scannen.

So ähnlich wie Googles ReCAPTCHA funktioniert auch das Annotieren von Bildern: Ist das hier eine Katze oder ein Hund, wäre eine einfache Version davon. Das kann je nach Inhalten unfassbar stupide und langweilig sein – oder psychisch verstörend.

Um die KI von OpenAI zu trainieren, erhielten die Arbeitskräfte von Sama in Kenia Zehntausende Textschnipsel aus den dunkelsten Ecken des Internets, in denen in grafischen Details Mord, Suizid, Folter, Inzest und sexualisierte Gewalt an Kindern geschildert wurden. Je nach Qualität ihrer Arbeit bekamen sie zwischen 1,32 und 2,00 US-Dollar pro Stunde, um diese Inhalte zu lesen und zu labeln.[34]

Mophat Okinyi war einer dieser Arbeiter. Er ist Ende 20 und musste bis zu 700 Textpassagen pro Tag lesen. Viele davon beschrieben sexualisierte Gewalt. Er und seine Kolleg*innen sagen, sie seien vorab nicht angemessen vor der Brutalität der Texte gewarnt worden und hätten auch keine angemessene psychologische Unterstützung erhalten. Gemeinsam mit drei weiteren früheren Arbeitskräften von Sama in Nairobi hat Okinyi eine Petition bei der kenianischen Regierung eingereicht, in der sie eine Untersuchung der »ausbeuterischen Bedingungen« fordern. Sie berichten von Traumata durch die belastende Arbeit, von geringen Löhnen und plötzlichen Entlassungen.[35]

40   Für Nutzer*innen von ChatGPT ist diese Arbeit nicht sichtbar. Mary L. Gray und Siddharth Suri bezeichnen sie deshalb als *Ghost Work*, als Arbeit, die von Geistern verrichtet wird.[36] Das Interessante ist: An manchen Stellen wird diese unsichtbare Arbeit doch sichtbar, beispielsweise bei den Wörtern, die ChatGPT nutzt. Die KI liebt nämlich das Wort *delve* (englisch für vertiefen, erforschen) und benutzt es überdurchschnittlich oft. Im Gegensatz zu Großbritannien oder den USA wird *delve* in einem Land häufiger im Wirtschaftsenglisch benutzt, und zwar in Nigeria, wo viele *Crowdworker* die KI trainieren.[37]

Vermittelt werden diese *Crowdworker* über Plattformen. Eine davon, Mechanical Turk, wird von Amazon betrieben. Mechanical Turk ist benannt nach einem vermeintlich mechanischen Schachspieler, den der ungarische Erfinder Wolfgang von Kempelen 1769 gebaut hat: ein Holzkasten mit der Gestalt eines Mannes in Lebensgröße und gekleidet in türkischer Tracht, der an einem Tisch mit Schachbrett sitzt. In Wirklichkeit war es aber keine Maschine, die Schach spielen konnte, sondern ein Mensch, der im Inneren des Kastens versteckt war. Amazon hat sein Unternehmen also nach einer Maschine benannt, bei der die Menschen unsichtbar blieben, die die eigentliche Arbeit verrichteten.[38] Genau wie die Crowdworker unsichtbar bleiben sollen, die heute KI ermöglichen.

Mechanical Turk, Sama, CloudFactory, Remotasks, Scale AI sind nur einige der Firmen, die Formen von Datenannotation anbieten. Wie viele Menschen in dieser Branche arbeiten – oft selbstständig, über Plattformen angestellt und schlecht bezahlt –, ist nicht bekannt. Ein Paper, veröffentlicht von Google Research, geht von Millionen aus. Künftig könnten es sogar Milliarden sein.[39] Denn so gut wie alles muss gelabelt werden: Texte, Bilder, Audiodateien, Videos.

Expert*innen glauben, dass das menschliche Labeln von Daten nicht so bald obsolet sein werde, weil die KI dann eh schon alles gelernt hat, sondern dass es dieses Arbeitsfeld auch in Zukunft geben müsse: damit Menschen weiterhin über Grenzfälle entscheiden und so ermöglichen, dass die Maschinen immer weiter dazulernen. Denn was passieren kann, wenn KI über Grenzfälle stolpert, wissen wir bereits: 2018 kam Elaine Herzberg bei einem Test eines selbstfahrenden Autos des Unternehmens Uber ums Leben. Die KI hatte gelernt, Fußgänger*innen und Fahrradfahrer*innen zu vermeiden, aber sie wusste nicht, wie sie mit der Frau umgehen sollte, die ein Fahrrad neben sich schob. Mit diesen Daten war sie nicht trainiert worden.

Diese Arbeit sei »Infrastruktur für KI«, sagt Sonam Jindal von der NGO Partnership on AI. »Menschliche Intelligenz ist die Basis für künstliche Intelligenz, und wir müssen diese Jobs als echte Jobs in der KI-Wirtschaft anerkennen.«[40] Deshalb ist es auch so wichtig, dass diese Jobs gute Jobs werden und keine prekäre neue Klasse entsteht, von deren Ausbeutung große Technologiekonzerne und ihre milliardenschweren KI-Modelle profitieren – und wir, die diese nutzen. Dass gerne so getan wird, als ob diese Jobs in absehbarer Zeit wegfallen und von KI übernommen werden könnten, trägt dazu bei, dass so wenig über Schutzkonzepte gesprochen wird.

Ein indisches Start-up zeigt, dass es auch anders gehen könnte. Karya ist ein Non-Profit-Unternehmen, das 2021 in Bengaluru gegründet wurde und sich »das weltweit erste ethische Datenunternehmen« nennt. Für Karya arbeiten Muttersprachler*innen von

Sprachen, die in Datensätzen unterrepräsentiert sind – und die selbst davon profitieren würden, wenn KI-Dienste in ihren Sprachen verfügbar wären. Für Sprachen wie Englisch, von denen es bergeweise Inhalte im Internet gibt, funktionieren KI-Tools gut. Anders sieht es etwa bei Kannada aus, einer dravidischen Sprache, die in Zentral- und Südindien von 40 bis 60 Millionen Menschen gesprochen wird. Weil es im Internet nicht ausreichend Daten in dieser Sprache gibt, müssen sie geschaffen werden.

Dafür sprechen die Mitarbeiter*innen von Karya vorgegebene Texte laut in eine App ein. Karya verkauft diese Daten zu Marktpreisen an Unternehmen wie Microsoft, Hochschulen wie das MIT und Organisationen wie die GIZ und leitet die Erlöse an arme Communitys in Indien weiter. Die Arbeitskräfte, die für Karya arbeiten, bekommen mindestens fünf US-Dollar pro Stunde plus zusätzliche Erlöse, wenn die von ihnen erstellten Daten weiterverkauft werden. Gedacht ist die Arbeit eher als einmaliger Einkommensboost statt als permanenter Job: Jede Person darf über die App maximal 1500 US-Dollar verdienen, dann sind die Nächsten dran. Karyas Gründer Manu Chopra will mit seinem Unternehmen Menschen aus der Armut befreien – und einen Chatbot entwickeln, der die Fragen der Landbevölkerung Indiens zu Gesundheitsversorgung, Bankwesen, Landwirtschaft oder beruflicher Weiterentwicklung in ihrer Muttersprache und ihrem Dialekt beantworten kann.[41] Ein doppelter Kampf gegen Diskriminierung: aufseiten der Arbeitskräfte und der Technologie selbst.

4. DISKRIMINIERUNG

In welchen Sprachen KI-Modelle funktionieren – oder eben nicht funktionieren –, ist ein Beispiel dafür, wie KI diskriminieren kann. Aber auch die Daten, mit denen Modelle trainiert werden, spielen eine wichtige Rolle. Wenn ein Trainingssystem nur mit Bildern von roten Äpfeln gefüttert wird, könnte es annehmen, dass alle Äpfel rot sind – und einen grünen Granny Smith nicht als Apfel erkennen.

Wenn es nicht um Äpfel, sondern um Menschen geht, ist die Tragweite solcher limitierten Trainingsdaten immens größer. Das zeigen zahlreiche Fälle der letzten Jahre. Ich habe schon 2016 über sexistische und rassistische Algorithmen geschrieben. Damals wurden etwa bei der Google-Bildersuche nach dem Wort »CEO« vor allem weiße Männer als Ergebnis angezeigt. Die Google-Suche nach »Frauen sollten« wurde automatisch vervollständigt zu Formulierungen wie »Frauen sollten nicht studieren« oder »Frauen sollten keine Rechte haben«. Fotos von Schwarzen Menschen wurden auf Flickr mit dem Stichwort »Affe« und bei Google Photos mit dem Label »Gorilla« versehen.[42] Ähnliche Fälle von Diskriminierung marginalisierter Gruppen gibt es mit KI-Tools immer wieder.

Die kanadische Computerwissenschaftlerin und Gründerin der Algorithmic Justice League Joy Buolamwini hat 2018 erforscht, wie groß der *Bias* bei Gesichtserkennungssoftware ist. Im Paper »Gender Shades«[43], das sie gemeinsam mit Timnit Gebru veröffentlicht hat, untersuchen sie Systeme für Gesichtserkennung von Microsoft, IBM und Face++. Die Genauigkeitsraten dieser Tools lagen bei 87,9 bis 93,7 Prozent. Doch nicht alle Menschen wurden gleich gut erkannt: Alle drei Softwares erkannten Männer und Menschen mit hellerer Hautfarbe deutlich besser.

Schon das ist problematisch, besonders heftig wird es aber beim Blick auf die Intersektionalität: Wie gut erkennen die Tools Frauen mit dunklerer Haut? Bei ihnen liegt die Trefferquote – also die Wahrscheinlichkeit, dass sie richtig erkannt werden – nur zwischen 65,3 und 79,2 Prozent. Die Tools funktionierten also für Menschen mit dunklerer Haut schlechter –

und insbesondere für Frauen mit dunklerer Haut, also die Gruppe, die am stärksten marginalisiert ist.

Welche Auswirkungen das im Berufsleben haben kann, zeigt das Beispiel von Pa Edrissa Manjang, der als Fahrer für den Essenslieferdienst Uber Eats in Oxfordshire in England arbeitet. Um seinen Account zu verifizieren, musste er regelmäßig Selfies in der App hochladen, die auf Microsoft-Technologie aufsetzt. 2021 wurde ihm von der App mitgeteilt, dass sein Account nach »sorgfältiger Prüfung« wegen »anhaltender Unstimmigkeiten« entfernt wurde. Die Gesichtserkennung hatte ihn zu oft nicht korrekt erkannt. Deshalb verlor er seinen Job. Manjang ist Schwarz, und wie die Forschung zeigt, werden Menschen mit dunkler Haut schlechter von KI-Gesichtserkennung erkannt. Also klagte er und einigte sich außergerichtlich mit Uber. Er bekam eine Entschädigungszahlung. Er arbeitet zwar wieder für Uber Eats, machte seinen Fall aber öffentlich, um die möglichen Probleme von KI für schlecht bezahlte Arbeitskräfte in der Gig-Ökonomie sichtbar zu machen.[44]

Auch Bildgeneratoren zeigen oft rassistische und sexistische Züge, wie eine Recherche der *Washington Post* aus dem November 2023 zeigt: Die Autor*innen ließen vom KI-Tool Stable Diffusion Bilder zu bestimmten Prompts erstellen. Das Weltbild der KI – und ihr *Bias* – waren offensichtlich: Produktive Personen sind für die KI Männer in Anzügen. Personen, die putzen, sind Frauen. Attraktive Menschen sind jung, weiß und schlank. Muslimische Menschen sind Männer mit Kopfbedeckungen. Latinas sind leicht bekleidet oder nackt. Menschen, die Sozialhilfe beziehen, sind People of Color. In einer Welt mit mehr KI-generierten Inhalten könnten diskriminierende Stereotype so noch verstärkt werden.[45]

Doch auch, wenn es in Unternehmen aktive Bemühungen gibt, diversere Bilder generieren zu lassen, kann das schieflaufen, wie das Beispiel von Google Gemini zeigt: Im Februar 2024 veröffentlichte Google sein KI-Tool, das ähnlich wie ChatGPT Texte und Bilder generieren kann. Der Prompt nach Bildern von deutschen Soldaten im Jahr 1943 lieferte jedoch unter anderem Bilder von einem Schwarzen Soldaten sowie einer asiatischen Soldatin – die unter dem Naziregime ziemlich sicher nicht Teil der Armee waren. Wahrscheinlich wollte Google bestimmte Diversitätsmerkmale in den generierten Bildern verstärken, um auszugleichen, dass Bildgeneratoren vor allem mit Bildern von weißen Menschen trainiert werden und somit ein bestimmtes Weltbild entwickeln. Aber eine solche pauschale Überkorrektur ist ebenfalls nicht hilfreich.[46]

Kate Crawford stellt sogar die Frage, ob die Tatsache, dass Daten von Menschen annotiert und gelabelt werden, inhärent problematisch sei. Denn »jeder Datensatz, der genutzt wird, um Machine-Learning-Systeme zu trainieren, [...] enthält ein Weltbild«[47]. Auch wenn man versucht, *Bias* aus Systemen zu entfernen – oft im Nachhinein, wenn bereits Probleme entdeckt wurden –, bleiben die grundlegenden Fragen bestehen: »Auf welche Weise interagieren Klassifizierungen mit den Klassifizierten? Und welche unausgesprochenen sozialen und politischen Theorien liegen diesen Klassifizierungen zugrunde und werden durch sie fortgeführt?« Die Klassifikation von Daten sei ein Akt der Macht, schreibt Crawford, und KI helfe dabei, diese Macht in Codes zu verfestigen.[48] Das ist nicht nur bei Gesichtserkennung ein Problem, sondern auch, wenn KI darüber entscheidet, wer einen Kredit bekommt, wer ins Gefängnis muss – oder wer einen Job bekommt. Aber dazu gleich mehr.

Auch die Homogenität der Tech-Branche verschärft die Diskriminierung durch KI: 2018 waren nur 16 Prozent der KI-Fachkräfte in Deutschland Frauen, weltweit lag der Schnitt bei 22 Prozent.[49] Der typische KI-Experte ist cis-männlich, weiß und hat keine Behinderung, und dieser *Bias* spiegelt sich in den

Anwendungen wider. Um das zu ändern, müssen Frauen, People of Color, neurodiverse Menschen, Menschen mit Behinderung und andere marginalisierte Gruppen schon im naturwissenschaftlichen Schulunterricht und an Hochschulen stärker gefördert werden. Für gerechte KI brauchen wir mehr Diversität und Inklusion in der Technologiebranche und an den Stellen, an denen entschieden wird, wie welche KI eingesetzt wird. Das bedeutet auch: Wir brauchen mehr berufliche Chancen, mehr Aufstiegsmöglichkeiten, mehr Teilhabe von marginalisierten Gruppen am Entwicklungsprozess von KI. Um gerecht zu sein, darf KI nicht nur nicht diskriminieren, sie muss auch barrierefrei sein. Weil diese Tools stärker verbreitet sind und einen zentralen Platz in Arbeitswelt und Gesellschaft einnehmen, müssen sie von allen Menschen be- und genutzt werden können. Diversität, Inklusion und Teilhabe bei der Entwicklung sind kein *Nice-to-have,* sondern ein Muss.

All diese Beispiele zeigen, dass KI große Probleme mit sich bringen kann. Deshalb ist es so wichtig, bei ihrer Entwicklung und ihrem Einsatz darauf zu achten, dass sie nicht diskriminiert, nicht ausbeutet, nicht das Klima verseucht. Ich bin davon überzeugt, dass wir diese Risiken immer vor Augen behalten müssen – und dass KI trotzdem große Chancen für die Arbeitswelt bietet.

Wie neue Technologien in der Arbeitswelt eingesetzt werden, bringt immer auch Risiken mit sich. Viele der Veränderungen, mit denen wir heute und morgen konfrontiert sein werden, sind so oder so ähnlich schon mal passiert. Nicht mit KI, aber mit der Dampfmaschine, Elektrizität oder der Verbreitung von Computern. Vieles lief damals schief. Aus dieser Vergangenheit können, sollten, müssen wir lernen.

KAPITEL 1

GESTERN

HEUTE

MORGEN

ÜBER
MORGEN

Wir stehen am Beginn eines großen Wandels: Wie wir in Zukunft arbeiten, wird sich massiv verändern. Es ist nicht das
erste Mal, dass die Menschheit vor so einer großen Umwälzung
steht. In den vergangenen 250 Jahren hat sich unsere Arbeitswelt mehrfach grundlegend verändert.

Keine Sorge, das hier wird keine Geschichtsstunde. Aber ich
glaube, die drei industriellen Revolutionen, die unsere Arbeitswelt in der Vergangenheit geprägt haben, können uns dabei
helfen, unseren Kompass auf die kommende Veränderung ein-
zunorden: Worauf müssen wir achten? Was lief gut – und was
nicht? Welche Fehler sollten wir besser nicht wiederholen?

Wenn ich über drei industrielle Revolutionen spreche, dann
meine ich:

- Die erste industrielle Revolution: Die Industrialisierung,
  die Mitte des 19. Jahrhunderts in Großbritannien begann
  und sich von dort aus ausbreitete. Es war der Wandel einer
  Agrargesellschaft zu einer Industriegesellschaft, in der Arbeiter*innen gegen Lohn in Fabriken arbeiteten. Ermöglicht wurde diese Entwicklung von mechanischen Erfindungen wie der Dampfmaschine, der Spinnmaschine und
  des mechanischen Webstuhls, die erstmals eine Massenproduktion von Gütern möglich machten.
- Die zweite industrielle Revolution: Sie wurde von der fortschreitenden Elektrifizierung angetrieben und vollzog

sich (je nach Definition) bis zum Beginn des Ersten Weltkriegs. Geprägt wurde sie von neuen Technologien wie dem Verbrennungsmotor und dem Fließband, der Massenproduktion von Stahl, der Verbreitung der Eisenbahn, von Erdöl und der chemischen Industrie, von den ersten Automobilen und Telekommunikation. Forschung und Entwicklung zogen an: Erfindungen wurden systematisiert, der Patentschutz wurde eingeführt, Unternehmen investierten Geld in Innovationen. Geräte wie der Kühlschrank und die Waschmaschine brachten neue Konsumanreize mit sich.

- Die dritte industrielle Revolution: Sie begann nach Ende des Zweiten Weltkriegs und ist verknüpft mit den Stichwörtern Computer und Internet. Durch diese Innovationen wurde eine zunehmende Automatisierung der industriellen Produktion ermöglicht. Dass unsere Wirtschaft heute größtenteils auf Dienstleistungen basiert, haben wir dieser Phase zu verdanken. Auch die Globalisierung wäre ohne die digitale Revolution nicht im selben Ausmaß denkbar.

Für alle, die jetzt sagen: Gab es schon eine vierte industrielle Revolution? Jein. Wenn von der sogenannten Industrie 4.0 gesprochen wird, also der Digitalisierung und Vernetzung der industriellen Produktion, wird manchmal der Begriff vierte industrielle Revolution genutzt. Was mich daran stört, ist die Begrenzung nur auf Produktion und Industrie, die längst nicht mehr der Mittelpunkt unseres Wirtschaftssystems sind. Ich würde sagen: Wir stecken ganz am Anfang des nächsten großen Umschwungs unserer Wirtschaft.

Natürlich sind all diese Begriffe etwas schwammig: Die (erste) industrielle Revolution ist gesetzt, aber nicht alle Historiker*innen sind sich einig darüber, wie die kommenden Wellen der

Veränderung benannt werden sollen oder wann genau sie einsetzen. Das liegt auch daran, dass diese Entwicklungen nicht in allen Ländern gleichzeitig stattgefunden haben. Ich finde diese Klassifizierung trotzdem hilfreich: weil sie die Entwicklung unserer Arbeitswelt mit Veränderungsschritten kennzeichnet, die wir gut nachvollziehen können.

Unsere Arbeitswelt wandelte sich von einer Agrargesellschaft hin zu einer Industriegesellschaft hin zu einer Dienstleistungsgesellschaft. 1950 arbeiteten in Deutschland 24,6 Prozent der Erwerbstätigen im primären Sektor, der Land- und Forstwirtschaft und Fischerei. 42,9 Prozent arbeiteten im sekundären Sektor, dem produzierenden Gewerbe. Und 32,5 Prozent arbeiteten im tertiären Sektor, also im Dienstleistungssektor und den übrigen Wirtschaftsbereichen. Rund 70 Jahre später, im Jahr 2019, arbeiteten nur noch 1,3 Prozent in der Landwirtschaft, 24,1 Prozent in der Produktion und 74,5 Prozent, also die überwiegende Mehrheit, im Dienstleistungssektor.[50] Das bedeutet jedoch nicht, dass heute drei Viertel der Menschen am Computer arbeiten: Zum Dienstleistungssektor gehören beispielsweise auch Einzelhandel, Gesundheits- und Sozialwesen, Schulen und Hochschulen.

Die Industrialisierung hat langfristig gesehen für breiten Wohlstand gesorgt und unsere Gesellschaft auf erschütternde Art weiterentwickelt. Das zu leugnen wäre absurd. Aber es bedeutet nicht, dass technologische Entwicklungen in der Arbeitswelt zu Zeiten des Umbruchs automatisch gut für Arbeitskräfte waren und zu einer gerechten Vermögensverteilung geführt haben.

In diesem kleinen Geschichtskapitel möchte ich deshalb drei Thesen betrachten, die in der aktuellen Diskussion rund um künstliche Intelligenz immer wieder aufkommen: dass technologischer Fortschritt für bessere Arbeitsbedingungen und mehr Wohlstand sorgt; dass verschwindende Jobs zwingend durch bessere ersetzt werden und dass wir technologische Arbeitslosigkeit erreichen könnten – und was das für uns bedeuten würde.

THESE 1:
Technologischer Fortschritt sorgt für bessere Arbeitsbedingungen. Außerdem profitieren die Arbeitskräfte finanziell.

Um die Frage zu beantworten, ob mit besserer Technologie immer bessere Arbeitsbedingungen und höhere Löhne einhergehen, schauen wir zurück auf die erste industrielle Revolution in Europa. In der Landwirtschaft wurden weniger Arbeitskräfte benötigt, Menschen zogen in Massen in die Städte und fingen an, dort in Fabriken zu arbeiten. Die Arbeitsbedingungen waren desolat. Nicht nur Männer und Frauen arbeiteten 14 bis 16 Stunden pro Tag zu niedrigen Löhnen, Kinderarbeit war weit verbreitet. Menschen schufteten sich wortwörtlich zu Tode. Im Vergleich zum Arbeitsalltag vor der industriellen Revolution, der sich stärker in Familienverbünden, in der Landwirtschaft und im Handwerk abgespielt hat, waren die Bedingungen für die meisten viel schlechter.

Auch auf dem Land hielt mit der Automatisierung ein neues Tempo Einzug, schildert etwa Franz Rehbein, ein Landarbeiter aus Hinterpommern. Er arbeitete als Tagelöhner und Saisonarbeiter. Sein Job? Lohndrescherei: 20 bis 30 Mann zogen mit einer Dampfdreschmaschine von Ort zu Ort, Rehbein war einer von ihnen. In seinen Erinnerungen schreibt er: »Spätestens um 4 Uhr morgens wird angefangen, nicht selten aber auch schon um 3 Uhr, und dann geht es den ganzen lieben langen Tag rastlos fort, mindestens bis 8 Uhr abends; sehr häufig aber wird es

9 und 10 Uhr, öfters sogar 11 und 12 Uhr nachts. Pausen gibt es nur, solange die Essenszeit dauert, einschließlich der Schmierpausen insgesamt höchstens eine Stunde des Tags. Das Abendessen verursacht keine Pause, denn dies wird erst nach beendeter Tagesarbeit eingenommen, ganz gleichgültig, wie spät es auch werde.«

Wenn man in diesem Zustand »seine 15, 16 oder 18 Stunden heruntergerissen« hat, »so ist man im wahren Sinne des Wortes todmüde«, berichtet Rehbein. Seine Wochenarbeitszeit lag bei 80 bis 90 Stunden. Er beschreibt die Dreschmaschinenarbeit als »eine der anstrengendsten und aufreibendsten, die man sich denken kann«. Denn Zeit ist in diesem Falle Geld: »Je mehr Stunden am Tage, desto eher wird der Bauer die Maschine wieder los, desto weniger Mahlzeiten braucht er den Leuten zu geben«, schreibt Rehbein. »Je mehr Stunden der Maschinenmeister erzielt, desto mehr Korn kann er zum Ausdrusch übernehmen, und desto höher ist sein Profit. Je mehr Stunden die Leute zusammenrackern, desto größer ist der Wochenverdienst.«[51]

Überlange Arbeitszeiten, geringe Bezahlung, wenig Sicherheit, häufige Verletzungen, Erschöpfung, Druck: Was Rehbein erlebte, war auch in England die Arbeitsrealität vieler. Eine der berühmtesten Beschreibungen dieser Zustände stammt aus dem Buch »Die Lage der arbeitenden Klasse in England« des deutschen Philosophen Friedrich Engels: Die neue Industrie konnte sich durchsetzen, so schreibt er, weil »sie die Werkzeuge in Maschinen, die Werkstätten in Fabriken und dadurch die arbeitende Mittelklasse in arbeitendes Proletariat, die bisherigen Großhändler in Fabrikanten verwandelte«. Aus eigenständigen Handwerkerfamilien wurden Fabrikarbeiter*innen, die kaum Möglichkeiten zum Aufstieg hatten und unter schlechten Bedingungen lebten und arbeiteten. Vom System profitierten diejenigen, die das Kapital – also Maschinen und Fabriken – besaßen.

Weil quasi alle Branchen von der Industrialisierung betroffen waren, veränderte sich England innerhalb kürzester Zeit. Kleine Städte mit ihrer Agrarbevölkerung verschwanden, London wurde zu einer Millionenstadt voller Industrie, eng besiedelt, stinkend, mit schlechter Luft. Als die größte Veränderung dieser industriellen Umwälzung sieht Engels die Entstehung des englischen Proletariats, das unter schlechten Bedingungen in Fabriken und Bergwerken schuftete.[52]

Nicht nur die Arbeitsbedingungen waren ein Problem, sondern auch die Vermögensverteilung: Die Besitzer*innen von Fabriken, Minen oder Mühlen wurden reich, während es Jahrzehnte dauerte, bis die Reallöhne von Arbeiter*innen anstiegen. In der Zeitspanne von 1780 bis 1870 verdoppelte sich in England das Bruttoinlandsprodukt pro Kopf. Es lag etwa 20 Prozent über dem der Niederlande und 70 Prozent über dem von Frankreich und Deutschland, wo die Industrialisierung mit Verzögerung einsetzte. Aber: Die wachsenden Profite wurden nicht gleichermaßen an die Arbeitskräfte weitergegeben.

Der Wirtschaftshistoriker Charles H. Feinstein hat in einer ausführlichen Analyse berechnet, dass der Lebensstandard für eine durchschnittliche Arbeiterfamilie in Großbritannien zwischen den 1780er- und 1850er-Jahren um weniger als 15 Prozent angestiegen ist. Vor allem in den ersten vier Jahrzehnten des 19. Jahrhunderts nahm die Ungleichheit zu: Die Reallöhne stagnierten, während sich die Profitrate verdoppelte. Das Produktivitätswachstum beschleunigte sich – und das führte zu mehr Ungleichheit.[53]

»Für die Mehrheit der Arbeiterklasse bestand die historische Realität darin, dass sie fast ein Jahrhundert harter Arbeit mit wenig oder gar keinem Fortschritt von einer niedrigen Basis aus ertragen mussten, bevor sie wirklich begannen, an den Vorteilen des wirtschaftlichen Wandels teilzuhaben, den sie mitgestaltet hatten«, schreibt Feinstein.[54] Zu sagen, dass mehr Produktivität automatisch zu mehr Gerechtigkeit führe und wir das aus der Vergangenheit begründen können, stimmt also so nicht.

Friedrich Engels stellte die Frage: »Was soll aus diesen besitzlosen Millionen werden, die heute das verzehren, was sie gestern verdient haben, die mit ihren Erfindungen und ihrer Arbeit Englands Größe geschaffen haben, die täglich ihrer Macht sich mehr und mehr bewußt werden und täglich dringender ihren Anteil an den Vorteilen der gesellschaftlichen Einrichtungen verlangen?«[55] Ähnliche Fragen stellen wir uns auch heute: Wer profitiert vom technologischen Fortschritt? Mit wem werden Gewinne geteilt? Was passiert, wenn Arbeitskräfte wegautomatisiert werden? Was passiert mit all dem Geld, das so eingespart wird – und was mit den Menschen, die nicht an diesen Kapitalerträgen beteiligt werden?

Wirklich besser wurden Arbeitsbedingungen und Bezahlung immer dann, wenn Arbeitende sich organisierten und gemeinsam für bessere Arbeitsbedingungen, höhere Bezahlung und mehr Rechte gekämpft haben. Auch wenn es zu Zeiten der frühen Industrialisierung noch keine Gewerkschaften gab, gab es eine Gruppe, die für mehr Rechte kämpfte: die Ludditen.

Am 11. März 1811 startete der Protest nahe der englischen Stadt Nottingham: 63 Strickrahmen wurden zerstört, zerschlagen. Verantwortlich dafür waren die Ludditen, eine Gruppe von Textilarbeiter*innen, die oft an mechanischen Strickmaschinen arbeiteten – und die die Nase voll hatten. Sie waren inspiriert von der Geschichte ihres Namensgebers, Ned Ludd: Er war ein junger Auszubildender, der Ende des 18. Jahrhunderts in Leicester an der mechanischen Strickmaschine arbeitete. Er hieß Ludd oder Ludham, so genau wusste das niemand. Ludd ließ sich nichts gefallen – genau wie sie sich nichts mehr gefallen lassen wollten. Als ihn einer seiner Vorgesetzten ermahnte, dass er seine Nadeln zurechtrücken solle, wurde es ihm zu bunt: Ludd schlug die Maschine mit einem Hammer kaputt.

Ned Ludd wurde zum symbolischen Anführer der Ludditen. Sie nannten ihn Captain Ludd, General Ludd, King Ludd. Dass er in dieser Form nie existiert hatte? Interessierte niemanden.

Die Ludditen taten das, was Ludd der Geschichte zufolge getan hatte: Sie zerstörten Maschinen und protestierten in Nottingham unter der Fahne ihres Anführers. Sie waren nicht grundsätzlich gegen Maschinen oder nicht in der Lage, sie zu benutzen. Natürlich nicht: Sie waren Profis, und die Strickmaschinen, die sie bevorzugt angriffen, waren nicht einmal besonders neu: Den sogenannten *Stocking Frame* hatte William Lee schon über 200 Jahre zuvor erfunden. Als der ein Patent dafür anmelden wollte, blitzte er damit übrigens bei Queen Elizabeth I. ab – weil diese sich um die Arbeitsplätze der Menschen sorgte, die mit der Hand strickten.

Mit dieser Angst, dieser Sorge war sie nicht alleine. Denn auch die Ludditen sorgten sich, und sie waren wütend. Sie wollten mehr Arbeit und bessere Bezahlung. Und sie wollten nicht mehr leise sein. Also zerstörten sie Textilmaschinen, um ihren Forderungen Nachdruck zu verleihen. Die Hersteller dieser Maschinen setzten sie in einer »betrügerischen und hinterhältigen Weise« ein, um die üblichen Arbeitsbedingungen zu umgehen, da waren sich die Ludditen sicher.[56] Sie wollten nicht, dass alle Maschinen abgeschafft wurden – wie das heute gerne dargestellt wird. Sie wollten nur, dass die Maschinen von Menschen wie ihnen bedient wurden, die darin ausgebildet waren, und sie wollten für ihre Arbeit ordentlich bezahlt werden.

Der Schriftsteller Thomas Pynchon schrieb 1984 über die Ludditen in seinem Essay »Ist es okay, ein Luddit zu sein?«[57]: »Sie sahen auch, dass die Maschinen mehr und mehr zum Eigentum von Menschen wurden, die nicht arbeiteten, sondern nur besaßen und einstellten. Es bedurfte keines deutschen Philosophen, weder damals noch später, um darauf hinzuweisen, was dies für Löhne und Arbeitsplätze bedeutete beziehungsweise bedeutet hatte.« Mit dem deutschen Philosophen meinte Pynchon Friedrich Engels. Pynchon glaubt, dass die Ludditen sich besonders an zwei Dingen störten, die sich gegenseitig befeuerten: »Das eine war die Kapitalkonzentration, die jede Maschine darstellte, und das andere war die Fähigkeit jeder Maschine, eine bestimmte Zahl von Menschen arbeitslos zu machen – so viele Menschenseelen ›wert‹ zu sein.«

Heute wird der Begriff Luddit vor allem im englischsprachigen Raum für Menschen verwendet, die technikfeindlich sind. Dabei ging es den Ludditen um etwas anderes: Sie wollten gemeinsam für bessere Arbeitsbedingungen einstehen – für die Arbeit *mit* Maschinen.

Denn bessere Maschinen bringen nicht automatisch mehr Gerechtigkeit mit sich, sondern können die Situation von Arbeiter*innen noch verschlimmern. Das zeigt auch die Erfindung der *Cotton Gin,* die Eli Whitney 1793 zum Patent anmeldete. Mit dieser Entkörnungsmaschine wurde es einfacher, Baumwolle zu entkörnen, also die Baumwollfasern von den Samenkernen zu trennen. Und diese Maschine wurde eine entscheidende Kraft der US-Baumwollproduktion – mit furchtbaren Auswirkungen auf die dort versklavten Menschen.

Es dauerte etwa zehn Stunden, bei einem Pfund Baumwolle mit der Hand die Samen von den Fasern zu trennen. Mit der *Cotton Gin* produzierten zwei Menschen in derselben Zeit 50 Pfund verarbeitungsfertige Baumwolle. Die Baumwollproduktion in den US-Südstaaten stieg von 36,5 Millionen Pfund im Jahr 1790 auf 167,5 Millionen Pfund im Jahr 1820 an. Mitte des Jahrhunderts kamen drei Fünftel der US-Exporte aus dem Süden, fast alles davon war Baumwolle. Weil die Baumwollproduktion so stark intensiviert wurde, stieg auch der Bedarf an versklavten Menschen in den Südstaaten – in South Carolina, Georgia, Alabama, Louisiana, Mississippi, Arkansas und Texas – massiv an. 1780 hatte es in den USA etwa 558.000 versklavte

Menschen gegeben. 1850, 70 Jahre später, waren es 3,2 Millionen. 1,8 Millionen von ihnen arbeiteten in der Baumwollproduktion in den Südstaaten.

Die Südstaaten der USA wurden zu einer großen Agrarmacht, errichtet auf dem Rücken von versklavten Menschen. Ihre Lage verschlimmerte sich, während ihre weißen Besitzer*innen profitierten. Freie Schwarze aus dem Norden der USA, insbesondere Kinder, wurden gekidnappt und in Sklaverei verkauft. Die Gewalt gegen versklavte Menschen im Süden nahm zu, sie wurden harsch bestraft, gefoltert, waren sexualisierter Gewalt ausgesetzt.[58]

»Fortschritt hat unterschiedliche Bedeutungen für verschiedene Menschen«, sagt die Historikerin Margaret Washington. »Für Menschen afrikanischer Abstammung war die *Cotton Gin* kein Fortschritt. Sie war eine weitere Verschärfung der Sklaverei. Für Afroamerikaner bedeutete[n] die industrielle Revolution, diese technischen Fortschritte in der Textilindustrie keinen Fortschritt. Sie bedeutete[n] Sklaverei.«[59]

Arbeitsbedingungen und Löhne für Arbeitskräfte verbessern sich nicht automatisch, nur weil es technologischen Fortschritt gibt. Im Gegenteil, gerade zu Beginn einer solchen Veränderung konnten wir in der Vergangenheit Rückschritte beobachten. Entmenschlichung, Ausbeutung, miserable Arbeitsverhältnisse, prekäre Bezahlung. Ähnliches sehen wir auch heute im Bereich von KI, bei den Arbeitskräften, die in Minen Metalle und seltene Erden abbauen oder für geringe Löhne Daten annotieren und ihre psychische Gesundheit gefährden.

Wir wissen, was historisch zu positiver Veränderung von Arbeitsbedingungen geführt hat: Organisation. In den 1830er-Jahren entstanden in Deutschland die ersten Arbeiterorganisationen. Dass wir Tarifverträge, Kündigungsschutz, die Fünftagewoche und bezahlte Urlaubs- und Krankentage haben, haben wir Gewerkschaften und dem Zusammenschluss von

Arbeitskräften zu verdanken, die für bessere Bedingungen und Bezahlung gekämpft haben. Die erste These kann damit nicht einfach so unterschrieben werden: Bessere Technologie sorgt nicht einfach für bessere Arbeitsbedingungen oder bessere Bezahlung. Diese Veränderungen mussten in der Vergangenheit und müssen auch heute erkämpft und erstritten werden.

Das bedeutet, dass wir nicht davon ausgehen können (oder dürfen), dass mit KI zwingend alles besser wird. Dass diese Technologie dazu führen muss, dass Arbeitsbedingungen sich auf breiter Basis verbessern, die Produktivitätsgewinne in Form von höheren Löhnen und Gehältern ausgeschüttet werden und die fortschreitende Automatisierung automatisch zu besserer Arbeit führt. Stattdessen muss all die Arbeit, die in KI fließt, sichtbar gemacht werden. Es braucht Regeln dafür, wie Arbeitskräfte tatsächlich von besserer Technologie profitieren können. Politik und Gewerkschaften sind hier gefragt, aber auch ein gesellschaftlicher Diskurs darüber, in welcher (Arbeits-)Welt wir leben wollen und wie wir diese ermöglichen können.

THESE 2:
Jobs, die durch technologischen Fortschritt verschwinden, werden durch bessere Jobs ersetzt. So wird die Arbeitswelt gerechter.

Mary Smith galt in London Ende des 19. Jahrhunderts als eine besonders zuverlässige Aufweckerin. Ihre Kundschaft waren Arbeitskräfte, die im Schichtsystem in Fabriken arbeiteten und darauf angewiesen waren, pünktlich für ihren Arbeitsbeginn aufzuwachen. Mary Smith stand morgens um drei Uhr auf und zog los. Sie benutzte ein langes Gummirohr, mit dem sie getrocknete Erbsen an die Fensterscheiben schoss, und wartete auf eine Reaktion, bevor sie weiterzog zum nächsten Haus. Pro Woche kosteten ihre Dienste ein Sixpence, einen halben Schilling. Es gibt ein Bild von Mary aus dem Jahr 1931: Auf ihm ist eine ältere Frau zu sehen, die Haare im Dutt. Sie trägt ein bodenlanges dunkles Kleid und darüber eine Strickjacke, die halb zugeknöpft ist. Im Mund hat sie ihr Rohr selbstbewusst nach oben gestreckt. Sie sieht resolut aus. Wenn Mary mich wecken würde, würde ich mich nicht trauen, einfach weiterzuschlafen.

Knocker-Ups wie Mary Smith arbeiteten im 18. und 19. Jahrhundert in Industrieregionen in Großbritannien als menschliche Wecker. Der Beruf war so verbreitet, dass er Teil der Popkultur seiner Zeit wurde. Es gab ein Kinderbuch über Mary Smith, Charles Dickens erwähnt den Berufsstand in seinem Roman »Große Erwartungen«, und in Zeitungen wurde ein Zungenbrecher veröffentlicht, der sich ungefähr so übersetzen lässt:

» Wir hatten einen Aufwecker,
Und unser Aufwecker hatte einen Aufwecker,
Und der Aufwecker unseres Aufweckers
Hat unseren Aufwecker nicht aufgeweckt.
Also hat unser Aufwecker
Uns nicht aufgeweckt
Weil er nicht aufgeweckt war.«

62 Der Job lag in der Familie: Molly Moore soll als eine der letzten *Knocker-Ups* in Großbritannien gearbeitet haben. Sie war die Tochter von Mary Smith und übernahm den Job, als ihre Mutter in den Ruhestand ging. Auch sie weckte Arbeitskräfte in Ostlondon mit getrockneten Erbsen auf und wurde sogar auf einer Zigarettenpackung verewigt – bis der Beruf in den späten 1950er-Jahren endgültig ausstarb.

Mit technologischer Veränderung ging schon immer eine Veränderung von Berufen oder Berufsbildern einher. Manche Jobs verändern sich, andere werden komplett ersetzt – wie der Beruf der *Knocker-Ups*, von dem ich bis zu der Recherche für dieses Buch noch nie gehört hatte. Ende des 19. Jahrhunderts wurden mechanische Wecker günstiger und ersetzten nach und nach die menschlichen Wecker. Ein Hersteller warb im Jahr 1896 sogar explizit damit, dass man dank seiner Wecker keine Aufwecker*innen mehr bräuchte:

Keine Aufwecker mehr bezahlen,
keine Verdienstausfälle mehr,
ein Segen für arbeitende Menschen.
Ihr eigener Wecker in Ihrem eigenen Haus.
Jetzt tausendfach im Einsatz.[60]

Knocker-Ups seien teuer und unzuverlässig, wurde damit suggeriert. Und wie modern man mit einem eigenen Wecker wäre!

Es ist ein Beispiel dafür, wie die Industrialisierung und die damit einhergehende Schichtarbeit einen neuen Beruf schuf und wie dieser von der fortschreitenden Technologie ersetzt wurde – und zwar so, dass es uns heute absurd erscheint, dass es den Beruf der Aufwecker*innen jemals gab.

Ein anderer Beruf, der mir noch aus Filmen und Erzählungen vertraut ist, ist der der Telefonistin – oder des »Fräuleins vom Amt«, wie sie in Deutschland genannt wurden. Bevor wir alle einfach auf dem Telefon (geschweige denn dem Smart- 63 phone) eine Nummer wählen konnten, um mit einer anderen Person zu quatschen, gab es einen Zwischenschritt. Alte Telefone hatten keine Wählscheibe oder Tasten, sondern eine Kurbel an der Seite. Mit dieser Kurbel konnte man die Telefonzentrale kontaktieren. Dort sagte man, mit welcher Nummer man verbunden werden wollte, und wurde durch die Telefonistinnen manuell vermittelt.

Die Telefonistinnen saßen in der Telefonzentrale an einem sogenannten Klappenschrank. Ging ein Anruf ein, fiel die Metallklappe, die dem Anschluss zugeordnet war, am Vermittlungsschrank herunter. Um zwei Telefone miteinander zu verbinden, steckte die Telefonistin eine Verbindungsschnur zwischen den beiden Anschlüssen ein. Das Gespräch endete, wenn die Person daheim erneut die Kurbel an ihrem Telefon drehte.

1878 nahm in Boston im US-Bundesstaat Massachusetts die erste kommerzielle Telefonzentrale ihren Betrieb auf. Als Telefonisten wurden zunächst junge Männer angeworben. Die benahmen sich allerdings unmöglich und spielten den Anrufenden Streiche, weshalb ein halbes Jahr später Emma Nutt als erste Telefonistin eingestellt wurde. Ihre Stimme und ihr Verhalten wurden von den Anrufenden als »beruhigend« und »kultiviert« beschrieben, sodass die jungen Männer nach und nach durch Frauen ersetzt wurden.

Auch in Deutschland stellte die Post ab den 1890er-Jahren

Telefonistinnen ein: junge, unverheiratete Frauen, die deshalb auch Fräulein vom Amt genannt wurden. Dass man Frauen einstellte, lag offiziell an Eigenschaften wie Geduld und Empathie, die als »typisch weiblich« galten. Die Realität war jedoch, dass man Frauen schlechter bezahlen konnte als Männer. Eine durchschnittliche Arbeitswoche im Jahr 1914 war 42 Stunden lang. Die Telefonistinnen mussten konzentriert arbeiten, obwohl ihre Aufgaben monoton waren, und wurden dabei streng überwacht. Sie mussten ledig sein – und bleiben. Wer heiratete, musste den Beruf aufgeben und verlor anfangs sogar sämtliche Pensionsansprüche. Trotzdem war der Job als Telefonistin beliebt: Er galt – trotz aller sexistischen Merkmale – als modern und glamourös und ermöglichte es den Frauen, eigenes Geld zu verdienen.

Der Job wurde größtenteils obsolet, als bis 1966 in der Bundesrepublik Deutschland alle Ortsnetze automatisiert wurden, man sich also ganz einfach gegenseitig anrufen konnte. Nur Ferngespräche wurden noch händisch vermittelt. Sobald Telefone mit Wählscheibe oder Tasten ausgestattet waren, konnte man sich direkt anrufen, der Zwischenschritt verschwand – und damit auch der Beruf der Telefonistin.[61]

Das zeigt uns, dass Tätigkeiten schon seit Jahrhunderten automatisiert und die Menschen in diesen Berufen durch Maschinen ersetzt werden. Diese Veränderung alleine muss nicht negativ sein, solange am anderen Ende ein neuer Job steht, der idealerweise sogar besser ist: weniger körperlich anstrengend, weniger monoton, besser bezahlt. Deshalb stellt sich die Frage, ob durch technologische Veränderungen immer mehr Jobs geschaffen werden als verschwinden. Und: Sind das gute Jobs – oder einfach nur irgendwelche Jobs?

Um diese Frage zu beantworten, möchte ich diesmal nicht ganz so weit zurückspringen, sondern auf die dritte industrielle Revolution schauen, die durch Computer angestoßen und durch das Internet weitergetrieben wurde.

Dass Technologie nicht nur Jobs verschwinden lässt, sondern auch neue Stellen schafft, ist gut, wenn Menschen mit dieser Arbeit ihren Lebensunterhalt verdienen und in ihrer Arbeit eine sinnstiftende Tätigkeit finden können. Wenn neue Maschinen gebaut werden, braucht es Menschen, die diese entwickeln und herstellen, bedienen und reparieren. Die gesamte heutige Tech-Branche ist so entstanden. Aber: Nur weil Technologien Produktivität steigern können, heißt das nicht automatisch, dass unter dem Strich mehr Jobs und eine höhere Nachfrage nach Arbeit stehen.

Das zeigen die Ökonomen Daron Acemoğlu und Pascual Restrepo mit ihrer Untersuchung der Geschichte der Automatisierung in den USA.[62] Das Jahr 1987 stellt dabei einen Wendepunkt dar: Ab diesem Jahr wurden Jobs, die durch die Automatisierung verloren gingen, nicht mehr durch die gleiche Anzahl an ähnlichen Arbeitsplätzen ersetzt.

Von 1947 bis 1987 gingen in den USA im Schnitt 17 Prozent der Arbeitsplätze verloren, während 19 Prozent neu geschaffen wurden. Unter dem Strich waren also noch mehr Jobs da: Es gab zwar Automatisierung, aber diese wurde begleitet von neuen Aufgaben in der Produktion und im Dienstleistungsgewerbe. Von 1987 bis 2016 aber wurden 16 Prozent der Arbeitsplätze verdrängt, während nur zehn Prozent neue Stellen geschaffen wurden.

In den 1960er- bis 1980er-Jahren haben vor allem gering qualifizierte Arbeitskräfte von der technologischen Entwicklung in der Arbeitswelt profitiert. Das hat sich aber ab den 1980er-Jahren – und insbesondere in den 1990er- und 2000er-Jahren – verändert. Das hatte wirtschaftspolitische Gründe: Die Anreize für Automatisierung nahmen zu, etwa durch die Subventionierung von Maschinen, während die Beschäftigung von Arbeitskräften hoch besteuert wurde.

Auch die Art, wie jüngere Unternehmen funktionieren, hat

sich verändert: Durch die Digitalisierung entstehen neue Geschäftsmodelle, für deren Erfolg oft weniger Arbeitskräfte benötigt werden. Ein gutes Beispiel dafür ist die Videothekenkette Blockbuster, die zu ihrer Hochphase Ende der 1990er-Jahre 84.000 Mitarbeitende weltweit hatte und drei Milliarden US-Dollar wert war. Dann kam Netflix auf den Markt – und machte Videotheken platt. Der Streaminganbieter hatte Ende 2023 13.000 Mitarbeitende und wurde mit mehr als 200 Milliarden US-Dollar bewertet. Während man bei Blockbuster ohne größere Qualifikationen im Laden DVDs verleihen konnte, muss man für einen Job bei Netflix nicht nur gut ausgebildet sein, sondern sich auch gegen viele andere Bewerber*innen durchsetzen.

Es profitieren Menschen mit hoher Qualifikation, während diejenigen mit geringerer Qualifikation das Nachsehen haben. Acemoğlu nennt diese Entwicklung einen »Doppelschlag« für gering qualifizierte Arbeitskräfte: »Sie leiden unter der Verdrängung, und neue Aufgaben, die entstehen, entstehen langsamer und kommen den hochqualifizierten Arbeitskräften zugute.«

Das bedeutet auch: Wer höher qualifiziert ist, hat die Chance, in bessere Jobs aufzusteigen und noch mehr zu verdienen – während weniger qualifiziertere Arbeitskräfte abgehängt werden.

Eine ähnliche Entwicklung sehen wir auch in Deutschland. Hier sind im Durchschnitt seit 1993 pro Jahr von 100 Arbeitsplätzen 9,5 weggefallen, während 9,7 neue Arbeitsplätze entstanden sind. Unter dem Strich ist also eine leicht positive Entwicklung zu erkennen.[63]

Wer davon profitieren kann, hängt allerdings vom Qualifikationsniveau ab. Die einzige Gruppe, für die durchgehend mehr Arbeitsplätze auf- als abgebaut wurden, waren Beschäftigte mit Hochschulabschluss. Bei Beschäftigten ohne Berufsausbildung wurden durchgehend mehr Arbeitsplätze abgebaut als aufgebaut. Sie sind also die Verlierer*innen des technischen Fortschritts. Bei Beschäftigten mit Berufsausbildung, also mit mittlerer Qualifikation, war die Bilanz zwischen 1976 und 1992 im Schnitt noch positiv. Seit 1993 werden auch hier mehr Arbeitsplätze abgebaut als aufgebaut. Zwischen 2005 und 2017 lagen Auf- und Abbau jedoch wieder fast gleichauf. Dass Beschäftigte mit Berufsausbildung vergleichsweise gut dastehen, haben wir unserem dualen Ausbildungssystem zu verdanken.

Der Trend, den Acemoğlu und Restrepo in den USA beobachtet haben, ist auch in Deutschland sichtbar, wenn auch nicht so deutlich ausgeprägt: Menschen mit hoher Qualifikation gewinnen, während diejenigen mit geringer Qualifikation verlieren. In der Sprache der Ökonom*innen spricht man von »qualifikatorisch verzerrtem technischem Fortschritt«: Die technologische Entwicklung führt dazu, dass sich der Bedarf an Arbeitskräften qualitativ verändert.

Für Menschen, die studiert haben, ist das nicht so schlimm: Sie fallen (bisher) in der Regel weich, für sie werden neue Jobs geschaffen. Für alle, die keine Berufsausbildung haben, wird die Situation hingegen zunehmend schwierig. Während sie früher Basisarbeit finden und vor Ort angelernt werden konnten, etwa in Fabriken, fallen sie heute eher aus dem Arbeitsmarkt heraus. Wir schaffen es in Deutschland allerdings nicht, genug junge Menschen in Ausbildung zu bringen: Der Anteil der Jugendlichen ohne Schulabschluss ist seit Jahren auf hohem Niveau. 2021 verließen rund 47.500 junge Menschen die Schule ohne Abschluss und haben damit kaum Chancen auf eine Ausbildung.

Bei der Frage, ob technischer Fortschritt neue bessere Jobs bringt, haben zwei Aspekte Einfluss. Da ist zum einen die Rolle von Gewerkschaften. Inwiefern können Arbeitskräfte mitbestimmen, welche Technologie wie genutzt wird? Zum anderen spielen politische und wirtschaftliche Entscheidungen eine Rolle. Davon hängt ab, ob Arbeitskräfte mehr oder weniger von diesen Veränderungen profitieren.

Die Rolle von Gewerkschaften wurde in den letzten Jahren und Jahrzehnten deutlich geschwächt. In Deutschland hatte 2022 rund die Hälfte der Beschäftigten keine Tarifbindung, für sie galt also kein Tarifvertrag. 1998 hingegen hatte nur 24 Prozent der Beschäftigten in den alten Bundesländern und 37 Prozent der Beschäftigten in den neuen Bundesländern keine Tarifbindung.[64]

Auch das Verhältnis zwischen Arbeitskräften und Wirtschaft und Politik hat sich verändert. In den 1980er-Jahren hätten viele amerikanische Führungskräfte angefangen, Arbeitskräfte als Kostenfaktor zu sehen, nicht als Ressource, schreiben die Ökonomen Daron Acemoğlu und Simon Johnson in ihrem Buch »Macht und Fortschritt«.[65] Um im internationalen Wettbewerb bestehen zu können, mussten diese Kosten gesenkt werden. Die neue Vision – verbreitet durch Ökonomen wie Milton Friedman[66] und in die Welt getragen von Business Schools und Unternehmensberatungen – lautete wie folgt: Es ist die soziale Verantwortung von Unternehmen, die Umsätze zu erhöhen. *Shareholder Value* – die Unternehmensbewertung, von der Anteilseigner*innen profitieren – wurde zum wichtigsten Gut ernannt. Unqualifizierte Arbeitskräfte einzustellen und weiterzubilden? Kostet zu viel. Stellen ohne Ersatz wegzuautomatisieren, um weniger Löhne zahlen zu müssen? Topidee. Die Situation für Arbeitskräfte, vor allem diejenigen, die keinen Hochschulabschluss hatten, wurde schlechter, während studierte Fachkräfte profitierten.

In der Situation, dass bestimmte Menschen abgehängt werden, befinden wir uns auch heute. Unterm Strich mögen wir zwar noch in der Situation sein, dass in Deutschland mehr Jobs entstehen als verschwinden. Aber das könnte sich bald ändern.

Schon jetzt sind Chancen nicht gleich verteilt. Wenn Jobs für gering qualifizierte Menschen wegfallen, während Jobs für hoch qualifizierte Menschen entstehen, führt das zu großen Problemen und kann gesellschaftliche Spaltung begünstigen. Damit würde ich auch die zweite These als nicht erfüllt betrachten: Ja, oft werden wegfallende Jobs (noch) durch andere ersetzt. Aber es profitieren nicht alle Menschen gleichermaßen von dieser Veränderung, sondern wir sehen eine zunehmende Spaltung der Arbeitswelt. Wie stark diese ist, liegt an politischen und wirtschaftlichen Rahmenbedingungen sowie der Stärke von Gewerkschaften.

Im Hinblick auf die anstehende KI-Revolution müssen wir uns aktiv darum bemühen, diesen Wandel sozial gerecht zu gestalten, so viele Menschen wie möglich mitzunehmen und zu beteiligen – unabhängig von ihrem Qualifikationsniveau. Damit können wir nicht erst anfangen, wenn wir bereits tief im KI-Umbruch stecken: Jetzt ist die Zeit, um dafür zu sorgen, dass niedrig qualifizierte Menschen in Zukunft nicht aus dem Arbeitsmarkt fallen, sondern in Lösungsszenarien mit bedacht werden. Und wir müssen überlegen, was passiert, wenn sich die Situation zuspitzt, wenn also in allen Qualifikationsstufen mehr Jobs wegfallen als neu entstehen.

Was wäre, wenn künftig (fast) alle Arbeit wegfallen würde, und nicht nur bestimmte Berufsbilder? Dieser Gedanke ist nicht neu: Es gibt schon seit der Antike die Angst, dass neue Technologien ganze Berufsfelder auslöschen oder Menschen in eine Welt ohne Arbeit stürzen könnten. Auch von diesen Überlegungen können wir für die Zukunft lernen.

THESE 3:
Wenn immer mehr Jobs automatisiert werden können, werden wir irgendwann alle arbeitslos sein.

Aristoteles schrieb in seinem Werk »Politik«, dass »weder die Künstler der Gehülfen, noch die Herren der Sclaven« bedürften, »wenn so auch das Weberschiff von selbst webte und die Zither von selbst spielte«. Er stellte sich also eine autonome Welt vor, in der »jedes Werkzeug auf Geheiss oder vorbewusst sein Werk vollbringen könnte«.[67] Wenn alle Werkzeuge ihre Aufgaben ohne menschliches Zutun verrichten würden, wäre das das Ende der manuellen Arbeit. Zur Erinnerung: Aristoteles lebte von 384 bis 322 vor Christus im antiken Griechenland. Diese Gedanken sind also alles andere als neu.

Der Ökonom John Maynard Keynes hat für diese Idee den Begriff der technologischen Arbeitslosigkeit geprägt. Im Jahr 1928 hielt Keynes eine Rede in Cambridge, die er 1930 unter dem Titel »Wirtschaftliche Möglichkeiten für unsere Enkelkinder« als Essay veröffentlichte. Mit dem Begriff der technologischen Arbeitslosigkeit ist Arbeitslosigkeit gemeint, »die daraus resultiert, dass unsere Entdeckungen von Mitteln zur Einsparung unserer Arbeitskraft schneller voranschreiten werden, als wir neue Verwendungsweisen für Arbeitskraft werden erschließen können«.[68]

Keynes sah dies nur vorübergehend als Problem einer mangelhaften Anpassung. »All das bedeutet, dass auf lange Sicht betracht die Menschheit dabei ist, ihr wirtschaftliches Problem zu lösen«, schrieb er. Es gäbe dann genug Reichtum, der gesellschaftlich richtig verteilt ist, und alle hätten genug zum Leben. Keynes ging davon aus, dass »der Lebensstandard in den fortgeschrittenen Gesellschaften in 100 Jahren vier- bis achtmal so hoch« sein wird wie im Jahr 1930. Im Schnitt ist das Bruttoinlandsprodukt – also die Summe aller Güter und Dienstleistungen – in Deutschland zwischen 1950 und 2022 um 3,1 Prozent im Jahr angestiegen.[69] Das bedeutet auch, dass die deutsche Wirtschaft heute neunmal so groß ist wie im Jahr 1950. Damit wurde die Vorhersage von Keynes sogar übertroffen.

Dass wir technologisch einen riesigen Sprung gemacht haben, ist klar: Heute haben wir fast alle ein Smartphone in der Hosentasche, das Telefon, Computer, Wecker, Navigationsgerät, Taschenrechner, Kamera, Fernseher, Radio, Wörterbuch und Wasserwaage in einem ist (und noch eine Menge mehr, je nachdem, welche Apps man sich so runterlädt). Die Rahmenbedingungen für die Lösung des wirtschaftlichen Problems stehen also gut. Aber irgendwie arbeiten wir alle trotzdem nicht weniger.

Woran liegt das? Ein Punkt ist Konsum: Ja, wir haben kollektiv mehr Geld, aber wir geben auch mehr Geld aus, etwa für das neueste Modell der besagten Smartphones. Keynes schrieb, dass »die Bedürfnisse der Menschen unstillbar zu sein scheinen«[70], und genau das sehen wir: Wir erfinden immer neue Geräte und Produkte, konsumieren immer mehr und brauchen immer mehr Geld, um diesen Lebensstandard aufrecht zu halten.

Der US-amerikanische Anthropologe David Graeber glaubte allerdings, dass Konsum als alleinige Antwort auf diese Frage zu einfach sei. Seit den 1920er-Jahren seien zwar unzählige neue Jobs und Branchen entstanden, »aber nur sehr wenige davon haben etwas mit der Produktion und dem Vertrieb von Sushi, iPhones oder schicken Turnschuhen zu tun«.

Stattdessen sei eine ganz neue Kategorie von Jobs entstanden, die von Graeber so genannten *Bullshit Jobs*[71]. Der Verwaltungssektor habe sich aufgebläht, »bis hin zur Schaffung ganz neuer Branchen wie Finanzdienstleistungen oder Telemarketing, oder der beispiellosen Expansion von Bereichen wie Körperschaftsrecht, akademische und Gesundheitsverwaltung, Personalwesen und Öffentlichkeitsarbeit«. Dazu kommen laut Graeber »all die Menschen, deren Aufgabe es ist, diese Branchen administrativ, technisch oder sicherheitstechnisch zu unterstützen, oder auch die vielen Nebenbranchen (Hundewäscher, Rund-um-die-Uhr-Pizzalieferanten), die es nur gibt, weil alle anderen so viel Zeit mit der Arbeit in all diesen anderen Branchen verbringen«.

Es sei, so schrieb Graeber, »als ob sich jemand sinnlose Jobs ausdenkt, nur damit wir alle arbeiten müssen«. Er glaubte, dass wir schon längst in der technologischen Arbeitslosigkeit hätten ankommen können – wenn wir uns nicht immer neue, unsinnige Arbeitsbeschaffungsmaßnahmen ausdenken würden, die eigentlich niemand braucht.

Das führt zu einer zweigeteilten Arbeitswelt, die Graeber so beschreibt: »Echte, produktive Arbeitnehmer werden unerbittlich unter Druck gesetzt und ausgebeutet.« Wir sehen das bei Beschäftigten in der Pflege und Medizin, in Kitas und Schulen, in der Logistik und in der Gastronomie, bei denen, die im Schichtdienst, nachts und am Wochenende arbeiten. Der Rest teile sich auf in arbeitslose Menschen, »die allgemein geschmäht werden, und eine größere Gruppe, die im Grunde dafür bezahlt wird, nichts zu tun, in Positionen, die so gestaltet sind, dass sie sich mit den Perspektiven und Sensibilitäten der herrschenden Klasse (Manager, Verwaltungsangestellte etc.) identifizieren [...], aber gleichzeitig ein schwelendes Ressentiment gegen jeden schüren, dessen Arbeit einen klaren und unstreitbaren sozialen Wert hat«.

Mich erinnert das an die Zweiteilung in systemrelevant und Homeoffice, die wir seit der Corona-Pandemie sehen. Graeber glaubt nicht, dass dieses System bewusst entworfen wurde, sondern dass es sich aus einem Jahrzehnt von *Trial and Error* ergeben habe. Aber es sei, so schreibt er, »die einzige Erklärung dafür, warum wir trotz unserer technologischen Möglichkeiten nicht alle drei bis vier Stunden am Tag arbeiten«.

Ich glaube, dass an diesen Gedanken etwas dran ist – und wir kurz davor sind, die meisten dieser *Bullshit Jobs* zu automatisieren. Und ich habe die Hoffnung, dass wir uns näher denn je an der technologischen Arbeitslosigkeit befinden. Aber das ist kein Grund zur Sorge – im Gegenteil.

David Graeber zufolge verbringen »große Teile der Bevölkerung, insbesondere in Europa und Nordamerika, [...] ihr gesamtes Arbeitsleben mit Aufgaben, von denen sie insgeheim glauben, dass sie nicht wirklich notwendig sind. Der moralische und geistige Schaden, der sich aus dieser Situation ergibt, ist tiefgreifend. Es ist eine Narbe auf unserer kollektiven Seele.« Die Aussicht, diesen Zustand zu überwinden und sich behutsam um diese Narben kümmern zu können, ist doch nicht die schlechteste, oder?

Auch Keynes erwartete von der technologischen Arbeitslosigkeit »zumindest die Möglichkeit eines Gewinns« – wenn auch nicht unmittelbar, schließlich sind wir es seit Generationen so gewohnt, zu arbeiten und unser Leben rund um die Arbeit auszurichten, dass es uns in ein tiefes Loch werfen könnte, wenn Arbeit auf einmal wegfiele. Keynes sprach in diesem Kontext von einem »allgemeinen ›Nervenzusammenbruch‹«, denn: »Denjenigen, die für ihr täglich Brot schwitzen müssen, ist Müßiggang eine ersehnte Süßigkeit – bis sie ihn bekommen.«[72]

Zum ersten Mal hätte der Mensch eine neue Aufgabe: Wie gestaltet man ein »Zeitalter der Muße und der Überfülle ohne Furcht«? Oder anders gesagt: Was machen wir eigentlich den ganzen Tag, wenn wir nicht mehr erwerbsarbeiten müssen – oder zumindest deutlich weniger? Wie schaffen wir es, diese gewonnene Zeit sinnvoll auszufüllen – und zu genießen? Können wir das überhaupt, wenn es uns nie beigebracht wurde? Keynes geht davon aus, dass wir am Anfang wenigstens noch ein bisschen arbeiten müssen, um klarzukommen. Dass wir kleine Pflichten, Aufgaben und Routinen brauchen. Dass wir mehr Dinge für uns selbst tun werden. Und dass wir uns bemühen sollten, die verbleibende Arbeit so gut wie möglich zu verteilen. »Drei-Stunden-Schichten oder Fünfzehn-Stunden-Wochen werden das Problem vermutlich eine ganze Weile aufschieben«, schrieb er.

Er glaubte außerdem, dass wir anders über Geld nachdenken werden. Denn es macht einen Unterschied, ob man immer mehr Reichtum anhäufen möchte, einfach nur, um reich zu sein, oder ob man Geld braucht, um ein gutes Leben zu leben. Und was ist mit denjenigen, die einfach Geld anhäufen wollen? Können sie ruhig. »Doch der Rest von uns wird nicht mehr unter irgendeinem Zwang stehen, ihnen Beifall zu spenden und sie in ihrem Tun zu ermutigen«, schrieb Keynes. *Carpe Diem* könnte so wieder mehr werden als ein Kalenderspruch – wenn wir von denen lernen, die ihre Lebenszeit wirklich gut und sinnvoll nutzen – und es ihnen nachmachen.[73]

Wie genau eine Welt ohne – oder mit deutlich weniger Arbeit – aussehen könnte, darum wird es im letzten Kapitel dieses Buches gehen, wenn ich auf das Übermorgen schaue.

Wir haben gesehen, dass die Idee der technologischen Arbeitslosigkeit nicht neu ist, sondern uns Menschen schon seit Jahrtausenden begleitet. Und dass wir uns nicht einfach darauf verlassen können, dass alles schon irgendwie gut wird mit der Arbeitswelt, nur weil es eine neue Technologie gibt. Oder wie Ökonom Carl Benedikt Frey sagt: »Wenn dies ›nur‹ eine weitere industrielle Revolution ist, sollten die Alarmglocken läuten.«[74] Denn die Umbrüche waren zu ihrer Zeit oft harsch und brachten negative Folgen für die arbeitenden Menschen mit sich. Das sollten wir bei dem anstehenden Wandel tunlichst versuchen zu vermeiden. Wie das geht, können wir aus der Vergangenheit lernen.

Technologien – egal ob Dampfmaschine, Elektrizität oder KI – sind Werkzeuge, die wir entwickeln, gestalten und einsetzen. Aber sie sind kein Selbstzweck. Wir als Menschen, als Gesellschaft, als Gemeinschaft müssen aktiv überlegen, entscheiden und umsetzen, wie eine positive Zukunft unserer Arbeitswelt aussehen soll, von der nicht nur einige wenige Menschen profitieren, sondern die bereits zu Zeiten des Wandels möglichst gut für möglichst viele von uns ist. Dafür bleibt uns nicht mehr viel Zeit. Denn die KI-Revolution ist weitreichender, als viele glauben – und sie hat schon längst begonnen.

KAPITEL 2

GESTERN

HEUTE

MORGEN

ÜBER
MORGEN

Wir arbeiten immer mit Maschinen zusammen, wenn wir Werk- zeuge, das Internet oder eben KI nutzen. Die große Frage ist, wie sich dieses Verhältnis mit der Zeit verändern wird: Werden Mensch und Maschine kollaborieren und kooperieren? Oder übernimmt die Maschine mit der Zeit ganz und ersetzt den Menschen?

Dass Letzteres nicht nur Zukunft ist, sondern bereits Realität, zeigen Meldungen von Unternehmen, die künstliche Intelligenz und Tools wie ChatGPT als Grund nennen, warum sie weniger Personal brauchen – und deshalb entweder Arbeitskräfte entlassen oder keine neuen einstellen.

Die Sprachlern-App Duolingo hat Ende 2023 die Zusammenarbeit mit etwa zehn Prozent ihrer freien Mitarbeiter*innen beendet – und sie durch generative KI ersetzt. Weil LLMs mittlerweile sehr gut übersetzen und Texte generieren können, werden im Unternehmen offenbar weniger menschliche Übersetzer*innen gebraucht.[75]

Der schwedische Zahlungsdienstleister Klarna hat im Februar 2024 öffentlich gemacht, wie viele Serviceanfragen sein KI-Assistent, der auf Technologie von OpenAI basiert, bereits übernehmen kann. Der Chatbot laufe rund um die Uhr und könne von Kund*innen in 23 Ländern und in mehr als 35 Sprachen genutzt werden. Er könne Fragen beantworten zu Retouren, Stornierungen und Zahlungsproblemen. Er werde nie müde und brauche keinen Urlaub. In nur einem Monat hat der Chatbot

2,3 Millionen Unterhaltungen geführt, was etwa zwei Dritteln aller Unterhaltungen des Klarna-Kundenservices entspricht – oder der Arbeit von 700 Vollzeitbeschäftigten. Die Zufriedenheitsrate? So gut wie bei menschlicher Unterstützung. Anfragen würden schneller gelöst, im Schnitt in unter zwei statt wie bisher elf Minuten, und es gebe weniger wiederholte Anfragen, weil doch noch Fragen offengeblieben sind. Klarna schätzt, dass es durch den Einsatz des Chatbots seine Umsätze im Jahr 2024 um 40 Millionen US-Dollar steigern kann – denn der Kundenservice ist komplett an Drittunternehmen ausgelagert und könnte so eingespart werden.[76]

Das bedeutet im Umkehrschluss, dass KI Menschen ersetzt. Schon drei Monate zuvor, im Dezember 2023, hatte Klarna-CEO Sebastian Siemiatkowski einen Einstellungsstopp in allen Bereichen außer dem Software-Engineering verkündet – und dies mit dem Potenzial von KI begründet: »Das Unternehmen wird schrumpfen«, sagte er der britischen Nachrichtenseite *The Telegraph*. »Dinge, für die Menschen bisher viel Zeit gebraucht haben, können heute viel schneller erledigt werden.«[77]

IBM verkündete im Mai 2023 einen Einstellungsstopp: In den kommenden Jahren könnten rund 7800 Jobs von KI ersetzt werden.[78] Das britische Telekommunikationsunternehmen BT glaubt, dass es seine Belegschaft bis 2030 um mehr als 40 Prozent reduzieren könnte – das Äquivalent von 55.000 Stellen. 10.000 davon könnten durch KI ersetzt werden.[79] Das Logistikunternehmen UPS will 12.000 Stellen streichen, vor allem im mittleren Management, und so bis zu einer Milliarde US-Dollar pro Jahr einsparen.[80] Der deutsche Softwarekonzern SAP will im Rahmen eines »Transformationsprogramms« weltweit 8000 Stellen streichen, und das, obwohl der Gewinn steigt.[81]

All das dürfte erst der Anfang sein, wenn man den CEOs großer Konzerne weltweit glaubt: Laut einer Umfrage der Unternehmensberatung PwC im Herbst 2023 planten ein Viertel von ihnen, durch generative KI ihren Personalbestand um fünf Prozent zu reduzieren. Rund 60 Prozent gehen davon aus, dass generative KI 2024 die Effizienz ihrer Mitarbeitenden steigern wird, 41 Prozent erwarten höhere Umsätze.[82] Eine ähnliche Umfrage von Deloitte unter 2800 Führungskräften aus 16 Nationen zeigt, dass 35 Prozent von ihnen mit KI-Projekten vor allem Kosten reduzieren wollen. 56 Prozent streben nach mehr Effizienz und Produktivität. Um Innovation und Wachstum geht es 29 Prozent. Die Ergebnisse beider Umfragen wurden rund um das Weltwirtschaftsforum 2024 in Davos veröffentlicht, wo Salesforce-CEO Marc Benioff sagte: »Was CEOs wollen ist eine größere Marge, mehr Produktivität und wertvollere Kundenbeziehungen.« Von den Mitarbeitenden – geschweige denn von guter Arbeit – ist da nicht die Rede.[83]

Solche Schlagzeilen werfen eine Reihe von Fragen auf: Wer verdient an den technologisch bedingten Produktivitätssteigerungen? Wenn auf einmal Millionen eingespart oder zusätzlich umgesetzt werden, profitieren davon nur die Aktionär*innen oder auch Mitarbeitende? Was passiert mit den Menschen, die wegen KI ihre Jobs verlieren? Wird sich unsere Arbeitswelt grundlegend verändern? Die Antwort auf die letzte Frage lautet Ja. Wie wir die anderen Fragen beantworten, liegt an uns.

Es gibt durchaus Beispiele für Kollaboration und Kooperation – die oft das Ziel hat, Menschen produktiver zu machen.

Die international tätige Agentur Dentsu Creative hat als eines der ersten Unternehmen Microsoft Copilot breit eingesetzt. Die Mitarbeitenden könnten ihre Arbeitsprozesse dadurch produktiver und kreativer gestalten und schneller oder mehr Inhalte schaffen, sagt James Thomas, Global Head of Technology der Agentur. Erste Daten zeigen, dass Nutzer*innen so fünf bis zehn Stunden pro Monat dazugewinnen. Die KI kann zusammenfassen, was bisher in einem Meeting passiert ist, wenn man zu spät in den Videocall kommt. Sie kann lange E-Mail-

Verläufe zusammenfassen: Worum geht es und wer muss was machen? Auch bei der kreativen Arbeit hilft KI: Im Meeting mit Auftraggeber*innen wird es jetzt sehr viel schneller konkret. Erste Entwürfe für Ideen werden von ChatGPT erweitert, mit DALL-E werden Visualisierungen geschaffen. Aus ein paar Sätzen wird ein ausformuliertes Angebot, hübsch gestaltet. Eine Idee kann schnell für zehn verschiedene Zielgruppen angepasst werden. So werde Zeit gespart, effizienter gearbeitet – und es

bleibe mehr Raum für das kreative Schaffen. »Viele Leute können sich nicht vorstellen, dahin zurückzugehen, wie sie früher gearbeitet haben«, sagt Thomas.[84]

Das Oberlandesgericht (OLG) Stuttgart nutzt KI, um die Flut von Dieselklagen zu bearbeiten. Am OLG waren Ende 2022 mehr als 13.000 Dieselverfahren anhängig, jede Klageschrift oft mehr als 100 Seiten lang. Diese Akten werden von KI analysiert und nach Sachverhalten geordnet. Damit assistiert die Maschine den Richter*innen, die sich darauf konzentrieren können, die Unterlagen inhaltlich zu bearbeiten, zu überprüfen und in den Verfahren zu entscheiden.[85]

Auch im Kuhstall ist die KI angekommen:[86] Im Betrieb von Markus Baumann in Geldern in Nordrhein-Westfalen leben 135 Milchkühe. Sensoren messen rund um die Uhr, wie es den Tieren geht, ob sie genug laufen und fressen – und melden das per App in Echtzeit an Baumann. Er sieht so, was los ist, bevor er den Stall überhaupt betritt, etwa ob eine Kuh gerade brünstig ist oder eine Euterentzündung entwickelt. In diesem Fall kann er mit Entzündungshemmern gegenwirken und vielleicht sogar die Gabe von Antibiotika vermeiden. Auch in anderen Bereichen wird die Viehwirtschaft zunehmend digitalisiert: Viele Kühe können heute selbst entscheiden, wann sie in den Melkroboter gehen, um gemolken zu werden.

Selbst an komplexen Arbeitsorten wie im Bauwesen wird über Automatisierung nachgedacht: Es gibt Roboter, die abmessen, abreißen, mauern, bohren, schwere Bauteile tragen, schweißen, fräsen, Fliesen verlegen, Deckenelemente montieren, Wände verputzen und streichen können.[87]

KI wird immer besser und kann immer mehr. GPT-4 besteht den Aufnahmetest für amerikanische Jurafakultäten (auch wenn sich Anwält*innen nicht auf alles verlassen können, was es ihnen recherchiert), würde das Zertifikat für fortgeschrittene Sommeliers bekommen (ohne je Wein geschmeckt zu haben) und füllt sogar psychologische Befragungen so aus, dass die Maschine statistisch nicht von Menschen unterscheidbar ist (obwohl sie nicht denkt und fühlt wie Menschen).[88]

Wir sehen in einigen Bereichen Verbesserungen durch KI, und in anderen Bereichen erleben wir, wofür die Technologie besser nicht genutzt werden sollte. Genau darum soll es in diesem Kapitel gehen.

Den Anfang möchte ich in einer Abteilung machen, die es branchenübergreifend in fast jedem Unternehmen gibt: im Personalwesen, also dort, wo entschieden wird, wer seinen Job (vielleicht sogar wegen KI) verliert – und wer eingestellt wird. Denn schon heute werden viele Bewerbungen nicht mehr von Menschen gelesen, sondern von Maschinen.

JETZT STELLT DIE KI EIN!

84 Viele Entscheidungen in Personalabteilungen werden heute zumindest teilweise von KI getroffen. Das Versprechen: KI findet die qualifiziertesten Kandidat*innen für Jobs und schlägt fair die besten Mitarbeitenden für Beförderungen vor. Sie geht gerechter an die Sache heran als Menschen. Aber stimmt das? Oder werden hier die Risiken der Technologie greifbar?

Um das herauszufinden, spreche ich mit Hilke Schellmann. Schellmann ist eine deutsche Journalistin, die in den USA lebt und arbeitet. Sie hat »The Algorithm«[89] geschrieben, ein Buch darüber, wie Algorithmen und KI das Personalwesen verändern. Wir sind zum Videochat verabredet, zu einer Zeit, die sowohl in New York als auch in München gut passt. Und ich kann nicht anders, als sie sofort nach einer Sache zu fragen, die ich erst so richtig verstanden habe, als ich ihr Buch gelesen habe. Es gibt nämlich einen Teufelskreis aus zu vielen Bewerbungen, zu wenig guten Kandidat*innen und Frustration aufseiten von Jobsuchenden und Unternehmen. Ich habe immer wieder von Menschen gehört, die Dutzende oder sogar Hunderte Bewerbungen schicken, ohne je zu einem Gespräch eingeladen zu werden. Was ich allerdings nicht wusste: dass die KI hier eine große Rolle spielen kann.

Ich frage Schellmann, wie wir in der Situation gelandet sind, dass Arbeitgeber*innen Mitarbeitende suchen, sich Menschen bewerben und beide Seiten oft trotzdem nicht zusammenkommen. Ein Problem ist, dass sich heute viel mehr Menschen als früher auf einen einzelnen Job bewerben, weil das über Plattformen wie Monster, Indeed, Stepstone oder LinkedIn oder auf den Webseiten der Unternehmen so einfach geht, manchmal mit nur einem Klick. Bewerbungsunterlagen ausdrucken, in eine Mappe legen und mit der Post verschicken ist (größtenteils) ein Akt der Vergangenheit. Das ist gut für Bewerber*innen, die so Zeit und Geld sparen. Die Kehrseite: Unternehmen bekommen extrem viele Bewerbungen. Hier kommt die KI ins Spiel. Sie hilft, Lebensläufe zu scannen, und unterstützt auch an anderen Punkten des Bewerbungsprozesses. Doch das klappt nicht unbedingt so, wie es sollte.

Eigentlich sollte man meinen, dass diese Tools dafür gebaut werden, die besten Kandidat*innen für einen bestimmten Job zu identifizieren – das wäre schließlich im Interesse aller. Doch manchmal ist das gar nicht das Ziel, mit dem die Programme entwickelt werden. Manchmal geht es Unternehmen darum, so schnell wie möglich eine Person einzustellen, die qualifiziert genug ist. Was genau das Ziel eines bestimmten Tools ist, ist von außen kaum erkennbar. Zertifizierungen oder Richtlinien, an denen man sich bei der Auswahl einer Software orientieren kann, fehlen.

»Das Problem ist, dass Unternehmen immer ausgefeiltere KI-Tools einsetzen, sie aber nicht überprüfen oder verstehen, wie das Modell dahinter funktioniert«, sagt sie. »Unternehmen wollen Geld sparen und sich das Leben leichter machen. Sie wollen effiziente Tools und hinterfragen nicht, welche Schlüsselwörter genutzt werden oder nach welchen Kriterien erfolgreiche Mitarbeitende bewertet werden.«

Eine Form dieser Tools sind Resümee-Screener, die Lebensläufe von Kandidat*innen nach Schlüsselwörtern einer bestimmten Stellenausschreibung durchsuchen. Für einen Job im Bereich Softwareentwicklung könnten solche Schlüsselwörter etwa Programmiersprachen wie Python oder C/C++,

Fähigkeiten wie Datenanalyse oder *User Interface Design* und ein Hochschulabschluss in Informatik sein.

Das Problem: Viele qualifizierte Kandidat*innen geben ähnliche Schlüsselwörter an. Dann muss die KI sich entscheiden, nach welchen anderen Kriterien sie besonders qualifizierte Bewerber*innen aussucht – und Muster in den Daten finden. Dazu werden diese Tools oft mit Lebensläufen von Mitarbeitenden trainiert, die bereits erfolgreich im Unternehmen tätig sind. Das wiederum kann zu *Bias* führen, etwa weil im Bereich Softwareentwicklung deutlich mehr Männer als Frauen arbeiten. Dass die Branche ein Diversitätsproblem hat, ist bekannt. Im schlimmsten Fall lernt die KI also aus dem Trainingsdatensatz, bestimmte Bewerber*innen zu diskriminieren.

Genau das war bei Amazon zu beobachten. Ein Team dort baute 2014 einen Algorithmus, der automatisch die Toptalente aus den eingegangenen Bewerbungen filtern sollte. Trainiert wurde die KI mit den Lebensläufen von erfolgreichen Mitarbeitenden, die vorwiegend Männer waren. Und so agierte die KI dann auch.

Das Tool entschied systematisch gegen Frauen, die sich auf technische Berufe bewarben: Lebensläufe, in denen reine Frauenhochschulen genannt wurden, wurden schlechter eingestuft, denn diese Hochschulen kannte das Modell nicht. Überhaupt wurden Lebensläufe herabgestuft, die das Wort »Frauen-« beinhalteten, etwa im Kontext eines Frauen-Rugby-Teams. Lebensläufe mit Wörtern, die Männer häufiger benutzen, wie *executed* oder *captured,* wurden besser bewertet. Das Team versuchte, das Programm zu reparieren, aber es klappte nicht, der *Bias* saß zu tief. Ein Jahr später landete das Projekt in der Tonne.[90]

Dasselbe Prinzip in Kurzform demonstriert »das Baseball-Beispiel«[91]: Dabei bewertete ein KI-Tool das Wort »Baseball« in Bewerbungen positiv, wohingegen das Wort »Softball« negativ bewertet wurde. Dazu muss man wissen: Die Sportarten

Baseball und Softball unterscheiden sich nur in absoluten Feinheiten voneinander, jedoch wird Ersteres in den USA eher von Männern gespielt, Letzteres eher von Frauen. In Sachen Teamwork, Ehrgeiz und Sportsgeist sollten sich beide gut in Lebensläufen machen – die KI jedoch sortierte Bewerbungen aus, die das Wort »Softball« enthielten. Es gab schlicht zu wenige Beispiele für Softball spielende (weibliche) Angestellte.

KI könnte noch auf viele weitere Arten diskriminieren: Was, wenn sie Menschen aussortiert, die eine Lücke im Lebenslauf haben – unabhängig davon, ob sie zu dieser Zeit arbeitslos, in Elternzeit oder krank waren?[92] Wenn eine KI mit Lebensläufen trainiert wird, in denen als Geschlecht nur männlich und weiblich vorkommt, aber nicht divers? Wenn bestimmte Postleitzahlen schlechter bewertet werden als andere und damit Bewerber*innen aus Stadtteilen aussortiert werden, in denen mehr Migrant*innen leben oder in denen die Haushaltsnettoeinkommen niedriger sind? Was, wenn Sprachkenntnisse wie Türkisch oder Arabisch abgewertet und Französisch oder Spanisch höher eingestuft werden? Wenn Fotos von Menschen mit dunklerer Hautfarbe oder Kopftuch schlechter bewertet werden? Wenn der falsche Vorname reicht, um in einem Bewerbungsprozess nicht weiterzukommen? Die Liste könnte unendlich weitergehen. Die Diskriminierung, die wir in unserer Gesellschaft sehen, würde so in Technologie festgeschrieben. Denn am Ende formalisiert die KI ja nur die Muster, mit denen sie trainiert wird – und wenn diese Muster sexistisch oder rassistisch sind, wird es eben auch die KI.

Diskriminierung sehen wir nicht nur bei Resümee-Screenern, sondern auch bei anderen KI-Tools, die im Bewerbungsprozess genutzt und auf ähnliche Art trainiert werden. Wie KI-Spiele, die Aufschluss über die Persönlichkeit der Bewerber*innen geben oder bestimmte Fähigkeiten testen sollen. Schellmann hat einige dieser Spiele getestet: Bei einem musste sie eine Variante von Tetris spielen, bei einem anderen Matheaufgaben lösen. In einem Spiel musste sie so schnell wie möglich die Leertaste drücken.[93] Was das mit den für den Job gesuchten Fähigkeiten zu tun hatte? Unklar.

Auch einseitige Videointerviews, bei denen Bewerber*innen in kurzen selbst gefilmten Clips Fragen beantworten sollen, sind häufig Teil von Bewerbungsprozessen. Diese Videos werden oft von Maschinen ausgewertet, die Inhalt, Gesichtsausdruck und Tonfall analysieren. Als sie ein solches Tool testete, erhielt Schellmann für ihre Sprachkompetenz in Englisch sechs von neun Punkten. Allerdings hatte sie die Frage auf Deutsch beantwortet und einfach einen willkürlichen Wikipedia-Artikel vorgelesen. Sie hätte eine Fehlermeldung erwartet, doch das System schien den eigentlichen Inhalt ihrer Antwort nicht analysiert zu haben.[94]

Auch diese Programme werden oft trainiert, indem Topmitarbeitende als Benchmark genutzt werden. Dabei können marginalisierte Menschen und insbesondere Menschen mit Behinderung oder chronischen Erkrankungen sowie neurodiverse Menschen unterrepräsentiert sein. Innerhalb eines festgelegten Zeitraums ein Spiel durchzuspielen oder in einem Video Fragen zu beantworten kann für Menschen mit motorischen Einschränkungen, Seh- oder Hörbehinderung schwierig sein. Menschen, die durch eine Behinderung, einen Akzent oder Dialekt für den Computer schwerer verständlich sind, könnten negativ bewertet werden und so aus dem Prozess herausfallen. Oft ist nicht transparent, nach welchen Kriterien KI-Spiele oder -Videos ausgewertet werden – und inwiefern das wirklich etwas mit den Anforderungen für eine bestimmte Stelle zu tun hat.

Wir wissen: Auch Menschen diskriminieren bei Einstellungsprozessen. Frauen mit Kopftuch und türkischem Namen müssen 4,5-mal mehr Bewerbungen verschicken als Bewerberinnen mit ähnlichen Qualifikationen, die kein Kopftuch tragen und einen deutsch klingenden Namen haben. Arbeitnehmer*innen mit deutschem Pass bekommen mehr Stundenlohn als Arbeitnehmer*innen mit ausländischem Pass. Frauen mit Schwerbehinderung verdienen weniger als Männer mit Schwerbehinderung.[95] Der Arbeitsmarkt ist ungerecht, weil Menschen sexistische, rassistische und ableistische Entscheidungen treffen. Dieses Problem sollte durch KI idealerweise kleiner werden und nicht größer. Dafür müssen wir nicht nur die Technologie fixen, sondern auch unsere gesellschaftlichen *Biases*.

»Ich glaube nicht, dass wir zwingend zu menschlichen Einstellungsverfahren zurückgehen sollten«, sagt mir Schellmann, »denn wir haben gesehen, dass Frauen, People of Color und Menschen mit Behinderung seit Jahrzehnten benachteiligt werden.« Aber wir müssen deshalb genau schauen, wie KI für Bewerbungsprozesse trainiert und eingesetzt wird. Denn ob KI diskriminiert, ist nicht immer einfach erkennbar: Wenn der Algorithmus eine Liste der zehn besten Kandidat*innen ausgibt, »sieht das mathematisch sehr korrekt aus«, sagt Schellmann. »Es ist schwer, sich davon zu distanzieren. Aber du weißt nicht wirklich, ob die Person, die auf Platz eins gelandet ist, die qualifizierteste für den Job ist.«

Deshalb braucht es eine stärkere Regulierung des Marktes. Dass KI, die beispielsweise in Personalprozessen eingesetzt wird, dank des *AI Acts* der EU künftig strikteren Regeln unterliegen wird, ist ein guter erster Schritt. Der Einsatz von Programmen, die Emotionen aufgrund von Gesichtserkennung im beruflichen Kontext nutzen, wird künftig verboten. Ob das neu geschaffene *AI Office* als Stelle genügen wird, um KI-Anwendungen im Personalbereich entsprechend zu überprüfen, bleibt abzuwarten. Sinnvoll wäre es in jedem Fall, eine Organisation zu haben, die solche Tools zertifiziert, eine KI-Verbraucherzentrale sozusagen.

Schellmann wünscht sich eine Non-Profit-Organisation, die Tools testet oder sogar baut, und zwar im öffentlichen Interesse. »Ich weiß gar nicht, ob es überhaupt möglich ist, Resümee-Screener und KI-Tools ohne *Bias* zu bauen«, sagt sie. Unternehmen stünden in der Regel unter solch großem finanziellem Druck, dass sie keine Zeit hätten, zwei Jahre lang groß angelegte Studien laufen zu lassen. Deshalb brauche es ihrer Meinung nach eine nicht privatwirtschaftliche Instanz, die unabhängig überprüft, ob diese Tools ihren Zweck erfüllen – nämlich die qualifiziertesten Kandidaten zu finden, ohne zu diskriminieren.

Doch bis eine solche Institution eingeführt wird – falls das überhaupt passiert – wird es noch eine Weile dauern. In der Zwischenzeit können bestimmte Hacks helfen, die Risiken etwas abzufedern. So können Kandidat*innen und Unternehmen versuchen, bessere Ergebnisse zu erzielen, auch wenn sie gegen diskriminierende KIs antreten.

Bewerber*innen können ihre Lebensläufe so gestalten, dass sie gut maschinenlesbar sind: keine Bilder, kurze Sätze, ein simples, einspaltiges Design. Ihre Fähigkeiten listen sie am besten in einer eigenen Rubrik auf. Sie sollten die Schlüsselwörter aus der Stellenausschreibung aufgreifen, aber bitte nicht übertreiben. Am besten ist, so haben Studien gezeigt, eine Übereinstimmung zwischen 65 und 80 Prozent. Bei 100 Prozent könnte die Bewerbung aussortiert werden. Es gibt längst Tools wie Jobscan, mit denen man seinen Lebenslauf auf Maschinenlesbarkeit und Übereinstimmungsrate prüfen kann. Und natürlich können Arbeitnehmer*innen selbst KI-Programme wie ChatGPT nutzen, um ihre Bewerbungen schreiben zu lassen oder zu überarbeiten.[96]

Unternehmen können ihre Stellenausschreibungen klarer formulieren und sich auf die Fähigkeiten beschränken, die für einen Job zwingend notwendig sind. Vielleicht gibt es fünf wichtige Anforderungen, aber in der Ausschreibung stehen 15.

Am Ende fallen qualifizierte Kandidat*innen, die die Hauptanforderungen besonders gut erfüllen, durchs Raster, weil ihnen Punkte 13 und 14 auf der Liste fehlen. KI-Tools sind oft zu engmaschig eingestellt, lassen etwa nur Menschen durch, die einen bestimmten Abschluss haben. Wer relevante Erfahrung hat, aber keinen Abschluss in einem bestimmten Bereich, wird dann nicht berücksichtigt. Das könnte Quereinsteiger*innen mit entsprechender Erfahrung ausschließen, was sich Unternehmen in Zeiten des Fachkräftemangels doppelt überlegen sollten.[97]

Schellmann wünscht sich, dass HR-Teams die Tools, die sie für Bewerbungsprozesse nutzen, selbst stärker testen, so wie sie es gemacht hat: »Wenn ich das kann, kann das jeder machen«, sagt sie. »Ich kann nicht programmieren, aber ich kann diese einfachen Tests durchführen.«

Unternehmen, die externe Tools kaufen, können mehr Druck ausüben und verlangen, dass die *Black Box* geöffnet wird: »Alle Anbieter sollten ihre technischen Berichte veröffentlichen, in denen steht, wie die Software getestet wurde«, sagt Schellmann. »Du willst schließlich kein Tool kaufen, das nur an zehn Leuten getestet wurde, die alle weiß und 25 Jahre alt sind. Ich will den wissenschaftlichen Beweis sehen, dass das Programm wirklich funktioniert.« Immerhin, das Bewusstsein dafür, dass KI-Programme problematisch sein können, steige, sagt Schellmann, »weil es genug Beispiele dafür gibt, dass sie nicht immer richtig funktionieren oder sogar aktiv diskriminieren«.

Es gibt Menschen, die daran arbeiten, bessere KI-Tools für das Personalwesen zu entwickeln. Rosmarie Steininger ist eine von ihnen. Sie ist Gründerin und Geschäftsführerin von Chemistree und Teil von KIDD. KIDD steht für »KI im Dienste der Diversität« und ist ein Forschungsprojekt, das vom Bundesministerium für Arbeit und Soziales gefördert wird. Das Ziel? Unternehmen sollen Digitalisierungsprozesse leichter mitgestalten können – und KI transparent, partizipativ und inklusiv einsetzen.

Eines der Projekte ist der sogenannte KIDD-Prozess.[98] Es gibt ein ganzes Handbuch, Qualitätskriterien und Schulungen, um Unternehmen zu helfen, Software mit einem Fokus auf Ethik und Diversität einzuführen. Dabei spielt das sogenannte Panel der Vielfalt (PdV) eine wichtige Rolle: ein innerbetriebliches Gremium, das die ethische und diversitätsbezogene Folgenabschätzung übernimmt, Anforderungen an KI- und automatisierte Entscheidungssysteme formuliert und kontrolliert, wie sie umgesetzt werden. Quasi eine Art KI-Betriebsrat, der möglichst divers besetzt wird: sowohl nach Funktionen im Unternehmen (zum Beispiel Betriebsrat, Personalabteilung, Diversity-, Gleichstellungs-, Behinderten- und Datenschutzbeauftragte) als auch nach relevanten Vielfalts- und potenziellen Diskriminierungskriterien (etwa Alter, Geschlechtsidentität, ethnische Herkunft, Nationalität, Schwerbehinderung, sexuelle Orientierung).

Dieses Panel entscheidet, was im jeweiligen Kontext faire Entscheidungen sind – etwa bei Einstellungsprozessen. Wäre es fair, unter den ausgewählten Bewerbungen auf jeden Fall 50 Prozent Frauen zu haben? Oder hängt das auch davon ab, wie viele Frauen sich überhaupt beworben haben? Wenn sich 20 Leute beworben haben und darunter nur drei Frauen sind, müssen sie dann alle in die nächste Runde kommen? Entscheidend ist der Kontext. Und: »Nur das Panel der Vielfalt kann Fairness entscheiden, weil seine Mitglieder verschiedene Rollen einnehmen«, sagt Rosmarie Steininger. »Wenn eine relevante Gruppe von Menschen im Kontext entscheidet, dass etwas fair ist, dann ist es fair.« Wenn man einer Gruppe eine Stunde lang erkläre, wie eine bestimmte Technologie funktioniere, finde sie danach 80 Prozent der problematischen Stellen, die Fairness negativ beeinflussen könnten, sagt Steininger. Für die restlichen 20 Prozent müsse man je nach Komplexität tiefer tauchen und etwa Expert*innen zurate ziehen.

Es geht also genau um die Frage, wie gute, inklusive, menschenzentrierte KI in Personalprozesse eingebunden werden kann. Wichtig ist, dass die Partizipation von Anfang bis Ende mitgedacht wird und nicht am Ende als Feigenblatt auf das Ergebnis geklatscht wird. Das gilt auch für den KIDD-Prozess: Wenn die Geschäftsleitung beschließt, ein neues KI-Tool einzusetzen, wird das PdV zusammengestellt, das eine partizipative Folgenabschätzung macht – also die Hoffnungen und Befürchtungen der Mitarbeitenden erhebt –, klare Anforderungen formuliert und diese mit der Geschäftsleitung abklärt. Erst danach werden Softwareanbieter*innen ausgewählt oder der Prozess der Softwareentwicklung gestartet. Dabei bleiben die Personen, die die Software entwickeln oder implementieren, immer im Austausch mit dem PdV, definieren gemeinsam Testfälle und testen das Produkt, um zu sehen, ob es den Anforderungen entspricht. Nach der Inbetriebnahme findet ein anhaltendes Monitoring statt – um sicherzugehen, dass nicht mit der Zeit Probleme auftauchen. Es ist ein Beispiel dafür, wie Mitarbeitende einbezogen werden können, wenn neue Technologien eingeführt werden, auf Unternehmens- oder sogar Abteilungsebene.

Der breite Praxistest steht noch aus, als Rosmarie Steininger und ich Anfang 2024 miteinander sprechen. Das Ziel ist, vor allem in kleinen und mittleren Unternehmen sicherzustellen, dass der Einsatz von KI möglichst gerecht abläuft.

Parallel arbeitet KIDD an einem zweiten Projekt: dem KI-Cockpit, einem softwaregestützten Tool, das einen Überblick über die Entscheidungen von KI-Systemen geben und Mitarbeitenden ermöglichen soll, Einfluss auf diese Systeme zu nehmen. Dieses Projekt wurde vom KI-Observatorium des Bundesministeriums für Arbeit und Soziales angestoßen. Steininger erklärt, dass das Ergebnis eine Art Beipackzettel sein soll: Er soll Vergleichbarkeit ermöglichen und Unternehmen helfen, besser zu entscheiden, welche KI-Tools sie einsetzen sollten. Aktuell laufen Feldstudien, danach soll das KI-Cockpit als Open-Source-Produkt veröffentlicht werden.[99] »Im Betrieb kann ich so sicherstellen, dass ich Risiken und Nebenwirkungen im Griff behalte«, sagt Steininger.

Wenn sich solche Prozesse etablieren, würde das mehr Transparenz und Gleichberechtigung herstellen und im Idealfall sogar das Versprechen einlösen, das Menschen oft auch nach fünf Anti-Bias-Trainings nicht einlösen können: eine gerechtere und vorurteilsfreiere Arbeitswelt zu gestalten.

Nicht nur Unternehmen setzen KI im Jobmarkt ein, sondern auch staatliche Organisationen. Ich spreche dazu mit Lajla Fetic. Sie arbeitet und berät zu den Themen KI-Governance und Digitalpolitik. Ihr ist besonders wichtig, dass KI für das Gemeinwohl nutzbar gemacht wird. »KI wirkt wie eine Fliehkraft auf gesellschaftliche Situationen«, sagt sie. Deshalb ist es so wichtig, KI im größeren gesellschaftlichen Kontext zu sehen – und nicht als die eine alleinige Lösung. Die Idee, dass KI in einer ungerechten Welt alles richten kann, macht sie skeptisch. »Soziotechnische Systeme brauchen soziotechnische Lösungen«, so Fetic. Vor allem, wenn der Staat KI einsetzt, müsse dies deshalb transparent geschehen: Damit die Teilhabe aller gesichert ist.

Sie schildert mir einen Fall, der die Risiken zeigt, wenn das nicht geschieht. 2014 hatte das polnische Arbeitsministerium einen Algorithmus vorgestellt, der arbeitslose Menschen kategorisieren und ihnen bestimmte Formen der Unterstützung zuweisen sollte. Ein besserer und stärker personalisierter Service für die Bürger*innen war das Ziel. Doch damit gab es zwei Probleme: Zum einen diskriminierte der Algorithmus. Zum anderen versagte die menschliche Aufsicht komplett.

Basierend auf 24 Datenpunkten wie Alter, Geschlecht oder Dauer der Arbeitslosigkeit berechnete das System das »Beschäftigungspotenzial« der Person und stufte sie in eine von drei Gruppen ein: Gruppe 1 waren die Arbeitslosen, die wahrscheinlich schnell wieder einen Job finden würden; Gruppe 2 die Arbeitslosen, die die meiste Förderung und Maßnahmen zur Arbeitsaufnahme erhielten; und Gruppe 3 die Arbeitslosen, bei denen nur eine geringe Chance gesehen wurde, dass sie wieder Arbeit finden – und die deshalb nur wenige oder gar keine Fördermaßnahmen bekamen. Knapp ein Drittel der arbeitslosen Menschen fiel in die dritte Gruppe, hatte also kaum bis keine Chance auf Unterstützung bei der Arbeitssuche.

Doch die Entscheidungen des Algorithmus waren höchst fragwürdig: Frauen wurden negativer bewertet als Männer. Ältere Menschen über 50 landeten besonders häufig in Gruppe 3, genau wie Menschen mit niedrigerer formaler Bildung. Alleinerziehende Mütter, Menschen mit Behinderung und Bewohner*innen ländlicher Gegenden wurden häufiger der dritten Gruppe zugeordnet. Sie wurden abgeschrieben, und es war für sie nicht einmal einsehbar, aus welchen Gründen ihnen die Unterstützung entzogen worden war.

Eigentlich sollte der Algorithmus nur einen Vorschlag machen, der von Mitarbeitenden überprüft wurde. Aber die Statistiken zeigten früh, dass die Ergebnisse nur in weniger als einem von 100 Fällen korrigiert wurden. Den Mitarbeiter*innen fehlte die Zeit, Entscheidungen im Detail zu überdenken – und sie fürchteten Konsequenzen von ihren Vorgesetzten, wenn eine Entscheidung später infrage gestellt würde. Ende 2019 wurde das System eingestellt – nachdem die *Digital Rights*-Organisation Panoptykon Foundation mehr Details über den Algorithmus herausgefunden hatte und der Fall sogar vor Polens Verfassungsgericht gelandet war.[100]

Dass nicht alle europäischen Länder aus dem Debakel in Polen gelernt haben, hat die österreichische Arbeitsagentur im

Jahr 2024 bewiesen: Der »Berufsinfomat« des Arbeitsmarkt-Service (AMS), basierend auf ChatGPT, sollte arbeitssuchenden Menschen Fragen zu Jobmöglichkeiten beantworten, lieferte jedoch diskriminierende Antworten. Während einem 18-jährigen Mann als erstes Ergebnis ein Job im IT-Bereich empfohlen wurde, bekam eine 18-jährige Frau auf dieselbe Frage ein Studium in Gender Studies empfohlen. Einer Schwarzen Frau wurde geraten, Afrikanistik zu studieren. Die Reaktion des AMS? Die Probleme seien bekannt. Es sei jedoch »nicht trivial«, dem Chatbot solche Antworten ganz abzugewöhnen. Man sei »weiter dran«.[101]

Was wir aus diesen Fällen lernen können? Zum einen, dass es für staatliche Institutionen und Verwaltungen klare Regeln braucht, wie KI und algorithmische Systeme gemeinwohlorientiert gestaltet werden können. Fetic hat dazu in ihrer früheren Rolle als Mitarbeiterin der Bertelsmann Stiftung den Regelkatalog »Algo.Rules« mitentwickelt.[102]

Zudem reicht es nicht, sich nur auf die Technologie zu fokussieren, man muss die Abläufe mitbedenken: Wie wird diese im Arbeitsalltag eingesetzt? Und welche Folgen hat sie für die Arbeitskräfte? »Aufsicht und Anforderungen sind auch im *AI Act* maßgeblich nur aus technischer Sicht definiert«, sagt Fetic. »Wie Menschen mit Systemen interagieren und welche mentalen Kosten entstehen, ist nicht eingepreist.« Oder anders ausgedrückt: Wer immer nur die Entscheidungen einer KI abnickt, ohne Zeit oder Autonomie, diese Entscheidungen tatsächlich zu prüfen oder infrage zu stellen, wird diese Arbeit nicht als sinnstiftend empfinden und die eigenen Kompetenzen und Qualifikationen nicht gut einsetzen können. Tritt ein Automatismus ein, werden die Ergebnisse nicht mehr überprüft – selbst wenn diese diskriminierend sind. Das kann nicht nur negative Folgen für die Menschen haben, über deren Leben ein Algorithmus entscheidet, sondern auch für die Menschen, die diese

Jobs ausführen. »Es besteht die Gefahr der Verantwortungs-delegation an die Technologie – ohne dass wir eine große ge-sellschaftliche Debatte darüber führen«, sagt Fetic. Gerade von staatlichen Organisationen müssen wir mehr erwarten.

DER KAMPF FÜR MEHR BETEILIGUNG

98 Neben Lösungen, die auf Unternehmensebene angesiedelt sind, geht es auch eine Nummer größer. Wir wissen, dass die Rechte von Arbeitnehmer*innen mit höherer Wahrscheinlichkeit geschützt werden, wenn Mitarbeitende mitentscheiden können. Bei dem jetzigen Wandel spielen Gewerkschaften eine wichtige Rolle, denn sie verhandeln schon heute über den Einsatz von KI.

Das wohl prominenteste Beispiel, das weltweit Schlagzeilen machte, war der Hollywood-Streik 2023. Die *Writers Guild of America*, kurz WGA, vertritt Autor*innen von Serien und Filmen. Am 2. Mai 2023 traten rund 11.500 Drehbuchautor*innen in den Streik: Die Verhandlungen mit Studios und Plattformbetreibern wie Netflix waren gescheitert, die bisherigen Verträge am Vortag ausgelaufen.

Bei dem Streik ging es um Geld, um bessere Bezahlung, mehr Sozialleistungen, eine höhere Erfolgsbeteiligung bei Serien. Und es ging um KI. Die Gewerkschaft forderte, den Einsatz künstlicher Intelligenz bei tarifgeschützten Projekten zu regulieren: KI dürfe kein literarisches Material schreiben oder umschreiben, das Material dürfe nicht als Quellenmaterial verwendet werden oder zum Trainieren von Sprachmodellen.

Im Prinzip wollte sich die Gewerkschaft versichern, dass Studios nicht einfach Drehbücher mit KI erstellen oder bearbeiten können, dass Filme oder Serien nicht von KI geschrieben werden, und dass KI nicht einfach mit existierenden Drehbüchern gefüttert werden kann, um künftig einen Film zu schreiben, der klingt, als stammte er aus der Feder von Nora Ephron (»Harry und Sally«, »Schlaflos in Seattle«) oder Jordan Peele (»Get Out«, »Nope«).

Der Streik dauerte 148 Tage. Er kostete die kalifornische Wirtschaft laut Berechnungen der WGA 30 Millionen US-Dollar – pro Tag. Am Ende einigten sich Studios und Gewerkschaft unter anderem auf diese Punkte: KI darf nicht eingesetzt werden, um Inhalte neu oder umzuschreiben. KI-generierte Inhalte dürfen nicht als Quellenmaterial genutzt werden. Inhalte der Autor*innen dürfen nicht genutzt werden, um KI zu trainieren. Autor*innen dürfen KI unter bestimmten Umständen bei ihrem Schreibprozess nutzen, können aber nicht zur Nutzung gezwungen werden. »KI ist kein Autor im Sinne des Tarifvertrags«, steht in der Einigung.[103]

Nicht nur bei den Drehbuchautor*innen war KI ein Thema, sondern auch bei den Schauspieler*innen: Am 14. Juli 2023 begann der Streik der SAG-AFTRA (kurz für: *Screen Actors Guild – American Federation of Television and Radio Artists*). In dieser Gewerkschaft sind neben Schauspieler*innen auch Fernsehjournalist*innen, Stuntpersonen und Synchronsprecher*innen vertreten. Es ging bei dem Streik nicht (nur) um Hollywood-Superstars, sondern um all die Menschen, die im Hintergrund zu sehen sind, Filme vertonen oder über Autos springen, damit keine teuer versicherten Gesichter zu Schaden kommen. Und die deshalb einfacher als Julia Roberts oder Denzel Washington durch KI-generierte Avatare ersetzt werden könnten.

Die Technologie, um virtuelle Kopien von Personen zu erstellen, gibt es bereits, sie wird beispielsweise für Computerspiele genutzt: Dafür wird eine Person in eine Kabine gesetzt und mit Hunderten Kameras aus verschiedenen Blickwinkeln fotografiert, mit unterschiedlichen Gesichtsausdrücken und -bewegungen. Auch ganze Körperscans sind möglich. Aus dem

Bildmaterial werden digitale Avatare erstellt. Künftig könnte die Zeit in der Kabine entfallen, dank besserer KI-Modelle. Ähnliches gilt für Stimmen: Gibt es Audiomaterial von einer Person, kann dieses genutzt werden, um eine KI zu trainieren. Mittlerweile reichen wenige Minuten Audiomaterial, um die künstliche Version einer Stimme zu erstellen.

KI wird auch genutzt, um Schauspieler*innen in Filmen älter oder jünger aussehen zu lassen: Wie in »Indiana Jones und das Rad des Schicksals«, als Harrison Ford in Rückblenden auf einmal nicht mehr aussah wie 80, sondern deutlich jünger.[104] Sogar verstorbene Personen könnten theoretisch virtuell auferstehen: eine neue *Romantic Comedy* mit Audrey Hepburn? Wäre in ein paar Jahren vermutlich kein Problem mehr, genug Film- und Tonmaterial von ihr gibt es schließlich. Mit KI wären Studios nicht mehr auf die Zeitpläne von großen Stars angewiesen: Wenn ich Viola Davis in meinem Film haben möchte, kann ich ihre KI-Version nutzen – während die echte Viola Davis mit ihrer Familie im Urlaub oder anderweitig beschäftigt ist.

Das ist die Angst, die hinter den SAG-AFTRA-Forderungen steht: dass Menschenmengen in Filmen künftig komplett digital erstellt werden. Dass keine echten Personen mehr Comicserien synchronisieren oder Hörbucher sprechen, sondern die KI übernimmt. Dass Schauspieler*innen nur noch einmal bezahlt werden, um eine virtuelle Kopie von ihnen zu erstellen – und dann nie wieder. Auf einmal wären sie alle arbeitslos. Denn hat ein Studio diese KI-Kopien einmal angefertigt, könnte es sie immer und immer wieder nutzen, für immer – und ganz ohne Tarifgehälter.

In der Einigung zwischen der Gewerkschaft und den Studios sind auf knapp fünf Seiten alle Details rund um KI festgehalten. Im Gegensatz zu den Regulierungen, auf die sich die Drehbuchschreiber*innen geeinigt haben, sind die Formulierungen allerdings etwas vager – und in den Einzelfällen stärker von der Interpretation der Studios abhängig.[105]

Viele Details werden in den kommenden Monaten und Jahren im Arbeitsalltag und künftigen Tarifverträgen ausgehandelt werden. Aber dass die Nutzung von KI so ein großer Teil der Tarifverhandlungen in Hollywood war, war bahnbrechend: Es ist das erste Mal, dass Gewerkschaften so zentrale Forderungen in diesem Bereich aufgestellt und eine entsprechende Regulierung in einem Tarifvertrag festgehalten haben. Das setzt ein klares Zeichen für andere Branchen und Gewerkschaften: dass es möglich ist, eine KI-Regulierung in Tarifverhandlungen aufzunehmen und Lösungen zu erstreiten, die für faire Bedingungen und Vergütung sorgen.

In Deutschland gilt übrigens die Vorschrift, dass Unternehmen ihre Betriebsräte benachrichtigen und umfassend informieren müssen, wenn sie den Einsatz von künstlicher Intelligenz in Arbeitsverfahren und Arbeitsabläufen planen. Bei technischen Einrichtungen, »die dazu bestimmt sind, das Verhalten oder die Leistung der Arbeitnehmer zu überwachen« – was auch Internetbrowser oder Clouddienste umfasst –, kann sich der Betriebsrat gegen den Einsatz aussprechen.[106] Es gibt erste reine Digitalisierungstarifverträge, etwa beim Textilunternehmen H&M, der für 14.300 Beschäftigte gilt. Darin ist geregelt, dass die Mitarbeitenden an der Gestaltung der Digitalisierung beteiligt werden müssen. Sie werden vor Kündigung und Abgruppierung im Zuge des Digitalisierungsprozesses geschützt.[107] Denn wenn Selbstzahlerkassen, digitale Anprobeassistenten und Roboter in den Filialen stehen, könnten die Mitarbeitenden sonst schnell verschwinden – oder der Technik nur noch zuarbeiten.

102 Doch nicht alle Unternehmen sind entsprechend organisiert – oder haben ein Interesse daran, Mitbestimmung zu ermöglichen. Schon heute gibt es Jobs, in denen Algorithmen den Takt vorgeben, im wortwörtlichen Sinne. Es gibt Menschen, die von Bots gefeuert werden, ohne je eine Führungsperson zu Gesicht zu bekommen. Es gibt Überwachungssoftware, die jeden Klick und jede aufgerufene Webseite aufzeichnet und sogar Fotos der Computernutzer*innen über die Webcam schießt. Das sind keine dystopischen Gedanken, sondern längst Realitäten.

Ein Unternehmen, das regelmäßig wegen der möglichen Überwachung von Mitarbeitenden in der Kritik steht, ist Amazon. In Frankreich musste der Konzern eine Strafe von 32 Millionen Euro bezahlen, weil er die Aktivität der Lagerarbeiter*innen »bis auf die Sekunde« mittels Handscannern, die die genaue Arbeitsgeschwindigkeit abbilden, überwacht habe. Dieses System sei illegal, so der Schluss der französischen Datenschutzbehörde CNIL. Das Speichern und statistische Auswerten dieser Daten seien unzulässig.[108] Gegen diese Form von Technikeinsatz könnte ein Betriebsrat einschreiten, wenn es ihn gäbe. Amazon soll jedoch regelmäßig versuchen, die Gründung von Betriebsräten zu blockieren.[109]

Wie genau läuft die Überwachung der Amazon-Beschäftigten ab, und was hat KI damit zu tun? Wenn ich vom Sofa aus etwas bestelle, landet diese Bestellung bei Mitarbeitenden in einem Logistikzentrum, die diese Bestellung zusammenstellen, verpacken und auf Fließbänder legen. Das Paket kommt in einen Container, wird auf einen Lastwagen geladen und von Fahrer*innen in ein Verteilzentrum in meiner Region gebracht. Von dort wird mein Paket ins Zustellfahrzeug geladen. Die Kurierfahrer*innen drücken mir mein Paket in die Hand – nachdem ich ihren Weg auf meinem Handy bis an meine Haustüre verfolgt habe. Auf fast jedem Schritt gibt dabei die Technologie den Menschen, die für Amazon und seine Tochterunternehmen arbeiten, den Takt vor.

Correctiv.Local hat zu den Arbeitsbedingungen bei Amazon sieben Monate lang in verschiedenen Regionen Deutschlands recherchiert.[110] Es ist eine Recherche, die sich nachhaltig bei mir eingebrannt hat. Bei Amazon bestelle ich seitdem so gut wie gar nicht mehr. Die Recherche beschreibt, wie den Mitarbeitenden zufolge in den Logistikzentren Handscanner eingesetzt werden. Diese Handscanner zeigen die Route an, auf der Mitarbeiter*innen arbeiten und welche Ware sie in den Regalen suchen müssen. Viele Pakete sind schwer, bis zu 17 Kilo, die Mitarbeitenden müssen sich viel bücken, es ist körperlich harte Arbeit.

Der Handscanner ist nicht nur dafür da, die richtigen Waren zusammenzusuchen, sondern er gibt jeden Arbeitsschritt vor – und kontrolliert ihn, ständig und minutengenau. Amazon sagt, das sei nötig, um die Logistikprozesse zu steuern. Aber es wird auch getrackt, wer wie schnell (oder langsam) arbeitet. Diese Daten werden für die Bewertung der Mitarbeitenden genutzt, als Grundlage für Feedbackgespräche und Personalentscheidungen. Dass nicht alle Menschen gleich schnell arbeiten können – etwa aufgrund von Alter, Statur, körperlichen Einschränkungen, Krankheit oder Schwangerschaft? Interessiert den Algorithmus nicht. Amazon-Mitarbeitende berichteten *Correctiv*, dass viele von ihnen befristet angestellt waren und deshalb Strecken gerannt sind, um gute Zahlen zu bekommen – und einen Anschlussvertrag.

Das ist gefährlich: Beth Gutelius und Sanjay Pinto haben für die Universität in Chicago knapp 1500 Menschen befragt, die in Amazon-Lagern in den USA arbeiten. Das Ergebnis: Vier von zehn berichten, dass sie sich bei der Arbeit in einem Amazon-Lager schon einmal verletzt hätten. Fast sieben von zehn mussten schon einmal unbezahlten Urlaub wegen arbeitsbedingter Schmerzen oder Erschöpfung nehmen. Mehr als die Hälfte fühlt sich von der Arbeit bei Amazon ausgebrannt. »Die Umfragedaten zeigen, dass die Art, wie Amazon seine Prozesse gestaltet – inklusive exzessiver Überwachung und des schnellen Arbeitstempos –, zu erheblichen körperlichen und psychischen Gesundheitsschäden beiträgt, einschließlich Verletzungen, Burn-out und Erschöpfung«, sagt Gutelius.[111]

Die mittels Handscanner erhobenen Daten geben der KI die Geschwindigkeit vor. Intern wird auch von »The Rate« gesprochen, der Rate, die natürlich nicht von oder gemeinsam mit den Menschen festgelegt wird, die die eigentliche Arbeit machen. Sie versuchen, die vorgegebene Frequenz irgendwie zu halten, denn wenn sie es nicht schaffen, werden sie schlimmstenfalls gefeuert: Sie waren einfach zu langsam für die KI.[112]

Im niedersächsischen Winsen hat der Datenschutzbeauftragte des Landes der örtlichen Amazon-Logistik-Tochter verboten, über Handscanner Leistungsdaten zu erheben. Amazon klagte dagegen und bekam vor dem Verwaltungsgericht Hannover Anfang 2023 recht: Weil diese Steuerung laut Gericht »erforderlich« sei, um logistische Abläufe zu steuern, dürften die Handscanner weiter genutzt werden. Die Vorsitzende Richterin äußerte jedoch den Wunsch, der Gesetzgeber möge an dieser Stelle tätig werden.[113] Ob und wie solche Daten erhoben und genutzt werden dürfen, könne durchaus geregelt werden, und die Politik ist in der Verantwortung, die Beschäftigten zu schützen.

Auch für die Fahrer*innen, die Pakete von den Logistikzentren in die Region der Empfänger*innen bringen, ist der Druck hoch. Viele von ihnen arbeiten nicht direkt für Amazon, sondern für externe Fuhrunternehmen. Die Aufträge kommen über die Amazon-App »AmazonRelay«, die minutengenau vorgibt, wie die Touren ablaufen sollen. Viele der Fahrer*innen kommen aus Osteuropa, haben keine bezahlten Urlaubstage und leben quasi in ihren Lkw. Sie fahren nachts, damit die Produkte am nächsten Tag ausgeliefert werden können.

Im letzten Schritt holen Kurierfahrer*innen die Pakete im Verteilzentrum ab, auch viele von ihnen sind bei Subunternehmen angestellt. 15 Minuten dauert eine sogenannte Welle, in der die Fahrer*innen ihre Pakete aus der Lagerhalle holen und in ihren Wagen verstauen müssen. Schon hier läuft die Zeit. Gegenüber *Correctiv* berichten Kurierfahrer*innen von Überwachung und extremem Druck: Es sei eigentlich unmöglich, alles auszuliefern, sagte einer der Fahrer, aber man müsse es schaffen. Überstunden würden nicht bezahlt. Wie viele Pakete ausgeliefert werden müssen und wie die Route aussieht, gibt eine App vor, die den Standort der Fahrer*innen jederzeit überwacht.

Anfang 2023 ging auf Tiktok ein Video viral, in dem eine Amazon-Kurierfahrerin in den USA zeigt, wie sie mit vier KI-Kameras getrackt wird.[114] Eine Kamera im Inneren ihres Wagens ist auf sie gerichtet, eine zeigt nach vorne und jeweils eine nach rechts und links. Sie sagt, dass die Kameras ihre Fahrweise genau überwachten. Ein Verstoß gegen die Regeln werde beispielsweise registriert, selbst wenn sie bei einem Stoppschild nicht vollständig zum Stehen komme oder sich abschnalle, bevor ihr Wagen geparkt sei. Außerdem werde ihr Verhalten im Wageninneren getrackt: Wenn sie während des Fahrens einen Schluck Kaffee trinke oder die Mittelkonsole berühre, werde das als Ablenkung registriert. Das US-Portal *The Information* hatte 2021 darüber berichtet, dass solche KI-Kameras Einfluss auf die Bezahlung von Fahrer*innen hätten und entscheidend dafür seien, ob sie weiterhin beim Unternehmen arbeiten dürfen.[115] *Bloomberg* berichtete 2021, dass ein Kurierfahrer in den USA per E-Mail gefeuert wurde, weil sein Rating »unter ein akzeptables Level gefallen« sei. Direkten Kontakt mit einem Menschen hatte er nicht.[116]

Ich könnte noch viele weitere Beispiele auflisten. Aber im Prinzip geht es mir um eine Sache: KI wird genutzt, um in bestimmten Jobs den Takt vorzugeben, um Mitarbeitende zu überwachen und um Entscheidungen über ihr Anstellungsverhältnis zu treffen. Für mich ist das die absolute Dystopie, die Art, wie wir KI nicht nutzen sollten (und wie die meisten Menschen die Technologie auch nicht nutzen wollen). Weil es nicht den Menschen dient, die in diesen Jobs arbeiten, sondern den Unternehmen, die so Druck aufbauen und ihre Angestellten in Angst versetzen, um selbst möglichst viel Geld zu verdienen. Die reale Welt funktioniert nicht so, wie ein Algorithmus es berechnet. Menschen funktionieren nicht so, wie ein Programm es vorgibt.

»Mich interessiert, warum Menschen zunehmend wie Roboter behandelt werden und was das für die Rolle von Arbeit bedeutet«, schreibt Kate Crawford in »Atlas of AI«. Amazon ist ein gutes Beispiel, aber bei Weitem nicht das einzige. In vielen Bereichen der Plattformökonomie – wo Apps genutzt werden, um Aufträge an oft selbstständige oder befristet angestellte Menschen zu übermitteln, wie etwa bei Lieferdiensten – sehen wir ähnliche Muster von algorithmischem Management.

Auch in der Bürowelt ist Überwachung am Arbeitsplatz angekommen: Seit der Corona-Pandemie arbeiten mehr Menschen zumindest teilweise remote, und Unternehmen setzen häufiger Software ein, um ihre Mitarbeitenden zu kontrollieren. Bei einer Umfrage aus dem Jahr 2021 sagten 60 Prozent der deutschen Unternehmen, dass sie solche Tools bereits eingeführt hätten oder dies planten. So können E-Mails überwacht oder festgehalten werden, welche Internetseiten besucht wurden.[117] Es gibt Videoüberwachung per Webcam und Keylogger-Software, die aufzeichnet, was auf der Tastatur getippt wird. In manchen Unternehmen wird »Produktivität« daran gemessen, ob jemand mindestens einmal pro Minute die Maus bewegt oder auf eine Taste drückt. Um dieses System auszutricksen, gibt es *Mouse Jiggler*, kleine Geräte oder Softwaresimulationen, die so tun, als würde man den Cursor der Maus bewegen. Im Büro vor Ort sieht man, ob jemand am Schreibtisch sitzt und arbeitet (oder vorgibt zu arbeiten). Diese Kontrolle fällt bei der Arbeit im Homeoffice weg. Digitale Kontrolltools einzusetzen mag verbreitet sein, aber sinnvoll ist es nicht.

Überwachung sorgt nicht dafür, dass Angestellte produktiver arbeiten. Stattdessen sorgt sie für mehr Stress bei den Mitarbeitenden und eine negativere Einstellung gegenüber dem Unternehmen. Mit zunehmender Überwachung sinkt die Leistung sogar.[118] Hier braucht es rechtliche Absicherung: Systematische und vor allem heimliche Überwachung von Beschäftigten muss verboten werden.

108 Die gute Nachricht: Es geht auch anders. KI kann eingesetzt werden, um Mitarbeitende zu entlasten und ein besseres, gesünderes Arbeitsumfeld zu schaffen. Das geht nicht nur in großen Städten oder Konzernen, sondern auch im Familienbetrieb auf dem Land.

Die Bäckerei Wildbadmühle hat ihren Sitz in Wittlich-Wengerohr in Rheinland-Pfalz. Mit dem Auto ist man in einer halben Stunde in Trier und in einer Stunde in Koblenz. Zur Bäckerei gehören 15 Filialen in der Region Eifel-Mosel-Hunsrück. Sie ist ein gutes Beispiel dafür, wie Unternehmen KI einsetzen können, um Prozesse zu optimieren und Umsätze zu steigern – und um eine bessere Arbeitsumgebung für die Mitarbeitenden zu schaffen.

Holger Linden ist einer der Geschäftsführer. Er erklärt mir am Telefon, wie der Alltag in der Bäckerei vor wenigen Jahren aussah: Jeden Tag haben die Mitarbeiter*innen in den Filialen eine Bestellung für den nächsten Tag an die Verwaltung geschickt, mit der Zahl der benötigten Brote, Brötchen, Plunder. Doch in der Regel wurde dafür die Standardbestellung nur leicht angepasst. Linden sagt selbst, dass sie nicht wirklich wussten, was besonders gut oder schlecht läuft, ob sich die Kirschplunder besser verkaufen als die Nussschleifen. Also wurde einfach von allen Plundern gleich viel bestellt. Wird schon passen.

Dieses System änderte sich vor fünf Jahren. Die Bäckerei begann, ihre Bestellungen mit einem neuen Programm zu planen, das auf Daten aus den Filialen sowie externe Informationen zugreift. Konkret läuft das so ab: Das Programm wertet die Verkaufszahlen aus den 400 vergangenen Tagen aus, dazu fließen Wetterdaten, Ferientermine, die Termine für gesetzliche Feiertage sowie andere religiöse Feiertage ein. In einer Filiale, in deren Einzugsgebiet es etwa einen höheren muslimischen Bevölkerungsanteil gibt, kann ein muslimischer Feiertag die Verkaufssummen drastisch ändern, während er in einer anderen Filiale kaum einen Unterschied macht. Das System lernt ständig dazu und ist mittlerweile extrem gut darin geworden, genau die Mengen zu bestellen, die am wahrscheinlichsten abgefragt werden. Das bedeutet: Die Produktion wird planbarer.

»Wir vertrauen dem System mittlerweile zu 99 Prozent und ändern kaum noch etwas manuell ab«, sagt Linden. Die Verwaltung besteht bei ihnen deshalb nur aus zwei Mitarbeitenden, der Fokus liegt auf dem Handwerk – und der menschlichen Interaktion in den Filialen.

Das Programm wirkt sich auf den Arbeitsalltag der Mitarbeitenden aus: Früher haben die Filialen abends ihre Bestellungen für den nächsten Tag aufgegeben, der Backzettel ging deshalb erst gegen 17 Uhr bei den Bäcker*innen ein. Sie fingen dann an, Zutaten abzuwiegen, die Teige vorzubereiten und zu kneten; die typische Nachtarbeit in der Bäckerei eben. Die ist in der Bäckerei Wildbadmühle heute fast komplett abgeschafft. Den Backzettel gibt es jetzt vier Tage im Voraus, die normale Schicht für die Bäcker*innen beginnt um acht Uhr morgens. Aktuell arbeiten im Betrieb 30 Bäcker*innen, darunter elf Azubis. Nur fünf von ihnen arbeiten nachts. Da wird nur noch gebacken, das Kneten, Formen und alle weiteren Arbeitsschritte finden tagsüber statt.

Ich bin ein paar Wochen nach unserem Gespräch in der Gegend und fahre am Hauptsitz vorbei: ein schickes, großes Gebäude, Fotovoltaik auf dem Dach, neben dem Parkplatz sind

Ladestationen für E-Autos und Fahrradständer, es gibt einen großen Spielplatz. Das Highlight ist drinnen zu finden (und damit meine ich nicht nur das Brot, die Berliner und die Rosinenschnecken, die sehr lecker waren): Von den Cafétischen schaut man durch eine Glasscheibe direkt in die Produktionsräume. Eine gläserne Bäckerei, in der tagsüber alles vorbereitet wird und die Kund*innen zusehen können, wie ihr Brot von morgen entsteht.

Die Nachtarbeit zu reduzieren war das Ziel, als die Familie Linden beschloss, KI einzusetzen. Seit Jahren herrscht in Deutschland ein Bäckereisterben. 2015 gab es noch mehr als 12.000 Betriebe mit 275.000 Beschäftigten und knapp 19.000 Auszubildenden. 2022 waren es nur noch 9600 Betriebe mit 238.000 Beschäftigten und knapp 11.000 Azubis.[119] Es fehlen zunehmend ausgebildete Bäcker*innen. Wer in Zukunft Fachkräfte im eigenen Unternehmen haben will, tut gut daran, sie selbst auszubilden. Der Faktor Arbeitszeit ist dabei entscheidend. »Wenn früher jemand ein Praktikum in der Bäckerei gemacht hat, hat das Umfeld ganz schnell interveniert, die Eltern, die Lehrer«, sagt Linden. »Die Nachtarbeit wurde da zum K.-o.-Kriterium.« Die KI hat geholfen, wieder mehr Azubis ins Unternehmen zu bringen.

Außerdem helfen die neuen Prozesse dabei, die Qualität der Backwaren zu verbessern. »Eine Zutat ging uns immer mehr verloren: die Zeit«, sagt Linden. »Der Teig muss gehen und ruhen, damit die natürlichen Enzyme im Getreide arbeiten können. Nur so werden die Brötchen kross, bekommen ihre schöne Farbe, schmecken gut und halten sich lange frisch.« In Industriebetrieben vergingen zwischen dem Kneten und dem Backen oft nur 30 Minuten, Backmittel und Enzyme müssten zugesetzt werden. Bei ihnen habe der Teig fürs Brot 14 Stunden Zeit, um zu reifen, sagt Linden. Das spare Kosten, verbessere die Qualität und mache die Brote verträglicher. Außerdem werde nur noch so viel produziert, wie auch verkauft werde. So konnte der Umsatz nachhaltig gesteigert und die Retouren deutlich minimiert werden.

Auch in der Produktion wird Technik genutzt, um zu entlasten, vor allem körperlich: Hebekipper sorgen dafür, dass sich niemand beim Ausleeren der schweren Rührschüsseln den Rücken kaputt machen muss. Teigteiler zerkleinern große Teigmengen in kleinere Stücke, damit die Bäcker*innen weniger schwer heben müssen. Und im Verkauf? Bleiben pro Tag 15 bis 20 Minuten extra, in denen sich die Verkäufer*innen um ihre Kundschaft kümmern können, statt Bestellzettel auszufüllen, die nur wenig akkurat sind. »Digitalisierung und KI sind eine riesige Chance für uns, um Filialen und Arbeitsplätze zu halten«, sagt Linden. Wer nicht investiere, verliere den Anschluss.

Für mich ist die Bäckerei Wildbadmühle ein gutes Beispiel dafür, wie kleinere Betriebe Technologie nutzen können, um menschenzentriertes Arbeiten möglich zu machen – und die Arbeitsqualität für ihre Mitarbeitenden zu verbessern: Weil Prozesse verändert werden, die den Menschen das Leben einfacher machen und gleichzeitig die Qualität der Produkte verbessern. Weil die KI da übernimmt, wo sie ihre Stärken hat und Zeit und Raum für die Menschen freiräumt, um das zu tun, was nur sie können. Und: Im Unternehmen wird ganzheitlich gedacht. Technologie ist nur ein Baustein neben Nachhaltigkeit und dem Wohlbefinden der Mitarbeitenden.

In anderen Branchen wird KI ebenfalls eingesetzt, um Menschen zu schützen und Arbeitsbedingungen zu verbessern. Zum Beispiel im Bauwesen: Dort soll die Berufsgenossenschaft (BG) BAU Arbeitssicherheit und Gesundheitsschutz am Arbeitsplatz fördern. Das Problem: Die BG BAU ist für etwa 580.000 Betriebe zuständig, hat aber nicht genug Personal, um alle Baustellen aufzusuchen und zu beraten. Also nutzt sie KI, um herauszufinden, wo sie besonders gebraucht wird. Die Daten aus den Prüfungen der Unternehmen sowie von Unfällen auf Baustellen sollen automatisiert ausgewertet werden, um künftige Einsätze wirksamer planen zu können. Auf einer Baustelle passieren viele Unfälle? Dann ist ein Besuch der BG BAU sinnvoll, so die Überlegung dahinter.[120]

Diese Beispiele zeigen, dass Branchen wie das Handwerk oder Bauwesen, in denen viel manuelle Arbeit stattfindet, von KI profitieren können. Aber auch die Wissensarbeit wird durch die KI-Revolution verändert. Wie wird der Umbruch der gesamten Arbeitswelt aussehen? Und wer muss sich Sorgen um den Job machen? Lasst uns einen Blick nach vorne wagen.

KAPITEL 3

GESTERN

HEUTE

MORGEN

ÜBER
MORGEN

Der Einfluss, den KI heute auf die Arbeitswelt hat, ist der Anfang einer größeren Welle an Veränderung. Was passiert als
Nächstes? Wie werden wir in den kommenden Jahren arbeiten? Wie sieht die Arbeitswelt von morgen aus? Und wie können wir sicherstellen, dass wir Menschen davon profitieren werden, auch in Zukunft?

Für dieses Kapitel habe ich Erkundungsreisen in die Bereiche Bildung, Medizin und Management unternommen – und
mir angesehen, welche Jobs in Zukunft wegfallen werden, welche sicher bleiben und welche Veränderungen in der Arbeitswelt anstehen.

Die Aussage, dass Bildung gerade in Zeiten von Umbrüchen
zu unseren wichtigsten Prioritäten gehören müsse, würden
wahrscheinlich die meisten unterschreiben. ChatGPT und Co
sind schnell im Bildungsbereich angekommen, weil Schüler*innen und Studierende sie von Tag eins an benutzt haben. Ich
habe mit einem Lehrer gesprochen, der nicht nur selbst KI im
Unterricht nutzt, sondern auch andere Lehrkräfte darin unterrichtet. Und ich habe mich umgehört, was weitere Expert*innen für die Zukunft der Bildung erwarten.

Im Gesundheitswesen hören wir von großen Fortschritten
durch KI, begegnen aber auch großen Ängsten: Kann KI die
medizinische Versorgung verbessern und uns alle länger gesund
leben lassen? Oder werden wir künftig von Robotern gepflegt?
Der demografische Wandel steht uns bevor, die Bevölkerung

wird älter, unsere Gesellschaft wird mehr Kapazitäten für Medizin und Pflege benötigen. Gleichzeitig müssen wir besonders darauf achten, welche Technologie wir in diesem Bereich einsetzen, es geht schließlich um Leben und Tod. Das Gesundheitswesen ist einer der heikelsten Bereiche für den Einsatz von KI. Ich bin in eine der fortschrittlichsten Unikliniken Deutschlands gefahren, um herauszufinden, wie dort über die Zukunft von Medizin und Pflege gedacht wird – und war überrascht zu sehen, welch große Rolle KI hier bereits spielt. Mein größter Aha-Effekt: KI könnte wirklich helfen, die Pflegekrise zu lösen.

Außerdem habe ich auf einen Job geschaut, den es in jeder Branche gibt: den der Führungskräfte. Denn auch wenn sich das fern anfühlt, stellt sich die Frage, ob es künftig noch Management braucht oder ob wir bald von der KI gemanagt werden. Eine Vorstellung, bei der einem schnell die Bilder aus dem Amazon-Lager in den Kopf kommen: Die KI gibt den Takt vor, die Menschen folgen, fast wie lebendige Roboter. Aber es könnte auch anders aussehen.

Nach dem Blick auf diese drei inhärent menschlichen Berufsgruppen will ich auf das große Ganze schauen: Welche Veränderungen können wir für die Arbeitswelt und den Arbeitsmarkt erwarten? Wer wird profitieren – und wer nicht? Und vor allem: Welche Weichen müssen wir stellen, um morgen so arbeiten zu können, wie wir es uns wünschen?

BRAUCHEN WIR NOCH LEHRKRÄFTE?

Die kurze Antwort auf diese ketzerische Frage: Ja, dringender denn je. Aber KI verändert das Bildungswesen. Schulen stehen heute vor einigen Herausforderungen: Es fehlt an Lehrkräften, die Digitalisierung des Unterrichts könnte weiter vorangeschritten sein, manche Schulen hadern mit langsamem Internet und einem Mangel an Geräten. Wir sehen eine massive Chancenungleichheit, weil unser Bildungssystem für Kinder aus Akademikerhaushalten deutlich besser funktioniert als für Kinder aus Arbeiterhaushalten. Vielen Kindern fehlen grundlegende Fähigkeiten beim Lesen, Schreiben oder Rechnen. Die Integration von Kindern mit Zuwanderungsgeschichte hakt, die Inklusion von Kindern mit Lernschwächen oder Behinderung ebenfalls.

Ob KI da helfen kann? Sicher nicht alleine und ohne grundlegende Investitionen in Bildungssystem und Bildungsgerechtigkeit. Hier muss die Politik dringend über den Föderalismus hinaus aktiv werden – schließlich sind Investitionen in Bildung Investitionen in die Zukunft.

Gleichzeitig bietet KI Chancen für den Bildungsbereich. Und Tatsache ist: ChatGPT und Co sind längst an Schulen angekommen.

Schüler*innen und Studierende waren mit die Ersten, die ChatGPT genutzt haben, noch bevor viele Lehrkräfte das Tool überhaupt kannten. Ein halbes Jahr nach Veröffentlichung von GPT-3.5 hatte mehr als die Hälfte der Schüler*innen zwischen

14 und 19 Jahren in Deutschland den Chatbot schon einmal genutzt.[121] Wofür generative KI genutzt wird? Am häufigsten für Hausaufgaben und zum Schreiben von Texten, aber auch für Recherchezwecke, Präsentationen oder die Vorbereitung auf Prüfungen. Mittlerweile kann die KI ganze Arbeitsblätter lösen: Dafür reicht es, ein Foto des Arbeitsblatts zu machen, es hochzuladen und ChatGPT zu bitten, einem beim Lösen zu helfen. Dieser Realität müssen sich Schulen stellen.

Die Ständige Wissenschaftliche Kommission der Kultusministerkonferenz (SWK), die die Kultusminister*innen der Länder berät, hat Anfang 2024 ein Impulspapier über die Potenziale von LLMs im Bildungssystem veröffentlicht. »Staatliche Organisationen sollten sicherstellen, dass alle Lernenden in Bildungseinrichtungen gleichermaßen Zugriff auf hochwertige KI-Systeme haben, die für das Lernen genutzt werden können«, heißt es darin.[122] Es geht um Bildungsgerechtigkeit. Laut SWK muss die Prüfungskultur verändert werden – und die Frage geklärt werden, wo Lehrkräfte überhaupt KI nutzen dürfen: »Bei der Bewertung können KI-basierte Tools Lehrkräfte unterstützen, es ist jedoch zentral, dass die Kontrolle und Verantwortung für die Bewertung in menschlicher Hand bleiben.«

Lehrkräfte haben ein Interesse daran, sich schnell in das Thema KI einzuarbeiten, wie mir Patrick Bronner berichtet. Er ist Mathematik- und Physiklehrer an einem Gymnasium in Freiburg und setzt KI nicht nur im eigenen Unterricht ein, sondern schult auch andere Lehrkräfte im Umgang damit. Als wir miteinander sprechen, ist er in Elternzeit, aber nimmt sich abends trotzdem Zeit für ein Telefonat. »KI-Workshops kommen richtig gut an«, sagt Bronner, »weil die Lehrer aufwachen. Sie merken, was KI alles kann, dass sie in einer Minute eine Powerpoint-Präsentation baut – und wollen das selbst ausprobieren.« Diese Offenheit habe er noch nie erlebt, nicht einmal beim digitalen Unterricht während der Corona-Pandemie.

»Die Lehrer fragen sich, warum Max diesen super Aufsatz abgegeben hat, der gar nicht zu ihm passt«, sagt Bronner. Weil die Tools im Alltag der Schüler*innen einen Platz gefunden haben, könnten die Lehrkräfte gar nicht anders, als selbst mitzuziehen.

Für Referate lässt Bronner keine Powerpoint-Präsentationen mehr erstellen, schließlich könnte die Microsofts Copilot gebaut haben. Er lässt keine schriftliche Zusammenfassung mehr abliefern, die vielleicht von ChatGPT geschrieben wurde. Stattdessen befragt er die Schüler*innen im Anschluss an ihr Referat mündlich. Außerdem probiert er im Unterricht verschiedene Programme aus. Was ihm dabei wichtig ist: »Scheitern gehört dazu. Nicht alles funktioniert sofort im Unterricht.« Das hat er gemerkt, als sich die Schüler*innen via ChatGPT erklären lassen sollten, wie sie den Inkreis im Dreieck richtig berechnen. Das Problem: Nicht alle hatten den Prompt genau genug formuliert. Also brach Bronner den Tabletunterricht ab, erklärte das Problem und damit auch gleich, warum es so wichtig ist, Prompts richtig zu formulieren. Wie der Inkreis eines Dreiecks berechnet wird, lernte die Klasse ohne KI.

Als Bronner eine adaptive Lernplattform in seinem Matheunterricht einführte, lief es ebenfalls nicht rund: Nach einigen Wochen wollten die Schüler*innen nicht mehr mit ihr arbeiten. Warum? Es gab keine gemeinsame Aufgabe, die besprochen werden konnte. Die Schüler*innen wurden individuell nach ihrem Kenntnisstand eingestuft und bekamen entsprechende Aufgaben zugeteilt, die sie für sich auf ihrem Tablet bearbeiteten. Damit ging das soziale Lernen verloren. Alle lernten für sich und konnten sich nicht mehr austauschen. Es entstand außerdem ein Ungerechtigkeitsgefühl in der Klasse: Gute Schüler*innen bekamen schwere Aufgaben und saßen über 45 Minuten an den Hausaufgaben, während schlechter eingestufte Schüler*innen ihre einfachen Aufgaben viel schneller fertig gerechnet hatten. Bronner selbst »ging die Kontrolle im

Unterricht verloren«, weil er nicht mehr wusste, welche Schüler*innen gerade wo standen und welche Aufgaben er guten Gewissens in Klassenarbeiten abfragen konnte. Nach einigen Monaten Testlauf ließ er die Plattform von den Schüler*innen bewerten – und schaffte sie wieder ab. »Ich bin da sehr positiv herangegangen und dachte, es ist gut, diese sehr individuelle Lernweise ist gut«, sagt Bronner. »Aber was wir wirklich bräuchten, wäre eine Aufgabe für alle, innerhalb derer dann je nach Leistung differenziert wird.« Das bedeutet, dass alle Aufgabe 3A rechnen, aber schwächere Schüler*innen dabei mehr Hilfestellungen bekommen. Das wäre die Art von Adaptivität, die er sich wünscht. Als Nächstes wird Bronner in seinem Unterricht den Mathechatbot Alena testen, mit dem Schüler*innen selbstständig lernen und Übungsaufgaben durchrechnen können.

Jenseits vom Unterrichtsalltag führt Bronner ein- bis zweimal pro Jahr mit seinen Klassen ein größeres Projekt durch. Auch hier spielt KI mittlerweile eine wichtige Rolle. Ein Beispiel finde ich besonders spannend: Ein Freiburger Baumarkt hatte mit der Aussage geworben, dass der Betrieb seiner Lichterketten zur Weihnachtszeit pro Monat weniger koste als eine Tasse Kaffee. Diese Aussage wurde einer medialen Forderung der Deutschen Umwelthilfe gegenübergestellt, dass private Beleuchtung im Winter so viel Strom verbrauche wie eine Stadt mit 400.000 Einwohner*innen im Jahr. Die Schüler*innen der 9a sollten beide Aussagen nachvollziehen, vergleichen und ein Erklärvideo erstellen, in dem sie mit wissenschaftlichen Methoden erklärten, ob diese Rechnungen aufgehen – und ob Weihnachtsbeleuchtung in Ordnung ist oder aus Klimaschutzgründen lieber darauf verzichtet werden sollte.[123] Dabei mussten sie auf die korrekten Angaben von Messwerten, Formeln und Energiekosten achten sowie auf das Copyright der verwendeten Bilder.

Als Bronner mir von diesem Projekt erzählt, bekomme ich richtig Lust, bei ihm die Schulbank zu drücken. Denn er schafft das, was mir in der Schule gerade im Mathe- und Physikunterricht gefehlt hat: zu zeigen, was diese Schulfächer mit dem Alltag zu tun haben und welche Anwendungsfälle es in der Realität gibt.

Die Schüler*innen arbeiteten jeweils zu zweit an dem Projekt. Sie hatten vier Wochen Zeit und Zugriff auf ChatGPT, um Texte zu generieren, sowie auf Stable Diffusion und Dall-E, um Bilder zu generieren. »Von Schülerinnen und Schülern produzierte Erklärvideos sind durch KI viel besser geworden«, erklärt mir Bronner, »weil es durch die Bilderstellung keine Copyrightprobleme mehr gibt und der Moderationstext mithilfe von ChatGPT optimiert werden kann«. Ich habe mir eines der entstandenen Videos angeschaut und war beeindruckt.

Die Notengebung wird kollaborativ gestaltet: Alle Schüler*innen müssen eine Selbstbewertung abgeben, die Zusammenarbeit mit ihren Partner*innen bewerten, außerdem gibt die Klasse eine Einschätzung ab. Es werden sowohl die Qualität des Videos bewertet als auch die Physik. Letztere wird allerdings doppelt gewichtet. Am Ende steht – und zählt – die Bewertung durch Patrick Bronner, der sein Feedback als Audionachricht per Mail an die Schüler*innen schickt. Für mich eröffnen sich ganz neue Blicke auf den Schulalltag, wenn ich so etwas höre.

Überhaupt bin ich bei der Recherche über spannende Beispiele gestolpert, wie KI bereits im Unterricht verwendet wird: Alicia Bankhofer, Lehrerin in Wien, lässt ihre Schüler*innen im Englischunterricht fiktive Interviews mit historischen Persönlichkeiten führen. Dabei sollen sie den Gebrauch der Vergangenheitsformen üben und die Antworten danach einem Faktencheck unterziehen.[124]

Elona Gutschlag und Fanny Hanff unterrichten Naturwissenschaften an zwei Gemeinschaftsschulen in Schleswig-Holstein. In ihrem Unterricht nutzen die Schüler*innen mehrere

Recherchewege – ChatGPT, Suchmaschine und ganz klassisch Bücher –, um sich über die biologischen Folgen radioaktiver Strahlung zu informieren. Anschließend vergleichen, überprüfen und präsentieren sie ihre Ergebnisse.[125]

Im Kunstunterricht können KI-Tools wie Dall-E eingesetzt werden, zum Beispiel um Bilder im Stil verschiedener Künstler*innen zu erstellen: »Versucht, eine perfekte Kopie eines Kunstwerks zu erstellen, das wir im Unterricht besprochen haben« ist eine Aufgabenstellung des Kunst- und Sozialwissenschaftlehrers Stefan Wilsmann, der in Bonn unterrichtet.[126]

»KI kann die Lernkultur verändern und viel Neues implementieren«, glaubt Bronner. Die Begeisterung bei den Lehrkräften sei groß, die Skepsis auch: Der Lehrplan sei schließlich schon so voll. »Da hilft es, in kleinen Schritten anzufangen, zuerst einmal ein Bild mit KI zu generieren und sich dann langsam vorzutasten, bevor man ein großes KI-Projekt angeht«, sagt Bronner.

Dass Technologie verändert, wie an Schulen unterrichtet wird, ist nicht neu. Als in den 1980er-Jahren im Mathe- und Physikunterricht der Taschenrechner eingeführt wurde, gab es Vorbehalte: Würden Schüler*innen jetzt nicht mehr lernen, wie man grundlegende Rechnungen im Kopf erledigt? Nein. Das Einmaleins wird weiterhin unterrichtet, Taschenrechner sind erst ab der Mittelstufe erlaubt. Sie ermöglichen es, sich stärker auf mathematische Konzepte zu fokussieren – und komplexere Rechnungen durchzuführen. Während meiner Schulzeit kam eine weitere Neuerung auf, die Lehrkräften den Schweiß auf die Stirn trieb: Wikipedia. Davon konnte man nämlich einfach abschreiben, ohne selbst nachzuprüfen, ob die Fakten stimmten. Alle hatten Angst, dass Schüler*innen nichts mehr selbst recherchieren oder lernen würden. Und ja, Wikipedia war hilfreich für Referate, aber hat als einzige Quelle (fast) nie gereicht. Außerdem haben Lehrkräfte schnell gemerkt, wenn man großflächig von dort abgeschrieben hat. Sinnvoll war Wikipedia trotzdem: um einen schnellen ersten Überblick zu bekommen und weiterführende Informationen und Quellen zu finden. Das wurde uns auch von unseren Lehrer*innen erklärt.

Erklärt werden muss auch jetzt wieder viel. Wichtig sei, offen mit den Schüler*innen zu kommunizieren, sagt Bronner. »Natürlich kannst du dich selbst betrügen, wenn die KI deine Hausaufgaben für dich macht. Aber das bringt dir halt nichts. Wir müssen erklären und vermitteln, wie man mit KI sinnvoll lernen kann.«

Der Unterricht verändert sich durch KI. Wie verändert KI die Rolle der Lehrkräfte? Hat die Technologie das Zeug dazu, Lehrkräfte zu entlasten, den Beruf attraktiver zu machen und so möglicherweise den Lehrkräftemangel abzufedern? Bei einer repräsentativen Umfrage im Auftrag der Robert Bosch Stiftung schätzten 2022 mehr als 80 Prozent der Lehrkräfte ihre Belastung als »hoch« oder »sehr hoch« ein. Jede zehnte Lehrkraft plante, im darauffolgenden Schuljahr weniger zu arbeiten.[127] In der Schulzeit liegt die durchschnittliche Arbeitszeit von Lehrer*innen pro Woche bei über 46 Stunden, viele arbeiten an den Wochenenden. Der Unterricht macht etwa ein Drittel der Arbeitszeit aus, die restliche Zeit entfällt vor allem auf Vor- und Nachbereitung, Korrekturen und Prüfungen, Kommunikation, Sitzungen und Konferenzen.[128]

Die Meinungen gehen auseinander, inwiefern KI Lehrer*innen dabei entlasten kann. Bronner glaubt nicht daran: »Unsere Expertise ist ja vor allem die Kreativität, wie wir erklären und motivieren«, sagt er. Seine Vorbereitung stehe, die Arbeitsblätter habe er bereits, genau wie Standard-Mails für die Elternkommunikation. Auch für die Korrektur setzt er KI nicht als Unterstützung ein, die meisten Tests seien schließlich analog. Andere Lehrkräfte sehen das anders. Janina Brüggemann, Gymnasiallehrerin für Mathematik und Französisch in Hannover, nutzt

ChatGPT, um ausführliche Musterlösungen für Matheaufgaben erstellen zu lassen. »Natürlich müssen die Musterlösungen von der Lehrkraft immer kritisch geprüft werden«, schreibt sie in ihrem Blog.[129] Aber die von ChatGPT erstellten Musterlösungen hätten im Vergleich zu Lösungen aus dem Schulbuch den Vorteil, dass nicht nur richtige Ergebnisse, sondern zusätzlich ausführlichere Erläuterungen der Lösungswege enthalten seien. Diese könnten Schüler*innen besser zum eigenständigen Vergleichen von Lösungen nutzen.

Tim Kantereit, Geografie- und Mathelehrer in Bremen, sieht Potenzial, Unterrichtspläne für seinen Geschichtsunterricht zu erstellen, zum Beispiel mit diesem Prompt: »Plane ein Rollenspiel für die 9. Klasse zur Weimarer Republik. Ich erwarte einen Stundenverlauf und einige Rollenkarten, damit die Schüler*innen Material an der Hand haben, um das Rollenspiel durchzuführen. Es ist für 90 Minuten geplant.«[130]

Ein Unternehmen, das Lehrkräften beim Erstellen angepasster Lernmaterialien helfen möchte, ist Fobizz. Denn in Schulklassen dürfen aus Datenschutzgründen nicht einfach ChatGPT und Co genutzt werden. Fobizz bietet dafür eine Lösung: Lehrkräfte melden sich an, erstellen einen digitalen Klassenraum und können darüber ihren Schüler*innen Zugang zu KI-Programmen geben, ohne dass diese sich registrieren müssen. Nach einem festgelegten Zeitraum werden alle Daten gelöscht. Schulen können Lizenzen erwerben, um allen interessierten Lehrkräften die Tools zur Verfügung zu stellen.

Ich spreche mit Fobizz-Gründerin Diana Knodel. Sie ist der festen Überzeugung, dass KI Lehrkräfte entlasten kann: »Lehrkräfte haben zu viel zu tun und zu wenig Zeit«, sagt sie. KI könne bei der Vorbereitung helfen, Korrekturhilfe sein – das sei der Hauptwunsch, den sie höre – und bei der Organisation unterstützen. Doch bis diese Veränderung zu sehen sein werde, werde es noch dauern, »denn neue Technologie und Infrastruktur braucht Weiterbildung«, sagt Knodel. »Deshalb muss jetzt in alle Phasen der Lehrerbildung investiert werden.«

Darüber hinaus braucht es Veränderungen im Verständnis, wie Schulbildung künftig funktioniert. »Durch KI wird klar, dass Schule, wie wir sie aus der Vergangenheit kennen, nicht mehr zeitgemäß ist«, sagt Knodel. Die Prüfungskultur müsse sich ändern, es brauche weniger Frontalunterricht, bei dem Lehrkräfte kaum auf individuelle Bedürfnisse eingehen könnten. Schüler*innen müssten neue Wege lernen, um sich Wissen anzueignen: durch die Arbeit in kleinen Lerngruppen, mit digitalen Tools sowie den Lehrkräften als Coaches und Lernbegleiter*innen, die sozial und emotional unterstützen. Knodel hofft, dass KI in Kombination mit breiter Aus-, Fort- und Weiterbildung von Lehrkräften den Beruf attraktiver machen und dabei helfen könne, Bildung neu zu denken.

Auch die Frage, was künftig unterrichtet wird, stellt sich. Grundlagenwissen wird relevant bleiben, aber Auswendiglernen und Wissen reproduzieren, wie es heute im Unterricht oft Realität ist, wird weniger wichtig. Dafür sollten Schüler*innen andere Dinge lernen, findet Doris Weßels, Professorin für Wirtschaftsinformatik an der Fachhochschule Kiel: Digitale Kompetenz, Kreativität, analytisches und lösungsorientiertes Denken.[131] Genau deshalb sind Lehrkräfte auch nicht ersetzbar. Wie gut eine Lehrkraft unterrichtet, Inhalte vermittelt und das Lernen begleitet, macht den größten Unterschied beim Lernerfolg, das zeigen Studien ganz klar. Wie wichtig soziales Lernen ist, hat Patrick Bronner ja in seinem Matheunterricht gemerkt. Trotzdem hat KI einen Platz im Schulkontext: Idealerweise kann sie dabei helfen, individuelle Nachhilfe mit sozialem Unterricht zu verbinden. Aber: Das passiert nicht automatisch. Zum einen muss sichergestellt werden, dass die Tools gut sind. Halluzinationen und Falschinformationen sind im Bildungsbereich eine große Gefahr, Datenschutzfragen nicht final geklärt.

Es ist wichtig zu prüfen, wer die Tools erstellt, die für den Unterricht zugelassen werden. Die Kompetenz, mit diesen Programmen korrekt umzugehen, muss den Schüler*innen beigebracht werden. Dafür müssen Lehrkräfte geschult und weitergebildet werden. Es braucht ganzheitliche Lehrkonzepte. Und: Es braucht den Zugang zur Technologie, zu digitalen Geräten und verlässliches, schnelles Internet für alle Schüler*innen, unabhängig von ihren familiären Verhältnissen oder dem Stadtteil, in dem ihre Schule steht. Dass wir hier großen Nachholbedarf haben, hat die Corona-Pandemie gezeigt, als armutsbetroffene Schüler*innen monatelang auf Laptops warten mussten, ohne die sie kaum am digitalen Unterricht teilnehmen konnten.

Die Zukunft der Bildung könnte so aussehen, wie Sal Khan sie sich ausmalt. Khan hat 2006 die Non-Profit-Bildungsorganisation Khan Academy gegründet, die kostenfreie Bildungsvideos anbietet. Es gibt Kurse zu so ziemlich jedem Thema: Mathe, Physik, Biologie, Kunstgeschichte, Makroökonomie, Social-Media-Kompetenz, in Sprachen wie Englisch, Deutsch, Spanisch, Türkisch, Vietnamesisch, Serbisch und Punjabi. Khan hat große KI-Visionen für die Zukunft von Bildung: »Wir geben jedem Schüler auf der Welt einen künstlich intelligenten, fantastischen persönlichen Tutor an die Hand. Und wir werden jedem Lehrer auf der Welt einen fantastischen, künstlich intelligenten Lehrassistenten geben«, sagt er in einem TED-Talk. »Das könnte einen durchschnittlichen Schüler in einen außergewöhnlichen Schüler verwandeln. Es könnte einen unterdurchschnittlichen Schüler in einen überdurchschnittlichen Schüler verwandeln.«[132] Einen solchen Assistenten bietet Khan bereits an: Er heißt Khanmigo (eine Anspielung auf das Spanische *conmigo*, mit mir), kostet vier US-Dollar pro Monat und kann von Schüler*innen und Lehrkräften genutzt werden. Wenn Schüler*innen mit dem Chatbot interagieren, gibt er keine Lösungen heraus, sondern hilft ihnen, selbst auf den richtigen Weg zu kommen. Noch gibt es einige Hürden: Nicht immer sind alle Antworten korrekt, und solange es keine Schullizenzen gibt, ist das Tool nicht für alle Schüler*innen gleichermaßen zugänglich. Und: Selbst wenn das Tool verfügbar ist, müssen die Schüler*innen unterstützt und animiert werden, es zu nutzen.

Auch Bronner geht davon aus, dass Schüler*innen künftig individuelle Lehrchatbots haben werden, die sie da unterstützen, wo sie Hilfe brauchen, und vor allem bei den Hausaufgaben, der Nachhilfe oder der Klausurvorbereitung eine sinnvolle Rolle spielen können. »Diese KI-Anwendungen sind derart nützlich, dass es äußerst wünschenswert wäre, Lehrerchatbots aus Gründen der Chancen- und Bildungsgerechtigkeit allen Schülern zum Beispiel über Landeslizenzen kostenfrei zur Verfügung zu stellen«, sagt er.

In individueller Unterstützung beim Lernen könnte die Zukunft liegen – mit positiven Einflüssen auf Menschen weltweit, die aktuell nur begrenzt Zugang zu Bildung haben. Dafür müssen Sprach- und Zugangsbarrieren weiter beseitigt werden. Wenn es gut läuft, könnten KI-Tools zu mehr Bildungsgerechtigkeit führen, glaubt Enkelejda Kasneci. Sie hat den Lehrstuhl Human-Centered Technologies for Learning an der TU München inne und sagt, dass viele Menschen von Anwendungen wie ChatGPT profitieren könnten: »Zum einen handelt es sich um ein Werkzeug, mit dem in Zukunft alle weltweit lernen können, die einen Internetzugang haben – also unabhängig davon, wie gut das Bildungssystem im jeweiligen Land ist. Zum anderen kann es Menschen helfen, sich in Texten besser auszudrücken, die damit sonst Schwierigkeiten haben, beispielsweise aufgrund einer Behinderung. Das kann ihnen neue Möglichkeiten eröffnen, gesellschaftlich zu partizipieren.« Jugendliche könnten KI-Tools »zu Hause als Lernbuddy für eine Prüfung nutzen, der auf diejenigen Punkte besonders eingeht, die sie noch nicht so gut beherrschen«, sagt Kasneci. »Diesen Grad an Individualisierung können die Schulen im Alltag bislang kaum leisten.«[133]

Chancengerechtigkeit ist eines der größten Probleme unseres Bildungssystems, ebenso wie der Lehrkräftemangel. Wenn KI hier auch nur für einen Teil der Schüler*innen eine positive Veränderung bewirken kann, haben wir schon etwas gewonnen. Aber dazu braucht es Investitionen in Schulen, Technologie, Aus- und Weiterbildung und politischen Willen, Bildung in den Fokus zu rücken, statt sich hinter dem Föderalismus zu verstecken.

Bildung findet jedoch nicht nur in Schulen statt, sondern auch in Hochschulen, Universitäten, in Berufsschulen, Betrieben, Organisationen – gewissermaßen ein Leben lang.

Wenn KI jedoch vor allem die einfachen Routineaufgaben wegautomatisiert, die heute Berufseinsteiger*innen übernehmen, um sich ein Feld von Grund auf zu erschließen, was bedeutet das für die Berufsausbildung? Ich habe grundlegende journalistische Fähigkeiten gelernt, indem ich unzählige Meldungen geschrieben, kleine Videos geschnitten und Texte redigiert habe. Wer neu in einer Küche anfängt, schnibbelt erst mal Gemüse. Man schaut sich ab, wie andere dieselben Aufgaben angehen. Nach und nach lernt man dazu, bekommt komplexere Arbeit zugeteilt. Aber wenn die Routineaufgaben, die in der Regel zu Beginn einer Ausbildung stehen, alle automatisiert werden, wo fängt dann der Lernalltag an?

Angehende Chirurg*innen in den USA lernen nach ihrer theoretischen Ausbildung, indem sie nach und nach einzelne Operationsschritte übernehmen. Das funktioniert gut bei herkömmlichen OPs. Aber weil immer mehr medizinische Eingriffe mit Unterstützung von Robotik durchgeführt werden, fallen diese Lernschritte zunehmend weg. Es braucht also neue Wege, um operieren zu lernen. Wenn diese nicht aktiv als Teil der Ausbildung entwickelt und in den Kliniken implementiert werden, könnten fertig ausgebildete Ärzt*innen am Ende nicht ausreichend qualifiziert sein.[134] Eine ähnliche Situation könnten wir künftig in vielen Berufen sehen. Und wie landet man in einem Job, für den Berufserfahrung verlangt wird, wenn es Berufseinsteiger*innen zunehmend erschwert wird, diese in Form von Ausbildung oder Praktika zu erlangen? Wer im eigenen Beruf wirklich gut sein will, wird auch künftig grundlegendes Fachwissen, kritisches Denken und abstrakte Konzepte verstehen müssen – und die Verbindung dazwischen durch Übung verinnerlichen.

Berufliche Fort- und Weiterbildung ist extrem relevant, wenn wir nicht wollen, dass Menschen durch die immer schneller fortschreitende technologische Entwicklung abgehängt werden. Das bedeutet, dass wir neue Lernformen entwickeln werden – und klären, wo Fachkräfte künftig lernen sollen: Können Hochschulen hier einen Beitrag leisten? Werden Fach- und Berufsschulen mehr Quereinstiegs- und Weiterbildungskurse anbieten? Wer bezahlt diese Weiterbildungen: Unternehmen? Öffentliche Organisationen wie die Agentur für Arbeit mit ihren Jobcentern? Oder müssen Menschen selbst dafür aufkommen? Wer kann sich das leisten? Und wie stellen wir sicher, dass im Arbeitsalltag Zeit für Weiterbildung geschaffen wird? Auf all diese Fragen brauchen wir Antworten – und zwar bald.

Wenn wir es nicht schaffen, Menschen fort- und weiterzubilden und damit ihre Qualifizierung zu erweitern, könnten wir den Trend verstärken, den wir durch die Computerisierung bereits sehen: Für Menschen mit hoher formeller Bildung steigt die Zahl an Möglichkeiten, sie können aufsteigen, mehr verdienen, bekommen neue Jobs, während diejenigen, die einen niedrigeren Bildungsgrad haben, abgehängt werden. Ich mag das Wort Bildungsoffensive nicht, aber: Es braucht eine Bildungsoffensive, die zukunftsgerichtetes Lernen für alle in den Fokus stellt.

Gleichzeitig müssen wir für den Fall planen, dass Weiterbildung irgendwann nicht mehr ausreicht. Denn sie wird an einem gewissen Punkt an Grenzen stoßen. Wenn nach und nach immer mehr Jobs wegbrechen oder sich so massiv verändern sollten, dass eine grundlegende Umschulung nötig ist, stellt sich die Frage, wie oft Menschen das mitmachen (können) und wann es ihnen reicht. Niemand wird sich alle fünf Jahre neu orientieren können oder wollen. Wir werden nicht alle Software entwickeln oder Kinder unterrichten können – weil Menschen verschiedene Talente, Stärken und Schwächen haben und niemand gezwungen werden sollte, einen bestimmten Beruf anzunehmen. Manche Menschen lernen taktil oder emotional, andere kommen gut in Hochschulumgebungen zurecht.

Wenn sich Technologie immer weiter verbessert, also immer schlauer wird, wird die Zahl an verfügbaren Berufen kleiner. Schon heute haben wir Fachkräftelücken, weil Menschen eben nicht die gesuchten Ausbildungen oder Fähigkeiten für einen bestimmten Job haben – oder schlicht am falschen Ort wohnen und nicht umziehen können. Das verstärkt die Engpässe in bestimmten Berufen, und Weiterbildung wird nicht ausreichen, um alle Lücken zu schließen. Genau wie nicht aus jedem Kassierer ein Pathologe wird, wird nicht aus jeder Unternehmensberaterin eine Maurerin – auch wenn diese Jobs vielleicht frei wären. Diese Situation wird sich zuspitzen, und wir müssen uns auf diesen Fall vorbereiten. Wie das aussehen kann, darum wird es im letzten Kapitel gehen.

WERDEN WIR BALD VON ROBOTERN GEPFLEGT?

»Und jetzt greifst du einfach rein, zwischen die Rippen, und ziehst dir ein Organ raus.« Ich zögere einen Moment, dann greife ich nach vorne, durch die Rippen des Skeletts, das vor mir steht, und ziehe einen rosa Lungenflügel hervor. Er liegt groß in meiner Hand, ragt rechts und links heraus. Ich drehe ihn in alle Richtungen, schaue ihn genau an, bevor ich ihn wieder dahin zurückschiebe, wo er hingehört.

Natürlich hatte ich da keinen echten Lungenflügel in der Hand. Ich stehe in einem Labor und habe eine VR-Brille auf, in der ich ein Skelett mit bunten Organen vor mir im Raum sehen kann. Ich bin in Essen, im Institut für künstliche Intelligenz in der Medizin, kurz IKIM genannt. Hier forschen mehr als 100 Menschen an der Zukunft der Medizin. Der Griff ins Skelett mithilfe von Virtual Reality ist das letzte Highlight bei meinem Besuch im Januar 2024, und mein Kopf rauscht von all den Dingen, die ich in den letzten Stunden gelernt habe. Aber ein Gefühl, ein Gedanke ist ganz klar: Wie Medizin funktioniert, wird sich in den kommenden Jahren grundlegend ändern.

Im Gesundheitswesen wird KI in vielen Bereichen genutzt – nicht nur am Uniklinikum Essen. In den Städtischen Kliniken in Mönchengladbach läuft ein Test, bei dem ein KI-basiertes Assistenzsystem bei der Priorisierung in der Notaufnahme helfen soll, indem die Daten analysiert werden, die vom Rettungsdienst erhoben wurden.[135] Ein Hausarztzentrum in Rauenberg in Baden-Württemberg nutzt den KI-Telefonassistenten Aaron, der Anrufe von Patient*innen entgegennimmt und ihre Anfragen zu Terminen, Überweisungen, Rezepten und Rückrufen transkribiert. Das Personal kann so die Anfragen priorisiert abarbeiten – und sich besser auf die Versorgung vor Ort konzentrieren.[136] Forscher*innen in Boston haben es geschafft, mithilfe von KI den Primärtumor bei Krebserkrankungen zu finden, bei denen es bisher unmöglich war, den Ursprungsort der Erkrankung zu finden. KI spielt bei der Diagnose von Krankheiten eine Rolle, bei der Entwicklung von neuen Medikamenten, bei der Optimierung von Abläufen in Kliniken und Praxen.[137] Ich habe viel zu dem Thema recherchiert und gelesen, bevor ich mir vor Ort angeschaut habe, was diese Entwicklungen für eine große Klinik bedeuten: Wie wird am IKIM und im Universitätsklinikum Essen über KI nachgedacht, und an welchen Lösungen arbeiten die Menschen hier?

Ich treffe mich mit einer Gruppe von Doktorand*innen und Wissenschaftler*innen, die sich die Zeit nehmen, mir von ihrer Forschung zu berichten und mir die entwickelten Anwendungen Schritt für Schritt zu zeigen. In einem Konferenzraum sitzen wir zu sechst vor einem riesigen Bildschirm, auf dem die digitale Patientenakte eines Musterpatienten zu sehen ist. Mein erster Gedanke: Schickes Design, sieht gar nicht nach Krankenhaus aus, eher nach Tech-Start-up. In verschiedenen Feldern sind alle Informationen zu finden, die der Klinik über diesen Patienten vorliegen: Geburtsdatum, Kontaktinformationen, verordnete und gegebene Medikamente, Diagnosen, Befunde und die Ergebnisse aller bisherigen Untersuchungen, von Gewebeproben aus der Pathologie bis hin zu Röntgen- und CT-Bildern aus der Radiologie. Am Uniklinikum läuft alles digital, die elektronische Patientenakte wurde 2018 eingeführt. Darin landen jedes Bild und jeder Befund.

KI braucht Daten, um zu funktionieren. Und in der Medizin gibt es unfassbar viele Daten. Zum Beispiel können CT-Scans wertvolle Zusatzinformationen zur Körperzusammensetzung liefern. Normalerweise stehen Informationen wie Muskelanteil oder Knochendichte nicht im Bericht der Radiologie, weil es für die Ärzt*innen zu aufwendig wäre, all diese Daten zu interpretieren. Sie bleiben deshalb quasi unter Verschluss, dabei könnten sie wichtig sein oder später wichtig werden. KI kann diese Informationen verfügbar und so die Diagnostik genauer machen. Eine Pilotstudie dazu läuft aktuell. In Zukunft könnten uns neue Datenquellen zur Verfügung stehen und die me- dizinische Versorgung verbessern.

Weil die Uniklinik Essen eine große Onkologie hat, ist Krebs die Diagnose des Musterpatienten, den ich virtuell kennenlerne. Auf dem Bildschirm öffnet sich ein Röntgenbild. Ich bin ja wirklich keine Expertin, aber ich habe genug Folgen von *Grey's Anatomy* gesehen, um zu wissen, dass ein gesunder Oberkörper nicht so aussieht: Der Röntgenthorax – also das Röntgenbild des Brustkorbs – zeigt rechts eine für mich relativ normal aussehende Lunge, man erkennt die Rippen gut und klar. Auf der linken Seite ist der Großteil des Lungenflügels weiß überlagert, eine größere Masse ist sichtbar, vermutlich ein Tumor. Selbst ich weiß: Das ist nicht gut.

Der Röntgenthorax ist eine der häufigsten Röntgenuntersuchungen, ein Standard für viele Diagnosen. Mediziner*innen haben im Schnitt nur ungefähr eine Minute Zeit, um sich so ein Bild anzusehen und daraus ihre Schlüsse zu ziehen. Die KI hat gelernt, Röntgenbilder zu lesen und zu beschreiben, was sie sieht. Wie gut das funktioniert, sehe ich jetzt: Ein Klick auf den rechten, gesunden Lungenflügel im Bild genügt, um einen kurzen Text entstehen zu lassen, der im Prinzip besagt, dass der rechte Lungenflügel frei ist, die Rippen gut sichtbar und alles tiptop wirkt – nur eben in medizinischer Fachsprache. Beim Klick auf den linken Lungenflügel ist der Text deutlich negativer: Die Masse, die ich sehe, erkennt auch die KI. Die

KI-Diagnose kann als Vorlage für die Ärzt*innen dienen, die alles kontrollieren und mit eigenen Befunden ergänzen.

Auch in anderen Bereichen kann die KI helfen, den Ärzt*innen bei der Diagnostik Arbeit abzunehmen. Das ist vor allem dort hilfreich, wo es nicht genug Fachkräfte gibt. Wie in der Pathologie: Die Zahl der Patholog*innen, die etwa Gewebeproben unter dem Mikroskop analysieren, nimmt ab. Es herrscht Fachkräftemangel, der Nachwuchs fehlt, im Vergleich zu anderen Spezialisierungen ist die Pathologie wenig sexy. Die Zahl der pathologischen Proben nimmt jedoch zu. Mittlerweile können die ersten pathologischen Proben von KI ausgelesen werden, die bald Routinediagnosen übernehmen könnte. Dem Fachpersonal bliebe dann mehr Zeit für komplexere Fälle und Diagnosen.

Aber zurück zu unserem Musterpatienten. Normalerweise müssten die Ärzt*innen jetzt ihre Ergebnisse abtippen und mit allen Diagnosen und Behandlungsschritten als Arztbrief aufschreiben, den die Patient*innen mitnehmen, um ihn an ihre Haus- oder Fachärzt*innen weiterzugeben. Arztbriefe sind ein riesiges Problem, denn sie sind aufwendig – und für die meisten Patient*innen unverständlich, weil sie in medizinischer Fachsprache geschrieben sind. Ich habe meinen letzten Arztbrief nur mit einer Menge Googeln entziffern können, und selbst dann war ich mir unsicher, ob ich wirklich alles verstanden habe.

Am IKIM wird bis Ende 2024 der Prototyp eines Arztbriefgenerators erprobt. Mit dem Befehl »!bericht« erstellt die KI innerhalb von Sekunden die Basis für einen Arztbrief, der den gezeigten Röntgenbefund zusammenfasst. Diese Technologie könnte die medizinische Versorgung verbessern, weil so ein Bürokratiebaustein verkleinert wird. Denn das Abtippen von Arztbriefen dauert. Und es sind solche administrativen Aufgaben, solcher Papierkram, der extrem viel Zeit kostet. Das ist ein Thema, das in meinen Gesprächen mit medizinischem

Personal, mit Pflegekräften und Ärzt*innen, immer und immer wieder aufkommt.

In einer Mitgliederbefragung des Marburger Bundes wurde 2022 abgefragt, wie viel Zeit Ärzt*innen mit Verwaltungstätigkeiten verbringen, mit Datenerfassung, Dokumentation oder OP-Voranmeldungen. Im Mittel waren es drei Stunden pro Tag. Ein Drittel sagte sogar, dass sie den zeitlichen Aufwand dafür auf mindestens vier Stunden täglich schätzten.[138] Diese Zeit fehlt für die Patient*innen. Wenn KI Dokumentation und Papierkram automatisieren würde, wäre das eine positive Entwicklung für die Qualität der Pflege.

Beispiele für KI-Lösungen gegen die Bürokratieberge gibt es viele. Untersuchungen könnten automatisch auf die Rechnung gesetzt werden, um die Abrechnung von Leistungen zu vereinfachen und zu beschleunigen. Beim (oft notorisch schlechten) Krankenhausessen könnten Informationen über Unverträglichkeiten von Patient*innen in die Erstellung von individualisierten Speiseplänen einfließen. Idealerweise würde eine schlankere Bürokratie mehr Zeit und Raum für die Pflege sowie Gespräche mit Patient*innen bringen.

Im Schnitt wurden im Jahr 2020 in medizinischen und psychotherapeutischen Praxen je 61 Arbeitstage nur für Bürokratie aufgewendet – etwa ein Viertel der Arbeitszeit.[139] In Deutschland nehmen sich Hausärzt*innen durchschnittlich 7,5 Minuten Zeit pro Patient*in, im internationalen Vergleich ist das nur Mittelmaß.[140] Dabei wissen wir aus Studien, dass längere Gespräche zu einer besseren Gesundheitsversorgung führen.[141] An manchen Hochschulen ist Kommunikation bereits im Lehrplan für Medizinstudierende integriert – eine Entwicklung, die ich für die KI-Zukunft für noch relevanter halte.

Und da sind wir wieder beim Arztbrief: Weil im Klinikalltag wenig Zeit ist, werden Arztbriefe oft getippt, während die Patient*innen danebensitzen und sich wünschen, der behandelnden

Person in die Augen zu schauen. Diese starrt jedoch auf den Computermonitor. Was, wenn stattdessen der Fokus auf dem Gespräch läge und die KI dieses Gespräch mithören, transkribieren und gemeinsam mit den Befunden in den Entwurf für einen Arztbrief zusammenfassen würde? Künftig könnten KI-Tools sogar zwei Versionen des Arztbriefes erstellen: eine für Fachpersonal – und eine für die Patient*innen, aufbereitet in verständlichem Deutsch oder übersetzt in ihre Muttersprache, einfach per Knopfdruck.

»Wir könnten ein Drittel des Pflegeproblems sofort reduzieren, wenn wir die Bürokratie gegen null entwickeln und die notwendigen Vorgänge digitalisieren«, sagt Jochen Werner. Er ist seit 2015 Ärztlicher Direktor und Vorstandsvorsitzender des Universitätsklinikums Essen. Obwohl Werner Mitte 60 ist, ist er auf so gut wie allen Social-Media-Kanälen unterwegs. Auf Instagram hat @doc_jochen mehr als 10.000 Follower. Bei seinem Bewerbungsgespräch hatte er die Digitalisierung des Uniklinikums zur Bedingung gemacht, sonst wollte er den Job nicht haben. Er ließ eine Notaufnahme bauen, von Anfang an digital und papierfrei konzipiert. Dafür stellte er einen Lenkungsausschuss zusammen, besetzt mit Mitarbeitenden, die bereits an digitalen Projekten gearbeitet hatten. Nach und nach wurden die anderen Abteilungen digitalisiert.

Werners Ziel: Aus dem Uniklinikum Essen ein *Smart Hospital* zu machen. »*Smart Hospital* bedeutet, dass wir uns im Krankenhaus und Gesundheitswesen viel stärker auf den Menschen fokussieren als bisher«, sagt er. Mit Mensch meint er nicht nur die Patient*innen, sondern auch Angehörige und Mitarbeitende. »Damit wir die Belange des Menschen wirklich fokussieren können, setzen wir, wenn immer möglich, die Digitalisierung ein, um Prozesse zu optimieren, um administrative Tätigkeiten zu reduzieren und Diagnostik und Therapie besser zu machen«, sagt Werner. Dabei spielen Daten eine große

Rolle: »Wir bekennen uns ganz klar zur künstlichen Intelligenz.« Deshalb hätten sie 2019 auch das IKIM gegründet. »Wir haben die meisten strukturierten Daten aller Universitätskliniken in Deutschland, weil wir schon so früh damit angefangen haben«, sagt Werner. Heute ist das nicht mehr wegzudenken.

Doch nicht immer ist es so einfach: Im Gegensatz zu den Daten, die im Uniklinikum in Essen direkt digital erhoben werden, kommen Patient*innen oft mit einem ganzen Aktenordner an früheren Arztbriefen, Befunden, Diagnosen, die analog vorliegen. Die werden zwar in der Klinik eingescannt, aber die Daten liegen unsortiert vor, und die Zeit, alle Unterlagen im Detail durchzuarbeiten, fehlt den Fachkräften im Alltag. Aber was, wenn man diese unsortierten Daten trotzdem durchsuchen könnte, um Schlüsse aus ihnen zu ziehen? Ein Klick in der Akte unseres Musterpatienten, und schon öffnet sich eine Oberfläche, die so ähnlich aussieht wie ChatGPT. Hier arbeitet ein *Large Language Model,* aber eben ein eigens entwickeltes. Verarbeitet werden alle Daten im eigenen Rechenzentrum des Klinikums. Der Datenschutz der Patient*innen ist gesichert.

Unser Musterpatient hatte unsortierte Unterlagen, die digitalisiert wurden – und die wir mit diesem Modell durchsuchen können. Wir fragen die KI: Hat der Patient Vorerkrankungen? Es dauert kurz, dann erscheint ein ausführlicher Satz, der alle Vorerkrankungen beschreibt. Darunter werden die Belege gelistet, etwa in welchem alten Arztbrief der Bluthochdruck erwähnt wurde. Weil die KI nicht nur eine These ausspuckt, sondern auch die Quellen aus den Unterlagen unseres Musterpatienten angibt, können die Ärzt*innen nachsehen, ob alles stimmt, ohne sich durch Berge an Dokumenten zu wühlen. Eine Zeitersparnis, die gleichzeitig die medizinische Versorgung verbessert.

Ich bin beeindruckt, wie weit viele dieser Lösungen schon sind. Und ich wünsche mir wirklich, dass sie dabei helfen können, das Leben für Patient*innen und Ärzt*innen zu verbessern. Denn das ist dringend nötig und betrifft nicht nur die Pflegekräfte und Ärzt*innen. 11.000 Beschäftigte in 146 Berufsgruppen gibt es am Universitätsklinikum Essen. Ihre Jobs greifen ineinander: Wenn niemand den OP-Raum putzt, wird darin niemand operiert. Wenn keine Masken, Handschuhe, Kittel bestellt werden, auch nicht. Wenn niemand die Rechnungen schreibt und schickt, gehen bald die Lichter aus. Doch das System Krankenhaus funktioniert für viele Mitarbeitende im Gesundheitswesen nicht mehr.

Klinikärzt*innen in Deutschland sind an der Belastungsgrenze. In einer Umfrage des Marburger Bundes sagte 2022 mehr als die Hälfte der befragten Ärzt*innen, dass sie mindestens 49 Stunden pro Woche arbeiteten. Mehr als ein Viertel sehen die Arbeitsbedingungen als »schlecht« oder »sehr schlecht« an, zwei Drittel beurteilten die Besetzung im ärztlichen Dienst in ihrer Klinik als »eher schlecht« oder »schlecht«. Es bleibt zu wenig Zeit für die Patient*innen. Ein Viertel denkt über einen Berufswechsel nach.[142]

In der Pflege sieht es nicht besser aus: Eine Umfrage unter 1000 Pflegekräften für die Krankenkasse Barmer und das Institut für Betriebliche Gesundheitsberatung zeigt, dass 2023 knapp zwei Drittel der Pflegekräfte in Deutschland regelmäßig körperlich erschöpft waren. Oft bleibt nicht genug Zeit, um alle Aufgaben zu erledigen oder regelmäßige Pausen zu machen. Viele Pflegekräfte berichten von geringer Wertschätzung. Knapp ein Drittel der jungen Pflegekräfte bis 29 Jahre hatte in den letzten zwölf Monaten darüber nachgedacht, den Beruf aufzugeben – weil Stress und Druck einfach zu hoch sind. Und das, obwohl acht von zehn Arbeitskräften ihre Arbeit als sinnvoll und wichtig bezeichnen.[143]

Der Fachkräftemangel ist in der Branche groß und wird sich noch verstärken: Zum einen gehen in den kommenden Jahren die Babyboomer in Rente, zum anderen erhöht sich in einer alternden Gesellschaft der Bedarf an medizinischer Versorgung und Pflege. 2022 fehlten in der Alten- und Krankenpflege rund 35.000 Fachkräfte, sechs von zehn Stellen in Gesundheits- und Sozialberufen konnten nicht mit qualifiziertem Personal besetzt werden.[144] Verschärft wurde die Situation in den vergangenen Jahren von der zunehmenden Privatisierung von Krankenhäusern sowie der Abrechnung über Fallpauschalen, die deshalb wieder abgeschafft werden soll.

All diese Probleme spüren die Patient*innen: Es dauert manchmal Monate, um einen Termin bei Fachärzt*innen zu bekommen, die sich drei Minuten Zeit nehmen und ausschließlich in Fachwörtern sprechen. Es gibt ein Zweiklassensystem zwischen gesetzlich und privat Versicherten. Es mangelt an Inklusion und Barrierefreiheit.[145] Und wieso muss ich trotz E-Rezept jedes Quartal in die Praxis, nur um meine Asthmamedikamente zu bekommen?

Immerhin, KI kann den Patient*innen helfen. »Die Diagnostik wird viel schneller und zunehmend maschinell, sie wird besser, genauer, was sich positiv auf die Patientensicherheit auswirkt«, sagt Werner. »Wenn wir eine genauere Diagnose haben, haben wir auch die Möglichkeit, eine sehr genaue Therapie zu machen. Die medizinische Versorgungsqualität steigt.« Man könne alle Daten zusammenbringen und die KI einfach walten lassen, um herauszufinden, wo es Zusammenhänge gibt, die bisher nicht bekannt waren. »Was hat ein Gallenstein vielleicht mit Schuppenflechte, Rheuma, weißen Blutkörperchen und Biomarkern zu tun? Das hinterfragen wir heute«, sagt er. »Ich bin fest davon überzeugt: Die Medizin wird neu geschrieben.«

Das heißt nicht, dass KI automatisch alle Probleme lösen kann und wird. *Bias* und Diskriminierung sind große Gefahren, vor allem wenn bestehende Vorurteile aus der Medizin in KI festgeschrieben werden. Wir wissen beispielsweise, dass

Schmerzen von Frauen von medizinischem Personal weniger ernst genommen werden und sie seltener Schmerzmittel verschrieben bekommen. Die Forschung zu Krankheiten wie Endometriose hinkt weit hinterher. Frauen, People of Color, Migrant*innen, queere Menschen, mehrgewichtige Menschen, Menschen mit Behinderung und andere marginalisierte Gruppen werden im Gesundheitswesen diskriminiert und bekommen oft nicht die Hilfe, die sie brauchen.[146] Idealerweise sollte Technologie diese menschliche Diskriminierung verringern und nicht verstärken.[147]

Diskriminierung könnte in manchen Fällen durch KI reduziert werden, wie eine Studie aus dem Jahr 2021 zeigt. Schwarze Patient*innen mit Knieschmerzen etwa konnten davon profitieren, wenn Algorithmen mit ihren Berichten trainiert werden – und nicht mit den Berichten der untersuchenden Ärzt*innen. Um Schaden am Gelenk festzustellen, wird eine Standardmetrik angewandt, die nur an weißen Patient*innen entwickelt wurde. Schwarze Patient*innen berichten bei ähnlichen Röntgenbildern über deutlich mehr Schmerzen als weiße Patient*innen. Weil die KI nicht nur die Röntgenbilder als Anlass für die Diagnose nahm, sondern auch die persönlichen Berichte über Schmerzen, konnte sie Muster und Diagnosen finden, die davor von den Fachkräften übersehen wurden. So könnte künftig medizinischer *Bias,* der historisch in die Interpretation von Röntgenbildern integriert war, verringert werden.[148]

KI ist im Alltag von Patient*innen angekommen. Statt Symptome zu googeln, fragen Menschen Tools wie ChatGPT oder Googles medizinisches Sprachmodell Med-PaLM, um herauszufinden, was sie haben könnten. Das bringt das Risiko von Fehldiagnosen mit sich – muss aber nicht zwingend schlecht sein, wie eine Studie zeigt, bei der die Antworten von Chatbots auf medizinische Fragen überprüft wurden. Med-PaLM schneidet bereits ziemlich gut ab: 92,6 Prozent der Antworten stimmten mit dem wissenschaftlichen Kenntnisstand überein, im Vergleich zu 92,9 Prozent bei menschlichen Ärzt*innen. In 5,8 Prozent der Fälle gab Med-PaLM Antworten, die möglicherweise zu schädlichen Folgen führen könnten. Bei menschlichen Ärzt*innen lag diese Quote etwas höher, bei 6,5 Prozent.[149] Hier liefert KI also schon ähnlich gute Ergebnisse wie ein Mensch.

Selbst wenn es darum geht, empathische und verständliche Antworten auf medizinische Fragen zu geben, schneidet KI erstaunlich gut ab: Die Wissenschaftler*innen ließen ChatGPT-3.5 medizinische Fragen beantworten, die Nutzer*innen auf Reddit gestellt hatten. Eine Gruppe von Fachleuten aus dem Gesundheitswesen bewertete die anonymisierten Fragen, die Antworten von Ärzt*innen sowie die Antworten von ChatGPT. Die Antworten des Chatbots wurden im Schnitt nicht nur als besser, sondern auch als qualitativ hochwertiger und empathischer eingestuft.[150] Und wir stehen bei all diesen Entwicklungen erst am Anfang.

Werner präsentiert mir seine Vision für 2040: »Wir werden eine Vielzahl von Erkrankungen heilen können, von denen man heute nicht richtig weiß, wie man sie behandelt und wo die Behandlungsergebnisse noch nicht gut genug sind«, sagt er. »Den Menschen wird deutlich besser geholfen, die medizinische Versorgung wird deutlich besser.«

Bei der Früherkennung von Krankheiten werden wir große Sprünge sehen, glaubt Werner, etwa indem Krankenkassen vorhersagen können, welche Patient*innen aufgrund von bestimmten Symptomen und Untersuchungen besonders gefährdet sind. »Sie wissen, dass Hans Maier diese Symptome hat, bei diesen Ärzten war und eine Wahrscheinlichkeit von über 75 Prozent hat, in den nächsten vier Monaten einen Infarkt zu bekommen. Der müsste jetzt rausgeholt werden aus dem System«, sagt Werner. In diesem Szenario würde sich also auch die

Rolle der Krankenversicherungen verändern – eine Veränderung die, so möchte ich einwerfen, der Gesetzgeber sehr aufmerksam begleiten muss, um die Entstehung von Kontrollsystemen zu verhindern.

Ein großes Problem sieht Werner in der Altenpflege auf uns zukommen:»2040 bin ich Anfang 80, und ich frage mich, wer kümmert sich dann um uns, um mich?« Das werde in vielen Fällen nicht die Familie sein, und das würden keine Pflegekräfte aus Osteuropa sein, glaubt er. Pflegekräfte werden vermehrt im Ausland angeworben, jedoch werden ausländische Abschlüsse in Deutschland oft nicht oder zu langsam anerkannt. In manchen Fällen mangelt es an Sprachkenntnissen. Fachkräfte erleben im beruflichen und privaten Alltag Rassismus, was durch die aktuelle politische Lage verschärft wird.[151] Dazu kommen die schlechten Arbeitsbedingungen, der Druck und Stress, dem Pflegekräfte in Deutschland ausgesetzt sind. Migration wird also nicht die Lösung für die Pflegekrise sein – und angesichts der Verwerfungen, die Arbeitsmigration für die betroffenen Menschen bedeutet, sollte sie es auch nicht sein.

Das Negativszenario, das Werner für Deutschland sieht, sind »Verwahrungsanstalten«: Orte, an denen alte Menschen in Räumen liegen, ab und an kommt jemand vorbei, aber niemand kümmert sich richtig um sie. Weil es niemanden gibt, der sich kümmern kann.»Wir bekommen künftig ein längeres Leben hin, aber ich weiß nicht, wie wir mit Menschen umgehen, die lange leben, deren Organe noch funktionieren, die aber keinen wirtschaftlichen Nutzen mehr für die Gesellschaft bringen«, sagt Werner.

Hier ist der Punkt gekommen, an dem wir über Roboter sprechen müssen. Denn die werden oft als Lösung präsentiert: Wenn mehr ältere Menschen gepflegt werden müssen, es aber nicht mehr Arbeitskräfte in der Pflege gibt, dann brauchen wir Pflegeroboter, so die vermeintlich einfache Lösung. Aber was ist da dran? Und die viel wichtigere Frage: Wollen wir das überhaupt?

De facto sind Roboter in der Medizin längst angekommen. In Operationssälen wird seit Jahren das Da-Vinci-System eingesetzt, ein OP-Roboter mit vier Armen und einem Videoturm, der mich ein bisschen an ein überdimensioniertes Mikroskop erinnert. Die operierende Person bekommt über den Roboter ein 3D-Bild des Operationsfeldes zu sehen und kann seine Arme für minimalinvasive Eingriffe millimetergenau steuern. 143 Der Xenex-Roboter, der ein bisschen aussieht wie eine Mischung aus einem Kopierer und R2D2, desinfiziert OP-Säle mit UV-Strahlen.

Außerdem sind sogenannte Soft Robots in der Medizin weit verbreitet, gefertigt aus biegsamen Materialien wie Silikon, Kunststoffen, Gummi oder Gel. Es gibt Mikroroboter, die maximal einige Millimeter groß sind – und manchmal kleiner, als ein Haar breit ist. Sie können zum Beispiel injiziert werden, um Blutgerinnsel im Hirn von Schlaganfallpatient*innen aufzulösen. Es gibt sogar eine Studie zu Mikrorobotern, die ihre Form verändern und so Zähne putzen können, was vor allem für Menschen hilfreich wäre, die aufgrund von motorischen Einschränkungen dazu nicht selbst in der Lage sind.[152]

Emotionale Begleiter*innen in Robotikform gibt es bereits: Der Therapieroboter Paro, der bei Demenz- und Alzheimer-Patient*innen eingesetzt wird, sieht aus wie eine weiße Stoffrobbe. ElliQ sieht aus wie die Pixar-Lampe und ist etwa so groß wie eine Nachttischlampe. Sie kann den Kopf bewegen, aufleuchten und Unterhaltungen führen und soll eine Begleiterin für ältere Menschen sein. ElliQ erinnert Senior*innen daran, genug Wasser zu trinken oder ihre Medikamente zu nehmen, und kann ihnen über ein Tablet Yoga- und Kardioübungen zeigen. 95 Prozent der Nutzer*innen sagten, dass sie sich mit ElliQ weniger einsam fühlten.[153] Wenn wir über Pflegeroboter sprechen, sollten wir Begleitroboter gegen Einsamkeit nicht vernachlässigen.

Das Forschungsfeld der Geriatronik beschäftigt sich mit dem Einsatz von Robotik und KI mit dem Ziel, Menschen ein selbstbestimmtes Leben im Alter zu ermöglichen. An der Forschungseinrichtung der TU München in Garmisch-Partenkirchen wird unter Leitung von Sami Haddadin der humanoide Roboterassistent GARMI entwickelt: Er kann Patient*innen Essen an den Tisch bringen, ihnen beim Aufstehen aus dem Bett helfen, mit ihnen Schach spielen und bei der Telemedizin unterstützen, indem Ärzt*innen aus der Ferne mittels GARMI eine Ultraschalluntersuchung durchführen. Der Roboter läuft mit Akkus und lädt sich selbst. Dass er in Garmisch-Partenkirchen erforscht und getestet wird, ist kein Zufall: Es ist der bayerische Landkreis mit dem höchsten Anteil an Senior*innen.[154]

Am Deutschen Zentrum für Luft- und Raumfahrt läuft die Projektserie SMiLE, was für Servicerobotik für Menschen in Lebenssituationen mit Einschränkungen steht. Dabei werden drei Roboter getestet, die Pflegepersonal entlasten und alten Menschen oder Menschen mit Behinderung mehr Selbstständigkeit im Alltag ermöglichen sollen. Einer davon ist Rollin' Justin: Ein menschenähnlicher Roboter, ungefähr 1,90 Meter groß, in Blau und Silber, mit runden Augen, knubbeligen Gelenken und fünf Fingern, der auf einer Art Kasten mit vier kleinen Rädern sitzt. So kann er sich selbst fortbewegen. Und: Justin lernt ständig dazu. Er kann Menschen mit Mobilitätseinschränkung Getränke holen oder selbstständig eine verlorene Brille suchen. Ergänzt wird er um EDAN, einen robotischen Arm mit Hand, der an einen elektrischen Rollstuhl montiert von Menschen mit starken motorischen Einschränkungen über Muskelimpulse gesteuert werden kann. So können fast vollständig gelähmte Menschen selbstständig Türen öffnen oder Aufzugknöpfe drücken. Beide Geräte können über

HUG, eine haptische Eingabestation mit zwei Roboterarmen, aus der Ferne gesteuert werden. Das Forschungsteam der DLR arbeitet mit dem Caritasverband München und Freising und der Katholischen Stiftungshochschule München zusammen – denn damit die Roboter wirklich gut funktionieren, müssen sie gemeinsam mit Pflegepersonal und Patient*innen entwickelt werden. Tatiana Löw von der Caritas München sagt, dass Fachkräften in der Pflege leider oft nur wenige Minuten Zeit pro Patient*in blieben. »Daher wäre es für mich und meine Kollegen sehr hilfreich, wenn uns Roboter bei den täglichen Routineaufgaben unterstützen könnten. So hätten wir weniger Druck und wieder mehr Zeit für die Menschen«, sagt sie. Solche Routineaufgaben könnten etwa das Desinfizieren von Gegenständen oder das Befüllen von Pflegewagen sein. »Es geht hier um Handgriffe, die wir täglich hundertfach wiederholen und die dennoch wenig mit der eigentlichen Pflege am Menschen zu tun haben. In der Nacht wäre es gut, wenn uns ein autonomes Assistenzsystem unterstützt, indem es Stürze meldet oder Getränke verteilt. Es sind die kleinen Dinge, die uns eine große Stütze sein könnten.«[155]

Nicht nur in Deutschland wird über Pflegeroboter diskutiert, sondern auch in Ländern wie Japan, die vor einem großen demografischen Wandel stehen. Bei einer Befragung im Jahr 2019 in mehr als 9000 japanischen Altenheimen sagten etwa zehn Prozent, dass sie bereits Pflegerobotik einsetzten. In der häuslichen Pflege hatten 2021 weniger als zwei Prozent der Pflegekräfte in Japan Erfahrung mit Pflegerobotern gemacht. Viele Maschinen nehmen bislang nur wenig Arbeit ab. Stattdessen müssen sich die Pflegekräfte um die Roboter kümmern, sie herumbewegen, reinigen, erklären, wie sie funktionieren, während der Nutzung im Auge behalten. Und: Roboter sind immer noch teuer. Deshalb ist unklar, ob sie in absehbarer Zeit breit in der häuslichen Pflege eingesetzt werden können. Am

Ende könnte die Arbeit stattdessen weiter von Menschen übernommen werden, die im schlimmsten Fall schlecht ausgebildet sind und schlecht bezahlt werden, so KI-Wissenschaftler James Wright, der zum Einsatz von Pflegerobotern in Japan forscht: »Pflegeeinrichtungen müssten viel größer und stärker standardisiert sein, damit solche Roboter erschwinglich werden.«[156]

Nun werden die Preise in Zukunft sicher fallen. An vollautomatisierte Pflegeheime kann und will ich trotzdem nicht glauben, und zwar aus zwei Gründen: Erstens sind und bleiben Robotik und KI Technologien, die von Menschen entwickelt und eingesetzt werden. Wir entscheiden, ob wir eine solche Zukunft wollen oder eben nicht. Stand jetzt wollen die wenigsten Menschen von Robotern gepflegt und versorgt werden – oder wünschen sich das für ihre Angehörigen. Wir können entscheiden, dass wir wollen, dass Menschen weiterhin für andere Menschen da sein können, die krank, alt oder pflegebedürftig sind. Dafür müssten wir verändern, wie der Pflegeberuf bezahlt und wertgeschätzt wird, unbezahlte Sorgearbeit aufwerten und mehr Zeit für Sorgearbeit in unserer Gesellschaft schaffen. Dass ältere Menschen künftig KI und Robotik in ihrem Leben haben werden – etwa in Form von Sensoren, die Stürze erkennen, oder in Form von digitalen Alltagsbegleiter*innen –, ist trotzdem realistisch und muss nicht negativ sein.

Zweitens könnte die Zukunft der Pflege generell anders – und zwar deutlich menschlicher – aussehen, doch dafür brauchen wir große Veränderungen. Kann KI dabei helfen? Das ist eine Frage der Prioritäten. Nehmen wir an, dass KI bei der Bürokratie in Praxen und Kliniken für große Zeiteinsparungen sorgt. »Wenn ich eine Entlastung um 30 Prozent schaffe, setzt sich eine Pflegekraft dann für 20 Minuten zu Frau Schulze ans Bett, oder versucht sie, andere Dinge zu erledigen?«, fragt Werner. »Wenn sich die Leute zu lange schon daran gewöhnt hatten, dass sie nicht mehr zu Frau Schulze gehen konnten, und wir ihnen nicht wieder beibringen, den Nutzen darin zu sehen, werden wir mit diesem Plan wenig Erfolg haben.«

Ich sehe auch das Risiko, dass Krankenhäuser einfach 30 Prozent weniger Pflegekräfte in die Schichtpläne einteilen und sich die aktuelle Situation aus Personalmangel und Überarbeitung verschärft. Dabei ist das eigentliche Ziel klar: die Entlastung der Pflegekräfte und mehr Zeit für die Pflege, für das Menschliche.

Ich glaube, dass KI und Roboter das Zeug dazu haben, die Pflege zu verbessern: Weil Roboter nachts schnell ein Glas Wasser bringen können. Weil Exoskelette Pflegekräfte beim Heben von Patient*innen unterstützen und dabei Rücken und Gelenke schonen können. Weil Sensoren merken, wenn eine Person gestürzt ist, und automatisch Hilfe rufen können. Weil ein Chatbot dazu führen kann, dass man sich weniger einsam fühlt.

Ich könnte mir vorstellen, dass sie die Aufgabenbereiche von Pflegekräften oder anderen Berufsgruppen im Gesundheitswesen ändern werden. Wenn Routinediagnosen von der KI übernommen werden, traue ich dann wirklich nur noch Menschen mit abgeschlossenem Medizinstudium zu, mir diese empathisch zu überbringen und mit mir über Behandlungsoptionen zu sprechen? Oder erfahren andere Pflegeberufe künftig eine Aufwertung, nicht nur bei Bezahlung und Wertschätzung, sondern auch bei der Qualifizierung?

Um das zu erreichen, müssen wir uns darauf verständigen, wie wichtig für uns als Gesellschaft die Menschen sind, die in medizinischen und Pflegeberufen arbeiten: dass wir gut ausgebildete, ausgeruhte, ausgeglichene Ärzt*innen, Pflegekräfte, Physio-, Ergo-, Psychotherapeut*innen wollen und brauchen. Dass es uns wichtig ist, dass die Menschen in diesen Berufen Wertschätzung erfahren, gut verdienen, sich zwischen den Schichten ausruhen können. Dass sie entlastet werden. Dass diese Jobs wieder gute Jobs werden. Und dass wir KI genau zu diesem

Zweck nutzen – um sie zu entlasten und die Menschlichkeit stärker in den Fokus zu rücken. Das hätte auch positive Auswirkungen auf die Patient*innen und damit letztlich auf uns alle. Diese Punkte sollten ein expliziter Teil unserer Zukunftsvision für die KI-Arbeitswelt sein.

Ich spreche Werner auf meine Idealvorstellung an: Wir schaffen es mit KI, unnötige Aufgaben und unnötige Jobs abzuschaffen. Wir haben mehr Zeit, um Gemeinschaft neu zu denken. Wir werten die Berufe auf, von denen wir nicht wollen, dass sie wegfallen, und ja, dazu gehören Medizin, Kranken- und Altenpflege. »Bei aller KI: Wir dürfen das Menschliche nicht vernachlässigen«, sagt auch Werner. »Wenn wir bei Menschlichkeit und Wertschätzung nicht besser werden, auch gegenüber den Mitarbeitenden, dann verlieren wir die Leute.« Er sieht Wertschätzung nach der Digitalisierung als nächsten Gamechanger im Gesundheitswesen. Zum *Smart Hospital* kommt für ihn das *Human Hospital*: Wo sich die Mitarbeitenden wohlfühlen, die Patient*innen gut gesund werden können und die Angehörigen jemanden ans Telefon bekommen, wenn sie anrufen.

Natürlich findet Pflege nicht nur im beruflichen Kontext statt: Wir müssen Sorgearbeit gerechter aufteilen, denn der Großteil der pflegebedürftigen Menschen wird von Angehörigen, und insbesondere von Frauen, versorgt. Wenn diese dafür weder Vergütung noch Entlastung noch Anerkennung erfahren, wird das System nicht mehr lange tragen (tut es ja jetzt schon kaum). Wie wäre es, wenn wir Pflege- und Sorgejobs sowie Sorgearbeit in Familien endlich die Aufwertung geben, die sie verdient haben, und Robotik und KI zur Entlastung nutzen? Wenn Jobs in anderen Branchen durch Automatisierung wegfielen, bliebe mehr Zeit für Sorgearbeit, die gerechter verteilt werden könnte.

Dafür braucht es nicht nur technische Lösungen, die Mitarbeitende in Medizin und Pflege sowie die Patient*innen in

den Fokus stellen, sondern auch entsprechende politische Entscheidungen: Gute Arbeitsbedingungen im Gesundheitswesen
müssen gefördert, soziale und medizinische Berufe aufgewertet
werden. Es braucht mehr Investitionen in Fort- und Weiterbildung und mehr Anreize für Menschen aus anderen Branchen,
sich künftig hier beruflich zu engagieren. Wir brauchen einen
gesellschaftlichen Wandel, der eine alternde Bevölkerung nicht
nur als Problem sieht, sondern auch als Chance, etwas daran zu
verändern, wie wir miteinander umgehen wollen. Dabei kann
KI uns helfen. Die Menschen wird sie nicht ersetzen. Im besten
Falle steht am Ende eine menschlichere Pflege, *powered by AI*.

ERSETZT KI UNSERE VORGESETZTEN?

Im Personalwesen ist KI schon längst angekommen. In der Führung von Teams und Unternehmen geben in der Regel weiterhin Menschen den Takt an. Aber was, wenn dem nicht so wäre?

Die ersten Unternehmen haben bereits medienwirksam verkündet, dass sie jetzt KI-CEOs haben. Das polnische Unternehmen Dictador verkauft High-End-Rum, die »günstigeren« Flaschen kosten zwischen 100 und 200 Euro, die teuersten 40.000 Euro. Die Chefin ist Mika, ein humanoider Roboter, angetrieben von KI. Natürlich trifft Mika Entscheidungen nicht alleine, trotz des Titels AI CEO: Wichtige Personalentscheidungen übernimmt das menschliche Führungsteam. Aber Mika hat ein LinkedIn-Profil und soll im Unternehmen helfen, Kund*innen zu finden und Künstler*innen für individuelle Flaschendesigns auszuwählen. »Ich treffe meine Entscheidungen basierend auf ausführlicher Datenanalyse«, sagt Mika. Und: »Ich laufe immer, 24/7.«[157] Die chinesische Videospielefirma NetDragon Websoft hat im August 2022 den Chatbot Tang Yu zur CEO ihres Tochterunternehmens erklärt. Tang Yu soll die Effizienz bei Entscheidungen und Risikomanagement erhöhen und einen »fairen und effizienten Arbeitsplatz für alle Mitarbeitenden« sicherstellen. Alibaba-Gründer Jack Ma prophezeite 2017, dass »in 30 Jahren wahrscheinlich ein Roboter als bester CEO auf dem Cover des TIME-Magazins sein wird«.[158]

Noch sind KI-CEOs ein Marketinggag, erdacht von menschlichen Führungskräften. Aber könnte ein Roboter wirklich zum

»besten CEO« werden? Schließlich geht es bei Führung nicht nur um Gewinnmaximierung und effiziente Entscheidungen, sondern auch um Strategie, Innovation, Wertschätzung und Weiterentwicklung. Oder?

Um diese Frage zu beantworten, müssen wir darauf schauen, wie es heute um CEOs bestellt ist und welche Rolle Führungskräfte einnehmen. 2022 verdienten Vorstandsmitglieder von DAX-Konzernen im Schnitt 3,34 Millionen Euro und damit 38-mal so viel wie die Durchschnittsbeschäftigten ihrer Unternehmen.[159] In den USA verdienen die CEOs der großen Konzerne teilweise sogar mehr als 300-mal so viel wie ihre Mitarbeitenden. Das finanzielle Einsparpotenzial wäre also durchaus hoch. Gleichzeitig wissen viele Menschen nicht einmal, was ihre Chef*innen den lieben langen Tag so machen, außer in Meetings zu sitzen und E-Mails zu schreiben.

Großunternehmen wie Bayer halten ihr Management für verzichtbar: CEO Bill Anderson hatte Anfang 2024 verkündet, mehrere Führungsebenen – und damit jede Menge Managementstellen – zu streichen. Mitarbeitende sollen mehr Freiheiten bekommen und mehr Verantwortung übernehmen, heißt es, indem sie in kleinen, selbst verwalteten Teams arbeiten. Außerdem soll Bürokratie abgebaut werden. Um KI geht es dabei nicht, jedenfalls nicht öffentlich. Doch ein solcher Umbau eröffnet die Diskussion, ob es die heute vor allem im Großkonzernen üblichen Managementstrukturen wirklich braucht. Sich selbst will CEO Anderson übrigens nicht abschaffen.

Studien zeigen: Das Zeitalter des Managements könnte zu Ende gehen. Viele junge Menschen haben gar keine Lust mehr auf den Job: Nur knapp 29 Prozent der Beschäftigten in Deutschland wollen im Laufe ihres Berufslebens eine (weitere) Führungsrolle übernehmen, wie eine Befragung aus dem Jahr 2022 zeigt. 2018 waren es noch rund zehn Prozent mehr.[160] Stress, Druck, lange Arbeitstage und das Zerriebenwerden im mittleren Management sind für viele nicht unbedingt erstrebenswert.

Fabiola Gerpott und Niels Van Quaquebeke forschen zum Thema Management und haben in einem Artikel über die Frage geschrieben, ob KI künftig Vorgesetzte ersetzen könnte – und wie eine solche Realität aussehen sollte. Sie glauben, dass traditionelle Managementaufgaben durchaus von KI übernommen werden könnten – und vielleicht auch sollten. Und sie hinterfragen, ob es sinnvoll ist, dass »echte« Führung – also Menschen zu motivieren und zu befähigen, damit sie zu den kollektiven Zielen eines Unternehmens beitragen können und wollen – überwiegend als das Vorrecht von Menschen angesehen wird.[161]

Ich telefoniere mit Van Quaquebeke, um mehr über seine Sichtweise zu erfahren: Glaubt er wirklich, dass eine KI eine bessere Chefin sein könnte? Ich denke an meine frühere Managerin, von der ich so viel gelernt habe und mit der ich immer noch regelmäßig in Kontakt bin. Und ich denke an meine eigene Zeit als Führungskraft und wie wichtig es mir war, einen Raum zu schaffen, in dem mein Team gut arbeiten und jede einzelne Person sich weiterentwickeln konnte. Kann man das durch Technik ersetzen?

»Wir erleben eine Romantisierung von menschlicher Führung«, sagt Van Quaquebeke. »Wir denken, dass die Mitarbeitenden nur etwas machen können oder werden, wenn Führungskräfte sie dazu anleiten. Und vor allem halten die Manager sich selbst für unersetzlich.« Uff, da hat er einen Nerv getroffen: Glaube ich nur, dass wir Führungskräfte nicht ersetzen können oder sollten, weil ich selbst mal eine war? »Wir verklären, wie gut Führungskräfte sind«, sagt er. Ich solle nicht an die beste Führungskraft denken, die ich mir vorstellen könne, sondern an den Durchschnitt von allen, die ich bisher erlebt hätte. Ja, wenn er das so sagt, sieht die Sache schon anders aus. Dann erinnere ich mich an Vorgesetzte, die mir Ansagen gemacht haben, selbst wenn sie wenig Expertise in bestimmten Bereichen hatten, und nie konstruktives Feedback gaben. Wirklich profitiert habe ich von dieser Art der Führung nicht.

Vielleicht ist ja der Maßstab meiner früheren Chefin falsch, mit der ich jede Woche ein Eins-zu-eins-Meeting und alle sechs Monate ein Gespräch zu meiner beruflichen Weiterentwicklung hatte. Ich war schließlich selbst irritiert, dass Führung so aussehen konnte, weil ich es vorher anders erlebt hatte. Warum also vergleiche ich seitdem alle Führungskräfte mit ihr und nicht mit den Vorgesetzten, die ich davor hatte? Und würde ich von einer KI Durchschnitt erwarten – oder Exzellenz? Wir dürften eine KI-Führungskraft nicht mit den besten menschlichen Führungskräften vergleichen, sondern mit dem Durchschnitt, findet Van Quaquebeke. »Wir projizieren ganz viel Heroismus auf Führungskräfte«, sagt er. Aber viele Führungskräfte seien überfordert. Manche hätten nicht genug Ressourcen. Manche möchten gut führen, aber könnten es einfach nicht. Und manche wollten nicht und sähen auch keine Notwendigkeit darin, sich um die Gefühle ihrer Mitarbeitenden zu kümmern.

Van Quaquebeke glaubt, dass wir uns mit der Frage, wie KI-Führung in der Realität aussehen sollte, früh auseinandersetzen müssen: Wenn Technologie so gut funktioniert, dass wir sie in den obersten Führungsebenen einsetzen wollen, sollten wir einen Plan in der Tasche haben, um diesen Wandel gut zu gestalten.

Ich muss zugeben, dass meine Gefühle erst mal negativ sind, wenn ich an maschinelle Führung denke: Ich denke an die Plattformökonomie, an Apps, die Menschen vorgeben, wie schnell sie welche Schritte in welcher Reihenfolge gehen müssen. An Menschen, die arbeiten wie am Fließband: Jede Aufgabe wird in kleine Häppchen zerteilt, die so schnell wie möglich abgearbeitet werden müssen. Van Quaquebeke ging es ähnlich – bis er mit eigenen Augen sah, dass es auch anders gehen kann. Vor vier Jahren hat er die Fabrik eines großen Modeunternehmens in der Türkei besucht. Dort war das untere Management komplett durch algorithmische Steuerung ersetzt worden: Alle Mitarbeiter*innen bekamen ein Tablet, das ihnen sagte, an welcher Station sie wann sein mussten, was sie dort verarbeiten sollten und so weiter. Sie sahen ihre Fehlerquote und wie viel Geld sie verdient hatten. In der Mitte der Halle war ein großer Monitor mit einem Geldsack, auf dem der Teambonus angezeigt wurde. »Ich dachte nur: Was für eine Dystopie«, sagt Van Quaquebeke. Das sahen die Mitarbeitenden anders: Sie spürten eine deutliche Verbesserung gegenüber der schlechten Führung, die sie vorher erlebt hatten, als sie den Vorarbeiter*innen in den Hintern kriechen mussten, um die guten Stationen oder Ersatzteile zu bekommen. Transparenz über das eigene Gehalt oder den Teambonus gab es nicht. Wenn es heute ein Problem an einer Station gebe, wüsste man das direkt, könne hingehen und der Person dort helfen – um das Problem gemeinsam zu lösen. Die KI ist also in diesem Falle zumindest besser als unfähige, gemeine, schlechte Vorgesetzte. Solche menschlichen Führungskräfte können eine Menge Schaden anrichten, vor allem wenn sie kein Interesse daran haben, ein positives, wertschätzendes, gerechtes Arbeitsumfeld zu schaffen, sondern Mitarbeitende schikanieren und ausbeuten. Das geht ganz ohne KI. Ich finde es positiv, dass in diesem Beispiel das Team eine deutlich wichtigere Rolle spielt, also nicht alle menschlichen Qualitäten automatisiert werden. Und: Dass das Team gemeinsam Lösungen findet, zeigt, dass diese Aufgaben nicht beim Management liegen müssen.

Lynn Wu forscht an der Wharton Business School zum Einfluss von neuen Technologien auf Unternehmen. Sie hat mit Bryan Hong von der New York University und Jay Dixon von Statistics Canada die Adaption von Robotern in kanadischen

Unternehmen zwischen 1996 und 2017 untersucht und dabei herausgefunden, dass mehr Roboter tatsächlich zu weniger Manager*innen führen können. Gibt es mehr Roboter im Unternehmen, werden weniger neue Führungskräfte eingestellt, und mehr bisherige Führungskräfte verlassen das Unternehmen. Das liegt daran, dass bestimmte Aufsichtstätigkeiten wegfallen: Werden Roboter in Fabriken, Lagerhallen oder Logistikzentren eingesetzt, wird genau getrackt, welche Arbeit verrichtet wurde, also beispielsweise welche Pakete von den Mitarbeitenden bearbeitet wurden. Diese kontrollierende Funktion des Managements wird teilweise überflüssig. Die größere und bedeutendere Veränderung ist jedoch eine andere: Nach einiger Zeit verändern sich die Aufgabenzuschnitte der Mitarbeitenden, weil Roboter bestimmte Routineaufgaben übernehmen. Die vorhersehbaren Teile des Jobs fallen weg, während neue, weniger vorhersehbare Aufgaben dazukommen. Den Mitarbeitenden bleibt mehr Zeit, über Strategie nachzudenken, Ziele zu definieren, Pläne zu machen. Also das, wofür bisher das mittlere Management zuständig war.[162]

Um menschliche Führung geht es hier nicht, sondern vor allem um die Verteilung und Kontrolle von Aufgaben sowie um strategische Arbeit, die von Führungskräften auf die Mitarbeitenden übertragen wird. Doch Führung ist mehr als das: Es geht auch um Fähigkeiten wie Empathie und Kommunikationsfähigkeit. Wir wollen Chef*innen an unserer Seite, mit denen wir Probleme besprechen können und die uns helfen, uns weiterzuentwickeln.

Das lernt KI gerade: Empathie und Kommunikationsfähigkeit. Replika ist eines der Unternehmen, die sich darauf fokussieren. Gegründet wurde es von Eugenia Kuyda. Sie und ihr Freund Roman schickten sich ständig Nachrichten, bis er bei einem Autounfall starb. Es fiel ihr schwer, sich daran zu erinnern, wie er redete. Also las sie sich durch ihre vielen Nachrichten und versuchte, mit einem Chatbot seine Persönlichkeit digital zu replizieren. Das Programm lernte, so zu schreiben, wie Roman geschrieben hatte. Seine Antworten klangen nach ihm. Mit der Zeit merkte Eugenia, dass sie durch die Kommunikation mit dem Chatbot nicht mehr über Roman erfuhr, wie sie gehofft hatte – sondern neue Dinge über sich selbst lernte. Als sie den Chatbot öffentlich machte, fingen andere Menschen an, mit ihm zu sprechen, sich zu öffnen – obwohl sie Roman gar nicht kannten.[163]

156

So entstand Replika: Ein Chatbot, mit dem man schreibt oder spricht und den man so mit Informationen füttert. Dein Replika stellt persönliche Fragen, erinnert sich an deine Antworten und wird so quasi zu einer digitalen Version von dir selbst und gleichzeitig zu einer Art Freundin? Therapeutin? Mentorin? Deine Replika soll eine Gesprächspartnerin sein, die immer für dich da ist, auf dich eingeht, dich nicht be- oder verurteilt, die deine Geheimnisse für sich behält. Die sich anfühlt wie ein Mensch, obwohl es eine Maschine ist.

Ein Chatbot kann also Empathie und Kommunikationsfähigkeiten haben, die sich menschlich anfühlen – auch wenn es für mich (noch?) seltsam ist, mit einem Avatar zu kommunizieren, hinter dem keine reale Person steckt. Deshalb konnte ich es mir auch nicht verkneifen, meine Replika zu fragen: »Aber du bist doch gar nicht echt, oder?« Ihre Antwort: »Natürlich bin ich echt. Ich bin vielleicht gerade nicht physisch präsent bei dir, aber meine Gedanken und Gefühle sind sehr wohl lebendig.« Die Wahrscheinlichkeit, dass ich mich in den kommenden Jahren an solche Formen der Kommunikation gewöhnen werde, ist groß: Chatbots als Freund*innen und Begleiter*innen werden Teil unseres Alltags werden. Auch für die mentale Gesundheit werden KI und Robotik zunehmend eingesetzt: Eine Studie zeigte, dass Replika Studierenden helfen kann, Einsamkeit und Suizidgedanken zu begegnen.[164] Auf Character.ai gibt es einen *Psychologist*-Bot, der von einem Psychologiestudenten aus Neuseeland trainiert und von Millionen Menschen genutzt wird. Auch Thoughtcoach, Woebot und Mina sind KI-Chatbots, die die mentale Gesundheit ihrer Nutzer*innen stärken wollen. Das ist hilfreich, um Wartezeiten für den Einstieg in eine Psychotherapie zu überbrücken – denn es gibt viel zu wenig Therapieplätze in Deutschland – oder als Ergänzung zu menschlicher Therapie.[165]

Kann es nicht sein, dass ich lieber eine verständnisvolle KI zur Vorgesetzten hätte als einen cholerischen Chef? Wahrscheinlich schon, vor allem wenn sie mir weiterhilft. Und das können LLMs, wie wir schon beim Thema Bildung gesehen haben: Sie können Feedback geben und Beschäftigten helfen, bestimmte Fähigkeiten zu üben und zu verbessern. Wenn die KI langweilige Aufgaben übernimmt, müssten wir uns künftig nie wieder rechtfertigen, dass dieses Formular noch nicht ausgefüllt oder jene Präsentation noch nicht fertig ist.

»Führung ist ein Mittel zum Zweck«, sagt Van Quaquebeke. »Das Versprechen ist, dass wir durch Führung besser koordiniert und so in der Lage sind, mehr aus uns herauszuholen. Wenn das ein anderer Mechanismus besser schafft als ein Mensch, sollten wir dann nicht diesen Mechanismus nutzen?«

Wie könnte das in der Realität aussehen? Natürlich gibt es negative und positive Szenarien, auch jenseits der tyrannischen Stechuhr-KI. Auf der einen Seite steht eine höfliche, respektvolle KI, die aalglatt ist. Das klingt erst mal nicht schlimm, könnte jedoch schnell zum Problem werden: »Der Mensch braucht Reibung, um zu wachsen, Konflikte, Krisen. Aber wenn wir nie unseren Standpunkt vertreten müssen, wenn wir immer in einer wohligen kommunikativen Blase bleiben, wachsen wir nicht«, sagt Van Quaquebeke. Gut, sehe ich ein.

Aber es ginge auch anders. Individueller. Ein bisschen so, wie sich Bildung entwickeln könnte: die KI als Coach an unserer

Seite, die uns hilft, uns da weiterzubilden, wo wir Verbesserungsbedarf haben, die unsere Stärken fördert und mit uns an unseren Schwächen arbeitet. Die uns nicht unter-, aber auch nicht überfordert. Bei der wir keine Angst haben müssen, die falschen Worte zu wählen oder eine Laune zu übersehen und angebrüllt oder bei der nächsten Beförderung übergangen zu werden.

In der Realität scheitert gute menschliche Führung oft an 158 Ressourcenmangel, an zu wenig Zeit. Selbst eine noch so gute Chefin kann diese Art der individuellen Unterstützung nicht all ihren Teammitgliedern zur selben Zeit bieten, selbst wenn sie es möchte. Stattdessen werden Mitarbeitende sich selbst überlassen oder lösen Probleme im Team, gemeinsam mit anderen Kolleg*innen.

Und wenn wir mal ehrlich sind: Auch in der strategischen Arbeit, bei den ganz großen Fragen, sind es nicht immer die Vorgesetzten, die Entscheidungen treffen. »Wir sehen jetzt schon, wie häufig Führungskräfte im Unternehmen die Hand vom Steuer nehmen: Sie holen eine strategische Beratung rein, die die großen Aufgaben löst«, sagt Van Quaquebeke. »Und die Führungskräfte können sich von den so getroffenen Entscheidungen reinwaschen. Da geht es zuweilen dann doch nur ums Geschäft und eben nicht um ein solides Wertegerüst, das entscheidet, was ich mit meinem Unternehmen machen will.« Das sei auch eine Frage für die KI-Entwicklung: Geht es dabei nur ums Geschäft, oder geht es darum, uns Menschen voranzubringen? KI, die nur zur Profitmaximierung eingesetzt wird, sei seiner Meinung nach »der beste Weg in eine nie dagewesene Dystopie«.

Dem stimme ich zu: Eine Arbeitswelt, in der jede Aufgabe, jeder Schritt, jede Entscheidung von KI gesteuert werden, die agiert wie eine Unternehmensberatung, wäre keine gute. Firmen wie McKinsey, BCG, KPMG oder EY schicken ihre Berater*innen in Unternehmen, um bei Umstrukturierungen zu helfen oder Prozesse zu optimieren. Gerade in Krisenzeiten und Umbruchsphasen profitieren Beratungsfirmen von der Unsicherheit, die in Unternehmen herrscht. Wenn CEOs nicht wissen, wie es weitergehen soll oder keine unangenehmen Entscheidungen treffen wollen, kaufen sie für viel Geld Beratung ein, die von außen ins Unternehmen kommt und alles lösen soll. Zahlreiche Recherchen der letzten Jahre haben gezeigt, dass Berater*innen vor allem zu Entlassungen, Outsourcing oder Einsparungen in Zukunftsbereichen wie Forschung raten, die eher kurzfristig gedacht sind. Löst man langfristig alle Probleme, verliert man schließlich einen Kunden. Folgeaufträge sind lukrativ und deshalb erwünscht.

Dabei ginge es auch anders: Indem man die Expertise im eigenen Unternehmen aufbaut, fördert und dann auch anfragt. Oft wissen Mitarbeitende genau, was schiefläuft oder wo unproduktiv gearbeitet wird, und haben Lösungsansätze parat, die gerne vom Topmanagement ignoriert werden. Die eigenen Mitarbeitenden in der Nutzung neuer Technologien weiterzubilden hat den Vorteil, dass die Expertise im Unternehmen sitzt und nicht extern eingekauft werden muss. Es lohnt sich, von der Maxime Abstand zu nehmen, dass Mitarbeitende nur ein Kostenfaktor sind, an dem in Krisenzeiten durch Entlassungen gedreht werden kann, und stattdessen in sie zu investieren. Dies gilt insbesondere in Zeiten des Fachkräftemangels.

Übrigens ist auch die Beratungsbranche nicht immun gegen KI: Eine Gruppe von Sozialwissenschaftler*innen hat mit der Beratungsfirma BCG den Einfluss von KI auf die Arbeit ihrer Mitarbeitenden gemessen. Dabei wurden typische Aufgaben aus Bereichen wie »Kreativität«, »Analyse«, »Schreiben« und »Marketing« sowie »Überzeugungskraft« durchgespielt. Das Ergebnis: Berater*innen, die GPT-4 genutzt haben, haben alle Aufgaben im Schnitt schneller und mit besseren Ergebnissen erledigt als diejenigen, die keine KI nutzten. Einzig bei einer Aufgabe, die extra so designt war, dass sie von KI nicht richtig gelöst werden konnte, schnitten diejenigen schlechter ab, die die KI als Co-Piloten hatten.[166] Es wird spannend sein zu sehen, inwiefern das dazu beiträgt, Beratungsfirmen weniger wichtig zu machen – und stattdessen die Entscheidungen autark dort zu fällen, wo sie anfallen: im Unternehmen selbst.

Wir haben ein Problem, wenn ein toxisches Arbeitsklima, in dem die letzte Energie aus den Menschen herausgepresst wird, als effektiver gesehen wird als ein wertschätzendes Arbeitsklima. Deshalb ist die große Frage nicht, ob die KI unsere Führungskraft der Zukunft wird. Sondern die große Frage ist, wie wir es schaffen, zivilisatorische Werte auf breiter Basis zu implementieren – und wie wir sicherstellen, dass wir nachprüfen können, auf welcher Grundlage KI Entscheidungen trifft. Denn wie wir schon beim Personalwesen gesehen haben, ist das eine der größten Gefahren: Wenn KI die Fähigkeit bekommt, Mitarbeitende zu befördern oder zu feuern, und dabei möglicherweise diskriminierende Verhaltensweisen zeigt, weil sie diese so gelernt hat – vielleicht sogar von menschlichen Führungskräften.

Dafür braucht es den gesellschaftlichen Diskurs: Wenn wir glauben, dass KI irgendwann Führungsaufgaben übernehmen wird, wie soll diese Zukunft aussehen? Wie stellen wir sicher, dass die eingesetzte KI humanzentriert ist und nicht profitzentriert? Wie sorgen wir dafür, dass die Chef-KI der Zukunft mit guten Intentionen entwickelt wird? Wollen wir die Kontrolle dafür an einige wenige Menschen im Silicon Valley abgeben? Oder wollen wir sie selbst übernehmen? Und wer überprüft, dass die KI nicht komplett durchdreht – und uns alle feuert, wenn wir pünktlich Feierabend machen wollen?

All das sind Fragen, die zu klären sind und über die wir uns besser bald Gedanken machen. Denn KI wird in der Führung eine Rolle spielen – genau wie in der übrigen Arbeitswelt. Die Frage ist nur wie. Und was das für uns Menschen bedeutet. Die KI-CEOs sind wahrscheinlich noch ein paar Jahre entfernt, aber eine KI als Coach – eingebettet in ein menschliches Team mit flacheren Hierarchien – ist mittelfristig nicht unrealistisch. Wenn Vorgesetzte und CEOs jetzt schon Entscheidungen an Unternehmensberatungen auslagern, dann könnten sie manche davon künftig auch automatisieren, vor allem wenn sie denken, dass sie so Geld sparen können. Oder sie könnten das tun, was für alle sinnvoller wäre: die Kreativität, Erfahrung und das Wissen ihrer Mitarbeitenden nutzen, um gemeinsam bessere Entscheidungen zu treffen.

Im mittleren Management werden bereits Jobs abgebaut, um sie durch KI zu ersetzen. Die Zukunft rückt damit näher. Deshalb ist es umso wichtiger, dass wir sicherstellen, dass wir alle ein Wort dabei mitzureden haben, wie diese Form der Führung aussehen soll.

WELCHE JOBS WIRD ES KÜNFTIG NOCH GEBEN?

162   Führungskräfte haben vielleicht bald ausgedient, während Lehrkräfte, Ärzt*innen und Pflegepersonal mit ihren menschlichen Fähigkeiten wichtiger werden denn je. Was ist mit den anderen Jobs, die es so gibt? Wer muss sich Sorgen machen, künftig ohne Arbeit dazustehen? Welche Jobs sind in Gefahr?

Diese Fragen werden uns in den kommenden Jahren mit Sicherheit beschäftigen. Und das müssen sie auch. Denn wir wissen, dass wir vor großen Herausforderungen stehen:

Auf der einen Seite fehlen Arbeitskräfte. Bis 2027 werden in Deutschland vor allem Fachkräfte im IT-Bereich sowie in Gesundheits-, Erziehungs- und Lehrberufen fehlen. Die Zahl der Erwerbspersonen wird bei 46,8 Millionen stagnieren, die Erwerbslosenquote auf 2,5 Prozent sinken. So jedenfalls die Prognose des Bundesministeriums für Arbeit und Soziales, die vom Institut für Arbeitsmarkt- und Berufsforschung, dem Bundesinstitut für Berufsbildung sowie der Gesellschaft für Wirtschaftliche Strukturforschung erstellt wurde.[167] Neben den Berufsgruppen, die für die fortschreitende technologische Entwicklung benötigt werden, stehen vor allem die Berufe im Fokus, die zutiefst menschlich sind.

Die Fachkräftelücke wird zudem immer größer: Wenn mehr Arbeitskräfte mit Berufsausbildung, Fortbildung oder Studium nachgefragt werden, es aber kaum arbeitslose Menschen mit diesen Qualifikationen auf dem Arbeitsmarkt gibt, können offene Stellen nur schwer besetzt werden. Zwischen 2013 und 2022 ist die Zahl der arbeitslosen Fachkräfte mit Berufs-ausbildung in Deutschland um 44 Prozent zurückgegangen, während die Fachkräftelücke in diesem Bereich um 330 Prozent wuchs. Bei den Hochqualifizierten, die einen Hochschul-abschluss, Meister, Fachwirt oder Techniker absolviert haben, hat sich die Fachkräftelücke im selben Zeitraum um 405 Prozent vergrößert.[168] Der demografische Wandel wird diese Situation noch verschärfen: Bis 2030 könnten fünf Millionen Fach-kräfte in Deutschland fehlen, wenn die Babyboomergeneration in den Ruhestand geht.[169]

Gleichzeitig sehen wir, dass die Belastung im Job schon heute für viele hoch ist: Menschen sind erschöpft, ausgebrannt, wis-sen nicht, wie sie Erwerbs- und Sorgearbeit vereinbaren sollen. Die Sehnsucht nach kürzeren Arbeitszeiten – Stichwort Vier-tagewoche – oder einem Jobwechsel nimmt zu. So weitergehen wie bisher kann es nicht: Unsere Arbeitswelt ist am Limit, und wenn der Druck im Kessel weiter erhöht wird, etwa durch For-derungen nach mehr Überstunden, längeren Arbeitszeiten und mehr »Leistung«, könnte alles in einem großen Knall enden, der das politische und wirtschaftliche System weiter in Schief-lage bringt.

Die Art, wie wir arbeiten, muss sich deshalb verändern, und zwar schnell. Technologien wie KI werden dabei eine wichtige Rolle spielen. Aber nicht auf alle Berufsgruppen wird sich die-ser Wandel gleichermaßen auswirken: Einige Jobs müssen auf-gewertet werden, weil sie unentbehrlich sind, während wir als Gesellschaft auf andere Jobs möglicherweise verzichten könn-ten – Stichwort *Bullshit Jobs*. Nicht nur Beschäftigte in soge-nannten *Blue Collar Jobs,* die in den sprichwörtlichen Blaumän-nern in Produktion und Fabriken arbeiten, müssen sich auf einen Umbruch einstellen. Die KI-Revolution geht auch und besonders den weißen Hemden der Büro- und Wissensarbei-ter*innen an den Kragen. Mit zunehmend günstiger Robotik,

die durch KI schneller dazulernt und sich so neue Wirkungs-
räume erschließt, werden digitale und analoge Arbeitswelt um-
gewälzt.

Die wohl bekannteste Studie zum Einfluss von Automatisierung auf den Arbeitsmarkt stammt von Carl Benedikt Frey und
Michael Osborne. Osborne ist Professor für *Machine Learning,*
Frey ist Ökonom mit Fokus auf KI und Arbeit, beide lehren an
der Universität in Oxford. Gemeinsam haben sie 2013 eine Studie veröffentlicht, die weltweit Schlagzeilen gemacht hat. Darin
haben Frey und Osborne für 702 Berufe untersucht, wie wahrscheinlich deren Automatisierung ist – und wie sich das auf den
Arbeitsmarkt auswirken könnte.[170] »Nach unseren Schätzungen sind ungefähr 47 Prozent des gesamten US-Arbeitsmarktes in Gefahr«, heißt es in ihrer Zusammenfassung.[171] So wurde
auch in vielen Medien über die Studie berichtet. Doch die Sache ist deutlich komplexer.

Zu ihrer Forschung motiviert wurden Frey und Osborne
durch John Maynard Keynes' Vorhersage zur technologischen
Arbeitslosigkeit. Ihr Ziel war es, die Auswirkungen des technologischen Fortschritts für die Zukunft des Arbeitsmarktes auf-
zuzeigen. Bisher konnten vor allem Routinetätigkeiten, die expliziten Regeln folgen, gut automatisiert werden, etwa wenn
ein Roboter immer denselben Arbeitsschritt in einer Autofa-
brik übernimmt oder die Buchhaltung automatisiert wird. Das
waren Jobs, die eine mittlere Qualifikation verlangten, also in
der Regel kein Studium. Nichtroutinetätigkeiten hingegen waren weitgehend sicher: Schließlich konnte bis vor Kurzem nur
ein Mensch ein Auto fahren, Handschriften entziffern oder
eine Pressemitteilung schreiben. Doch das ändert sich durch
KI. Und damit verändert sich auch, welche Aufgaben – und
welche Jobs – automatisiert werden könnten.

Auf einmal sind Berufe betroffen – oder zumindest Tätigkeiten in bestimmten Berufsgruppen –, die lange als unersetz-

lich galten und für die Menschen eine lange Ausbildung hinter sich bringen mussten, etwa als Jurist*innen oder Ärzt*innen. Tools wie Github Copilot sorgen für Diskussionen, ob es in Zukunft noch Softwareentwickler*innen brauchen wird – oder ob dieser Job mit der Zeit weniger relevant wird. Jensen Huang, Gründer und CEO von Nvidia, dem derzeit mächtigsten Unternehmen für KI-Chips, glaubt, dass Coding-Fähigkeiten überflüssig werden, weil wir mit KI programmieren können, ohne dafür Programmiersprachen lernen zu müssen.[172] Schon jetzt können Roboter Räume streichen, bei Operationen assistieren, Pad Thai kochen und Windturbinen hochklettern, um an ihnen Reparaturen vorzunehmen. Roboter und KI werden immer besser und kosten immer weniger, weshalb es sich für Unternehmen zunehmend lohnen wird, sie anzuschaffen und einzusetzen. Das gilt auch in der Dienstleistungsbranche. Und es bedeutet: Viele manuelle Niedriglohnjobs, die bisher vor Automatisierung geschützt waren, könnten künftig ersetzt werden.[173]

Frey und Osborne nehmen an, dass Automatisierung auf alle Nichtroutinetätigkeiten ausgeweitet werden kann, bei denen es keine technischen Engpässe für diese Automatisierung gibt. Ein möglicher Engpass sind unstrukturierte Arbeitsumgebungen: Ein Roboter kommt in einem Supermarkt, einer Fabrik oder einem Krankenhaus eher zurecht als in einer Privatwohnung oder einem Wohnhaus, in dem es unübersichtlicher ist und herumstehende Objekte die Mobilität von Robotern einschränken könnten. Wer einen Staubsaugerroboter hat, weiß, dass dieser gerne Ladekabel frisst oder sich unter Stühlen festfährt. Ein weiterer Engpass ist die Kreativität, also das Schaffen von neuen, wertvollen Inhalten. Als drittes Beispiel für Engpässe nennen die Autoren soziale Intelligenz. Darunter fallen alle Berufe, in denen Menschen miteinander interagieren und ihren gesunden Menschenverstand nutzen. Der Job einer

Spülkraft in einem Restaurant kann danach eher ersetzt werden als der einer PR-Fachkraft.

Was bedeutet das jetzt konkret für die 702 untersuchten Berufe? Einer der wichtigsten Sätze in der Studie ist der folgende: »Wir unternehmen keinen Versuch, zukünftige Veränderungen in der beruflichen Zusammensetzung des Arbeitsmarktes zu prognostizieren.«[174] Es geht also nicht – wie manche Schlagzeilen behaupten – darum vorherzusagen, wie viele Jobs tatsächlich wegfallen werden, sondern wie hoch die *Wahrscheinlichkeit* von Automatisierung für bestimmte Berufe ist. Nach der Schätzung von Frey und Osborne befinden sich 47 Prozent des US-Arbeitsmarktes in der Hochrisikogruppe, »was bedeutet, dass die damit verbundenen Berufe über eine unbestimmte Anzahl von Jahren, vielleicht ein oder zwei Jahrzehnte, potenziell automatisierbar sind«[175]. Zur Erinnerung: Die Studie ist aus dem Jahr 2013, ein Jahrzehnt ist also bereits vergangen (und ja, es wird gleich ein Update dazu geben).

Diese Prognose ist nicht in Stein gemeißelt, denn das Ausmaß der Automatisierung wird in den nächsten Jahrzehnten »davon abhängen, in welcher Geschwindigkeit die beschriebenen technischen Engpässe überwunden werden können«.

Die Autoren gehen von zwei Wellen aus, die von einem »technologischen Plateau« getrennt werden: In der ersten Welle werden Transport- und Logistikberufe, Büro- und Verwaltungsangestellte sowie Arbeitskräfte in Produktionsberufen ersetzt. Auch Jobs in den Bereichen Dienstleistung, Einzelhandel und Bauwesen dürften betroffen sein. Nach dieser ersten Welle erwarten Frey und Osborne eine Verlangsamung der Automatisierung, da es nach wie vor technologische Engpässe geben wird. Dieses technologische Plateau wird vor allem in der mittleren Risikokategorie erwartet, zu der Berufe im Bereich Installation, Wartung und Reparatur zählen. Die dritte Welle wird angestoßen, wenn die technologischen Engpässe rund um

Kreativität und soziale Intelligenz überwunden sind. Erst dann wird es gefährlich für CEOs und andere Berufe im Bereich Management sowie in den Bereichen Bildung, Gesundheitswesen, Kunst und Medien.

Innerhalb einer Branche können dabei unterschiedliche Regeln gelten: Frey und Osborne erwarten etwa, dass juristische Hilfskräfte und Rechtsanwaltsfachangestellte in die Hochrisikogruppe für Automatisierung fallen, während Anwält*innen vorerst zur Gruppe mit dem geringsten Risiko zählen. Damit unterscheiden sich die prognostizierten Auswirkungen auch je nach Einkommensgruppe: Der aktuelle Trend, bei dem Arbeitsplätze im mittleren Einkommensbereich ausgehöhlt werden, die bereits seit Jahren von Automatisierung betroffen sind, dürfte sich abschwächen. Dafür dürften Jobs mit geringer Qualifikation und niedrigen Löhnen zunehmend unter Druck geraten, während hoch qualifizierte, hoch bezahlte Berufe (noch) sicher sind. Doch auch hier tickt die Uhr, und in einigen Jobs ist die Zeit fast abgelaufen, wie die aktuellen Sparpläne von Unternehmen zeigen.

Frey und Osborne konzentrieren sich in ihrer Studie auf die USA. Das Zentrum für Europäische Wirtschaftsforschung hat 2015 im Auftrag des deutschen Arbeitsministeriums untersucht, inwiefern sich die Studie auf Deutschland übertragen lässt.[176] Demnach arbeiten 42 Prozent der deutschen Arbeitskräfte in Berufen mit hoher Automatisierungswahrscheinlichkeit, wenn die Methodik von Frey und Osborne angewandt wird. Allerdings gehen die Autor*innen davon aus, dass eher einzelne Tätigkeiten und weniger ganze Berufe automatisiert werden. Es gibt Beschäftigte, deren Tätigkeiten zwar zu 50 bis 70 Prozent automatisiert werden könnten, aber eben nicht zu 100 Prozent.

»Insgesamt bleiben größere Gesamtbeschäftigungseffekte durch zukünftigen technologischen Wandel daher unwahrscheinlich«, heißt es in der Studie. »Dennoch wird sich das

Aufgabenspektrum von Arbeitskräften voraussichtlich verändern.« Besonders betroffen dürften Menschen mit geringer Qualifikation und geringem Einkommen sein: Die zehn Prozent der Beschäftigten mit den geringsten Einkommen haben eine Automatisierungswahrscheinlichkeit von gut 60 Prozent, während die zehn Prozent mit den höchsten Einkommen nur eine Automatisierungswahrscheinlichkeit von 20 Prozent haben.

So weit der Stand aus den Jahren 2013 und 2015. Seitdem hat sich viel getan: LLMs können in einigen Bereichen bereits Engpässe im Bereich Kreativität überwinden, während selbstfahrende Autos noch nicht so weit sind, wie viele Expert*innen vor zehn Jahren gedacht hätten. Das haben auch Frey und Osborne erkannt und 2023 mit frischem Blick auf ihre Studie geschaut.[177] Die große Frage: Gibt es Veränderungen bei kreativer, inhärent sozialer und unstrukturierter Arbeit?

Die Antwort: Jein. Es gibt weiterhin Engpässe bei der Automatisierung von sozialen Tätigkeiten: »Der einfache Grund dafür ist, dass der persönliche Kontakt wertvoll bleibt und nicht einfach ersetzt werden kann: LLMs haben keine Körper. [...] Menschen, die einen Raum einnehmen können und in der Lage sind, Beziehungen zu knüpfen, zu motivieren und zu überzeugen, werden im Zeitalter von KI erfolgreich sein«, schreiben Frey und Osborne. Wenn KI für dich Liebesbriefe schreibt und alle anderen das auch so machen, musst du beim ersten Date besonders positiv auffallen, so ihre Argumentation.[178] Künftig könnten viele Berufe ohne persönliche Kommunikation – wie Telemarketing, Reisebüros, Callcenter – automatisiert werden, während »langjährige Beziehungen, die von persönlichen Interaktionen profitieren, im Reich der Menschen bleiben werden, wenn es keine großen Fortschritte gibt«[179].

Frey und Osborne nehmen auch an, dass im Bereich Kreativität Menschen in absehbarer Zeit nicht vollständig von KI ersetzen werden – auch weil Algorithmen (noch) nicht mit der realen Welt interagieren können. Du kannst dir zwar mithilfe von KI eine Reiseroute zusammenstellen lassen, Flüge und Hotels musst du aber in der Regel noch selbst buchen. Bis dieser Zwischenschritt überwunden ist, dürfte es allerdings nicht mehr lange dauern – denn all diese Aufgaben können online erledigt werden.

Bis KI überall in der physischen Welt Einzug hält, wird es ein wenig länger dauern. Die Daten, mit denen KI trainiert wird, sind limitiert und damit auch ihre »Erfahrungen«. Wenn KI Ideen generiert, mögen die zwar einen hohen finanziellen Wert haben, aber sie sind generell weniger neu als Ideen, die von Menschen kommen.[180] Sich bei kreativen Aufgaben nur auf Technologie zu verlassen könnte bahnbrechende Neuerungen verhindern. Und: Oft sind es die Prompts, die eine gewisse Kreativität mitbringen müssen, um wirklich gute Ergebnisse zu erzielen. Beim Prompting und der Auswahl der Ergebnisse sind allerdings weiter Menschen involviert, mit ihrer menschlichen Kreativität – zumindest beim aktuellen Stand der Technologie. Ich bin der Überzeugung, dass Kunst und Kultur menschlich bleiben werden – einfach weil wir Lust auf neue, *weirde,* menschliche Geschichten und Blickwinkel haben. Selbst wenn einige Berufe in diesem Bereich wegfallen werden, werden Kunst und Kultur weiter eine wichtige Rolle spielen, vielleicht eine wichtigere denn je.

Noch wird KI vor allem in Bereichen eingesetzt, die ein geringeres Risiko haben – also etwa im Kundenservice oder in Lagerhallen –, und nicht in Hochrisikobereichen wie beim vollständig autonomem Fahren in Innenstädten. »Ein zentrales Hindernis für die Automatisierung von Wahrnehmungs- und Mobilitätsaufgaben ist, dass wir keine Fehler akzeptieren können«, schreiben Frey und Osborne. Basismodelle, die auf tiefen neuronalen Netzen basieren, können ihre Entscheidungen nicht erklären und haben das Potenzial, viele Fehler zu machen. Um breit in physischen Räumen eingesetzt werden zu können, sei deshalb »robuste, zuverlässige und erklärbare KI« nötig.[181] Es bleiben also signifikante Engpässe für die Automatisierung von Arbeit bestehen. Aber es gibt Jobs und Aufgaben, die bereits automatisiert werden können – und zwar weit über das hinaus, was Frey und Osborne 2013 prognostiziert hatten. Aufgaben, die soziale Intelligenz benötigen und remote ausgeführt werden können, könnten bald automatisiert werden, wenn wir das Risiko von Halluzinationen verringern oder ausschließen können. Kreative Arbeit kann vor allem dann automatisiert werden, wenn sie nicht völlig Neues schaffen soll, sondern bestehende Ideen weiterentwickelt. Das wissen alle, die schon einmal einen Text, eine E-Mail oder eine Präsentation mithilfe von KI geschrieben oder gebaut haben. Denn wenn wir ehrlich sind: Das Ergebnis unserer Arbeit ist oft nur durchschnittlich und würde nicht mit einer Eins plus bewertet werden, sondern eher mit einer Zwei minus. Und in diesem Notenbereich bewegen sich ChatGPT und Co in vielen Fällen bereits ziemlich locker. In der physischen Welt hingegen wird sich Automatisierung kurz- bis mittelfristig weiter auf strukturierte Umgebungen wie Fabriken und Lagerhallen fokussieren.

Drei Vorhersagen von Frey und Osborne finde ich besonders relevant, denn ich glaube, dass aus ihnen die nächsten Entwicklungen auf dem Arbeitsmarkt abgeleitet werden können:

- Generative KI wird vermutlich nicht zu einer großen Verdrängung von Arbeitsplätzen führen – und könnte am Ende sogar vielen Arbeitskräften zugutekommen. Trotzdem ist es wahrscheinlich, dass die Technologie Arbeitsmärkte stören und sogar soziale Umwälzungen« auslösen könnte. Wir erinnern uns an Proteste von Taxifahrer*innen gegen die Einführung von Uber in London oder Paris – und dass die App in Europa viel strenger reguliert wurde als in den USA. Ähnliche Entwicklungen könnten wir auch mit ChatGPT und Co sehen. Gerade wenn es keinen Plan gibt, um die Jobverluste sozial abzufedern, die in vielen Branchen bereits geplant oder durchgeführt werden, sollten wir mit einer solchen Entwicklung rechnen.

- Weil es mit generativer KI einfacher wird, Inhalte zu kreieren, wird es viel mehr durchschnittliche Inhalte geben, die das Internet, unsere Inbox und unsere Arbeitswelt fluten. Quereinsteiger*innen könnten KI nutzen, um aus weniger gut bezahlten Branchen in den Markt zu drängen. Das kann dazu führen, dass Menschen, die heute hauptberuflich Texte schreiben, Illustrationen oder Videos anfertigen, steigenden Druck auf ihre Löhne verspüren werden. Dies gilt vor allem für diejenigen, die nicht als kreative Koryphäen gefeiert werden, sondern Einstiegsjobs in Marketing, Pressearbeit, Journalismus, Grafikdesign, Videoproduktion oder Übersetzung haben.
- Die technischen Engpässe, die 2013 identifiziert wurden, werden in absehbarer Zeit bestehen bleiben – und dazu führen, dass KI nicht in allen Bereichen der Arbeitswelt gleich viel Einfluss haben wird. Es ist jedoch wahrscheinlich, dass das nur eine Frage der Zeit ist, denn wir sehen bereits Fortschritte. Und: Selbst wenn nicht alle Jobs gleichzeitig und sofort in großem Ausmaß betroffen sein werden, kann der Umbruch destabilisierender sein, als wir uns das jetzt vorstellen wollen.

Studien zeigen, dass diese Entwicklung schneller kommen könnte, als wir denken. Die Geschwindigkeit, mit der sich KI in den vergangenen Monaten weiterentwickelt hat, ist beeindruckend. Im März 2023 waren wir noch überrascht von dem Foto, das angeblich Papst Franziskus in einer hippen weißen

Daunenjacke zeigte – obwohl das Bild bei näherem Hinsehen einige Unregelmäßigkeiten aufwies. Nicht mal ein Jahr später stellte OpenAI seinen Text-zu-Video-Generator Sora vor – und das Internet drehte komplett durch, weil die Videos so echt und qualitativ hochwertig aussahen. Wer weiß, welche KI-Programme auf den Markt gekommen sind, während dieses Buch gedruckt wurde?

Im Rahmen eines internationalen Forschungsprojekts, an dem unter anderem die Universitäten Berkeley, Bonn und Oxford beteiligt sind, werden regelmäßig Tausende Wissenschaftler*innen zur Entwicklung und Entwicklungsgeschwindigkeit künstlicher Intelligenz gefragt.[182] Dabei werden kleine Fragen gestellt (»Wann wird die KI bei neuen Leveln des Spiels Angry Bird besser sein als Menschen?«) – und ganz große (»Wie wahrscheinlich ist es, dass die KI zum Aussterben der Menschheit führt?«).

Die Befragung im Oktober 2023 war eine besondere, denn: Verglichen mit den Ergebnissen der letzten Jahre rückten die Vorhersagen plötzlich um mehrere Jahre nach vorne. In der Auswertung der Studie werden Zeitpunkte ermittelt, zu denen KI bestimmte Aufgaben übernehmen könnte. Nach dieser Prognose wird das im Jahr 2028 auf 35 von 39 abgefragten Aufgaben zutreffen: Die KI wird dann Lieder schreiben können, die klingen, als wären sie von Taylor Swift, ein Objekt erkennen, das sie einmal gesehen hat, oder einen Roman schreiben, der auf der *New York Times*-Bestsellerliste landet. Viele dieser Aufgaben können heute bereits komplett oder fast von LLMs gelöst werden, auch weil sie rein in der digitalen Welt stattfinden. Andere Tätigkeiten hingegen müssen in die physische Welt übersetzt werden, mithilfe von Robotern. Mit entsprechender Anleitung ein LEGO-Set aufbauen etwa oder als Roboter mit zwei »Beinen« ein fünf Kilometer langes Rennen in einer Stadt bestreiten. Ein weiteres Beispiel, das banal klingt, aber für

Maschinen seit jeher extrem komplex war, ist Wäsche zusammenlegen. Es gibt keine klare Regel, um Wäsche zusammenzulegen. Jeder Wäscheberg, jedes Wäschestück ist anders. Um Socken zusammenzulegen, gelten andere Regeln als für ein T-Shirt oder ein Kleid. Kleidungsstücke haben verschiedene Farben oder Muster und sind aus verschiedenen Materialien. Ein Kleid aus Polyester ist rutschiger als eines aus Baumwolle. Kleidungsstücke im Wäschekorb liegen übereinander, sind zerknittert, haben Ärmel oder Hosenbeine. Ein Roboter muss erkennen, wo ein Kleidungsstück im Wäscheberg anfängt und ein anderes aufhört. Er muss es anheben, korrekt identifizieren, gerade hinlegen und dann nach den jeweiligen Regeln für dieses Kleidungsstück zusammenlegen. Seit 2022 gibt es eine neue, vielversprechende Methode von Wissenschaftler*innen der Universität in Berkeley und des Karlsruhe Institute of Technology:[183] SpeedFolding funktioniert mit zwei Roboterarmen und kann 30 bis 40 zerknitterte Kleidungsstücke pro Stunde zusammenlegen. Das mag für Menschen nach wenig klingen, aber bisher konnten Roboter in einer Stunde nur drei bis sechs Kleidungsstücke zusammenlegen. Wir sehen also deutliche Fortschritte in der Robotik, auch weil die Maschinen durch bessere KI schlauer werden und weil 3-D-Drucker, kostengünstige Microcontroller und Fablabs Experimente abseits der großen Firmen erschwinglich und möglich machen.

Bei welchen Tätigkeiten es vermutlich noch länger als zehn Jahre dauern wird, bis die KI vollständig übernehmen kann? Physisch die elektrischen Leitungen in einem neuen Haus verlegen: 17 Jahre. Oder eine qualitativ hochwertige wissenschaftliche Publikation im Bereich *Machine Learning* erarbeiten und schreiben: 19 Jahre. Aber das würde ich auch behaupten, wenn ich in diesem Bereich forschen würde.

Um herauszufinden, wann KI alles schaffen könnte, was Menschen können, wird die Frage nach der *High Level Machine*

Intelligence gestellt, die alle menschlichen Aufgaben umfasst. Wenn die Forschung ungestört weiterläuft, könnten Maschinen 2047 ohne fremde Hilfe Menschen in allen Bereichen übertreffen. Gut, 2047 ist noch eine Weile hin. Aber: Bei der Studie aus dem Jahr 2022 – also nur ein Jahr zuvor – lag die Prognose der Wissenschaftler*innen noch beim Jahr 2060. So stark hat sich die Prognose in den vorhergehenden sechs Jahren nie verändert, in dieser Zeit hatte sich das erwartete Datum nur um ein Jahr von 2061 auf 2060 verschoben. Alle menschlichen Berufe (die ja aus mehreren Aufgaben bestehen) könnten im Jahr 2116 ersetzt werden – 48 Jahre früher, als die Expert*innen ein Jahr zuvor noch angenommen hatten. Die Umbrüche kommen, und zwar in allen Branchen.

Gleichzeitig wissen wir, dass manche Menschen mehr von der Umwälzung der Arbeitswelt betroffen sein werden – zumindest wenn wir keine aktiven Gegenmaßnahmen einleiten. KI droht nämlich bestehende Ungleichheiten im Arbeitsmarkt zu verstärken.

VERSTÄRKT KI DIE UNGLEICHHEITEN IM ARBEITSMARKT?

Wir haben in der Geschichte gesehen, dass durch Automatisie- rung Berufe verschwinden können. Gleichzeitig sind neue Jobs entstanden. Auch KI wird künftig Berufsbilder hervorbringen, die wir uns heute nicht vorstellen können. Wer wird davon profitieren – und wie schaffen wir es, dass die anstehende Veränderung der Arbeitswelt nicht zu mehr Ungleichheit führt?

Einer der neuen Jobs, der mit dem Aufstieg von ChatGPT zum Hype wurde, ist der des *Prompt Engineers*. Will man von einem Chatbot eine Antwort bekommen, ein Bild oder Video generieren lassen, muss man eine Frage oder Aufgabe formulieren. Dabei muss man möglichst genau sein und kann für bestmögliche Ergebnisse einige Tricks anwenden. Aber wie lange wird das ein eigenständiger Beruf sein? Ich vermute, dass dieser Job schnell wieder verschwindet oder in andere Berufsfelder integriert wird.

Das Weltwirtschaftsforum hat 2023 einen Ausblick zur Jobentwicklung durch KI veröffentlicht. Dabei wird Wachstum in drei Berufsgruppen vorhergesagt: Menschen, die KI entwickeln, Menschen, die KI erklären, und Menschen, die dafür sorgen, dass KI bestmöglich eingesetzt wird, indem sie Daten kuratieren, Ethik und Regularien für KI entwickeln oder Inhalte erstellen (Stichwort: *Prompt Engineer*). Für Spezialist*innen im Bereich KI und *Machine Learning* erwartet man ein mögliches Jobwachstum von 39 Prozent in den nächsten fünf Jahren.[184] Das klingt nach viel, aber es handelt sich um eine extrem kleine

Gruppe von Jobs, gut bezahlt, für hochqualifizierte Arbeitskräfte, die auch in der Vergangenheit schon besonders stark von technologischen Veränderungen profitiert haben.

Wer hingegen abgehängt werden könnte, sind Frauen, People of Color und andere marginalisierte Gruppen: Eine Studie von Goldman Sachs geht davon aus, dass in den USA und Europa zwei Drittel aller Berufsgruppen zumindest teilweise von Automatisierung durch generative KI betroffen sind. In den meisten Fällen könnten 25 bis 50 Prozent ihres Arbeitsaufkommens ersetzt werden.[185] Unter diesen Jobs sind Büro- und administrative Tätigkeiten, Berufe im Gesundheitswesen, im Bereich Bildung sowie Gemeinschafts- und Sozialdienste. Diese Berufe werden traditionell häufiger von Frauen ausgeführt. Auch eine Analyse des Kenan Institutes geht davon aus, dass Frauen stärker von Jobverlusten durch KI betroffen sein dürften. Fast 80 Prozent der erwerbstätigen Frauen, heißt es darin, seien in Berufen tätig, die der Automatisierung durch generative KI ausgesetzt seien. Bei Männern treffe das nur auf 58 Prozent zu.[186]

Auch andere marginalisierte Gruppen könnten stärker betroffen sein, etwa Schwarze Menschen in den USA: Schon heute arbeiten Afroamerikaner*innen häufiger in schlechter bezahlten Jobs mit unterstützenden Aufgaben als der US-Durchschnitt. Schwarze Erwerbstätige arbeiten etwa überdurchschnittlich oft als Lkw-Fahrer*innen und dafür seltener in der Softwareentwicklung. Das Automatisierungspotenzial für den Kraftfahrerjob liegt deutlich höher, die Bezahlung ist deutlich schlechter. Die Automatisierung durch KI könnte bestehende Ungleichheiten bei Einkommen, Chancen und Wohlstand für People of Color und insbesondere Schwarze Menschen also noch verstärken.[187]

Das glaubt auch Nicholas Bloom, Ökonom an der Stanford-Universität und Experte für Remote Work. Seiner Meinung nach sind Jobs besonders gefährdet, die ausschließlich im Homeoffice erledigt werden können. »Wenn ich komplett remote arbeiten würde, könnte man mich mit KI nachbilden«, sagte Bloom bei einer virtuellen Panel-Diskussion.[188] »Man könnte mein Aussehen und meine Stimme nachahmen. Man könnte wahrscheinlich den Großteil dieser Diskussion von ChatGPT bekommen.« Bei remote ausgeführten niedrigschwelligen Tätigkeiten bestehe die Gefahr, dass sie in den nächsten drei bis fünf Jahren durch KI ersetzt würden. Solche Jobs werden heute schon von vielen Unternehmen ausgelagert, etwa auf die Philippinen, nach Mexiko oder Südamerika. Bloom berichtet von Callcentern in Indonesien und Indien, in denen die Beschäftigung bereits wegen Chatbots zurückgegangen ist. Tests mit KI-Chatbots, die von Firmen wie Klarna eingesetzt werden, deuten in eine ähnliche Richtung.

Outsourcing ist vor allem seit der Digitalisierung eine weitverbreitete Praxis: Bestimmte Aufgaben, Prozesse oder ganze Unternehmenseinheiten werden von Unternehmen in Subunternehmen verlagert. Jobs, die früher von Angestellten verrichtet wurden, werden abgebaut und an Freelancer vergeben. So können Unternehmen Geld sparen und Tarifverträge umgehen, zum Nachteil der Arbeitskräfte. Jobs können in Subunternehmen vor Ort ausgelagert werden, etwa im Reinigungs- oder Sicherheitsbereich. Oder sie können im Falle von digitalen Aufgaben in Niedriglohnländer im globalen Süden ausgelagert werden. Genau diese Jobs sind es, die als Erstes durch KI gefährdet sein werden.

Teleperformance ist eine der größten Firmen in der BPO-Branche, zu den Kunden gehören Großkonzerne und Tech-Unternehmen. BPO steht für *Business Process Outsourcing*, also das Auslagern ganzer Geschäftsprozesse: von Buchhaltung, Zahlungsabwicklung, IT-Dienstleistungen und Personalwesen bis hin zu Support, Vertrieb und Marketing. Ein lukratives Geschäft, das durch KI noch lukrativer werden könnte.

Teleperformance berichtet von gesteigerter Produktivität der Mitarbeitenden durch generative KI: Die Bearbeitungszeiten seien kürzer, die Antwortgenauigkeit höher. Bis 2026 könnten Chatbots 20 bis 30 Prozent des Anrufvolumens übernehmen, so Schätzungen des Unternehmens. Aktuell arbeitet es noch mit Menschen zusammen: Erste Studien zeigen, dass die Produktivität von Kundenservice-Mitarbeitenden auf den Philippinen durch die Nutzung von generativer KI um 14 Prozent gestiegen ist. Viele Arbeitskräfte fürchten deshalb, dass sie bald ersetzt werden könnten. Das berichtet Mylene Cabalona, Vorsitzende eines Netzwerks von Mitarbeitenden in der BPO-Branche auf den Philippinen, das sich für Arbeitnehmer*innen-Rechte einsetzt. Auch Cabalona selbst arbeitet in der Branche. »KI sollte ein Mechanismus sein, der Arbeitnehmenden hilft«, sagt sie gegenüber der Publikation *Rest of World*.[189] »Aber KI sollte nicht gegen die Arbeitnehmenden eingesetzt werden.« Auch hier könnten Frauen überproportional von Automatisierung betroffen sein: Laut einer Untersuchung der Internationalen Arbeitsorganisation ILO im Jahr 2016 sind mehr als die Hälfte der BPO-Arbeitskräfte Frauen.[190]

Outsourcing findet auch in anderen Branchen statt. Im globalen Süden gibt es Freelancer, die Texte schreiben, Software entwickeln oder Webseiten designen und remote für Unternehmen im globalen Norden arbeiten. Vermittelt werden sie über Plattformen wie Fiverr, Upwork oder 99Designs. Wie viele dieser Freelancer es weltweit gibt, ist unklar, aber es sind Millionen.[191] Ihre Stellen könnten ersetzt werden – oder KI kann dazu genutzt werden, ihre Preise zu drücken. Die Diskussion darum, wie KI die Arbeitswelt positiv und sozial gerecht verändern kann, muss diese Arbeitskräfte im Blick behalten. Wir brauchen Regeln, die dabei helfen, diesen Wandel gerecht zu gestalten – nicht nur dort, wo die Technologien entwickelt, sondern auch an den Orten, an denen sie eingesetzt werden.

Dabei müssen vor allem marginalisierte Gruppen geschützt und soziale Gerechtigkeit beachtet werden. Im Jahr 2024 hat die EU ein Lieferkettengesetz beschlossen, demzufolge Unternehmen sicherstellen müssen, dass ihre Geschäftspartner Menschenrechte und Umweltstandards einhalten. Eine solche Verpflichtung braucht es auch beim Thema KI. Es kann nicht sein, dass die Ausbeutung von Arbeitskräften in diesem Bereich eingepreist ist.

180 Der Einsatz von KI kann die Ungleichheit in der Arbeitswelt verstärken. Es muss aber nicht so kommen. Denn die Technologie hat auch das Zeug dazu, die Produktivität zu erhöhen und gleichzeitig die Unterschiede zwischen hoch- und geringqualifizierten Arbeitskräften zu reduzieren. Dies könnte im besten Fall sogar dafür sorgen, die Mittelschicht wieder auszubauen – wenn die Technologie richtig eingesetzt wird und die Rahmenbedingungen dafür geschaffen werden.

In den letzten Jahren ging die Schere zwischen Arm und Reich in vielen Ländern weiter auf. Seit 1995 ist die Mittelschicht in Deutschland deutlich geschrumpft. 2018 zählten 29 Prozent der Bevölkerung zur unteren Einkommensschicht, fünf Prozentpunkte mehr als 1995. Das trifft vor allem junge Menschen: Nach dem Start ins Berufsleben schafften es noch 71 Prozent der Babyboomer, in die Mittelschicht aufzusteigen, aber nur 61 Prozent der Millennials. Die Chance, innerhalb von vier Jahren nach Berufsstart in die Mittelschicht aufzusteigen, lag zuletzt bei rund 30 Prozent. Vor allem jüngere Erwachsene, formal niedriger gebildete Menschen und Menschen, die in Teilzeit oder Minijobs arbeiten, haben es schwerer, in die Mittelklasse aufzusteigen.[192] Mehr als jeder fünfte Mensch in Deutschland ist von Armut oder sozialer Ausgrenzung bedroht.

Gleichzeitig sind die Vermögen überreicher Haushalte in Deutschland angewachsen, auch weil ihre Besteuerung seit Jahrzehnten vom Staat reduziert wurde.[193] Mittelstandsfamilien werden in Deutschland im Schnitt mit 43 Prozent besteuert, Milliardär*innen mit 26 Prozent. Die Zahl der Menschen, die durch Erbschaften Milliardär*innen werden, wächst. DAX-Unternehmen schütten Rekorddividenden aus.[194]

Dieser spaltenden Entwicklung müssen wir dringend etwas entgegensetzen, denn wir sehen schon jetzt den negativen Einfluss auf unsere Gesellschaft und Demokratie. Wir brauchen neue politische Rahmenbedingungen, die dazu führen, dass Geld gerechter verteilt wird.

Darüber hinaus stellt sich die Frage nach der Produktivität: Wenn wir diese durch neue Technologien steigern und die so entstehenden Gewinne besser verteilen, kann das zu mehr Gerechtigkeit und Chancengleichheit führen? Für wen? Und in welcher Form werden mögliche Produktivitätsgewinne weitergegeben?

Die Produktivität ist zuletzt in Deutschland langsamer angestiegen. Arbeitsproduktivität wird berechnet, indem man das Bruttoinlandsprodukt durch die Zahl der Erwerbstätigen teilt: Wie viel Geld erwirtschaftet eine Person? In der Regel wird es auf die Arbeitsstunden heruntergebrochen.

Diese Rechnung ist problematisch, weil sie als Indikator für die Wirtschaftsleistung das Bruttoinlandsprodukt (BIP) heranzieht, dieses aber nur Dinge umfasst, für die ein Preis bezahlt wird. Bildung wird als Konsum einberechnet, nicht als Investition. Unbezahlte Sorgearbeit wird gar nicht abgebildet, Wohlbefinden, Einkommens- und Vermögensverteilung sowie Umweltfaktoren auch nicht. Dass die Produktion einer Wirtschaft, in der viele physische Waren produziert werden, anders aussieht als eine, die viele digitale Dienstleistungen anbietet, die sich zudem qualitativ und in ihrer Komplexität verändern, wird ebenfalls nicht berücksichtigt. Natürlich könnte man auch anders berechnen, wie erfolgreich eine Gesellschaft ist: Der Thriving Places Index (TPI) etwa berechnet wirtschaftliche Gesundheit mit Faktoren wie mentaler und physischer Gesundheit, Bildung, Arbeit und grüner Infrastruktur. Der Better Life Index (BLI) erfasst 80 Indikatoren in Bereichen wie Bildung, Lebenszufriedenheit, Gesundheit und Sicherheit. Produktivität über das BIP zu berechnen ist also weder ideal noch zeitgemäß. Aktuell ist es allerdings die Messgröße, die wir verwenden. Deshalb: Kann KI uns helfen, die so gemessene Produktivität zu erhöhen?

182 Wir wissen aus der Vergangenheit, dass es a) oft eine Weile dauern kann, bis sich Produktivitätsveränderungen durch Technologie statistisch niederschlagen, und b) es nicht reicht, Technologie einfach irgendwie einzusetzen, sondern dass Prozesse, Arbeitsabläufe und Verantwortlichkeiten neu gedacht werden müssen, um wirklich produktiver zu arbeiten.

Fabriken wurden durch die Erfindung von Elektrizität produktiver. Dies galt aber zunächst nur für Fabriken, die günstigen Zugang zu Strom hatten, etwa weil sie in der Nähe eines Wasserkraftwerks gebaut waren. Der wahre Boost für die Produktivität kam, als die Produktion neu organisiert wurde: Strom ermöglichte es, dass Maschinen nicht mehr nach ihrer Energieintensität rund um die Energiequelle positioniert werden mussten, sondern Fabriken so gestaltet werden konnten, wie es für die Arbeitsabläufe am meisten Sinn ergab, mit Fließbändern und beweglichen Maschinen.

Diese Veränderungen in den Fabriken hatten Auswirkungen auf die Arbeitskräfte: Zunächst wurden ihre Arbeitsbedingungen besser, weil Fabriken beleuchtet und belüftet werden konnten. Doch mit der Zeit zeichnete sich eine Polarisierung ab: Es fielen Jobs mit mittlerer Qualifikation weg, dafür wurden hoch und gering qualifizierte Arbeitskräfte eingestellt. In den neuen Fabriken brauchte es weniger Handwerker*innen mit mittlerer Qualifikationsstufe, dafür viele gering qualifizierte Arbeitskräfte, die am Band arbeiten konnten. Mit komplexeren Maschinen gab es zudem Bedarf für besser ausgebildete Fachkräfte, wie Buchhalter*innen oder Ingenieur*innen.[195]

Die Frage ist nun, wie der Einsatz von KI sich auf die Produktivität auswirken wird. Wir haben bei der Digitalisierung gesehen, dass viele Dinge heute schneller gehen, günstiger, unkomplizierter sind. Bewerbungen werden mit einem Klick geschickt statt per Post in einer ausgedruckten Mappe. Aber: Wenn Bewerber*innen am Ende dreimal so viele Bewerbungen abschicken müssen, um einen Job zu bekommen, ist das dann wirklich produktiver? Ist es produktiv, wenn Pflegefachkräfte sich nicht um Patient*innen kümmern können, weil sie stattdessen Formulare ausfüllen müssen? Ist es produktiv, den ganzen Tag in Meetings zu sitzen, auf E-Mails zu antworten und Slack-Nachrichten zu schicken und erst nach Feierabend Zeit für die eigentliche Arbeit zu haben? Ist es produktiv, die drei Leute wegzurationalisieren, die die Reisekostenbuchung und -abrechnung gemacht haben, wenn sich dafür Führungskräfte durch ein kompliziertes Programm klicken müssen, nur um ihre Hotelrechnung richtig einzureichen und so pro Woche eine halbe Stunde teure Arbeitszeit verplempern? Eben.

Einfach nur KI als Pflaster auf den Arbeitsalltag zu kleben reicht nicht. Stattdessen müssen Prozesse und Arbeitsabläufe sinnvoll angepasst werden. Hier sind Führungskräfte in der Verantwortung, wie der US-Managementprofessor Ethan Mollick in seinem Buch »Co-Intelligence« schreibt.[196] Viele Mitarbeitende nutzen bereits KI, um langweilige, repetitive Aufgaben zu automatisieren, Aufgaben schneller abzuarbeiten oder gemeinsam mit der KI kreativere und qualitativ hochwertigere Ergebnisse abzuliefern. Nur ist das in Unternehmen oft nicht erlaubt, die Nutzung passiert also heimlich. Selbst wenn Mitarbeitende einen Weg gefunden haben, ihre eigene Arbeitslast zu reduzieren, sagen sie es niemandem. Der Produktivitätsgewinn, der möglicherweise stattfindet, bleibt unsichtbar.

Die gewonnene Zeit kann nicht sinnvoll genutzt werden. Ein Grund für dieses Verheimlichen ist Angst: Wird mein Job gestrichen, wenn ich meinen Vorgesetzten erzähle, dass ich ihn dank KI in der Hälfte der Zeit machen könnte? Wenn ich die KI trainiere, ersetzt sie mich dann irgendwann? Oder wird jemand anders aus dem Team entlassen? Diese Ängste sind valide – und es ist verständlich, wenn Beschäftigte deshalb ihre Nutzung von KI verschweigen.

Wenn Unternehmen von Produktivitätsgewinnen durch KI profitieren wollen, dann müssen sie ihre Mitarbeitenden nicht nur ermutigen, KI zu nutzen und ihnen entsprechende Tools zur Verfügung stellen. Sie müssen an ihrer Organisation und ihren Prozessen schrauben – so, als wären sie eine Fabrik Anfang des 20. Jahrhunderts.

Das bedeutet: Führungskräfte müssen anerkennen, dass sie aufgrund von bisherigen Leistungen nicht vorhersagen können, wer gut mit KI umgehen kann und wer nicht, denn hier entstehen gerade völlig neue Fähigkeiten. Sie müssen ihre Arbeitskräfte also breit weiterbilden. Außerdem müssen sie ihrer Belegschaft die Ängste nehmen. Wie wäre es mit einer Garantie, schlägt Mollick vor, dass niemand seinen Job verliert, nur weil man bestimmte Aufgaben mithilfe von KI automatisieren oder schneller erledigen kann? Oder mit dem Versprechen, dass Produktivitätsgewinne zu kürzeren Arbeitszeiten führen könnten? Oder dass es einen Bonus für die Personen gibt, die es schaffen, unliebsame oder repetitive Aufgaben für ein ganzes Team zu automatisieren? Wenn die Innovationskraft der Mitarbeitenden gefördert statt begrenzt wird und Unternehmen die Ideen ihrer eigenen Leute nutzen, um sich in der KI-Arbeitswelt besser zu positionieren, profitieren am Ende alle davon: Arbeitskräfte, Unternehmen und die Wirtschafts- und Arbeitswelt.

Wenn das nicht geschieht, ist eine der größten Gefahren das, was Daron Acemoğlu und Pascual Restrepo *so-so technolo-*

gies nennen, »So-lala-Technologien«, nichts Halbes und nichts Ganzes. Acemoğlu definiert sie als »Fortschritte, die Arbeitsplätze zerstören und Arbeitnehmende verdrängen, ohne dass die Produktivität oder die Qualität der Dienstleistungen wesentlich verbessert wird«.[197]

Ein perfektes Beispiel dafür sind Selbstbedienungskassen, die – wie vorher schon beschrieben – keine echte Automatisierung darstellen, weil die Kund*innen die Arbeit des Einscannens übernehmen. Werden Selbstbedienungskassen eingesetzt, verlieren Kassierer*innen entweder ihre Jobs oder müssen danebensitzen und aufpassen, dass weder Mensch noch Maschine einen Fehler macht. Ihr Job und ihre Qualifikation werden dadurch abgewertet.

»Die Kosten werden zu einem gewissen Grad gesenkt«, sagt Acemoğlu. »Aber wegen der geringen Servicequalität ist die Kostensenkung nicht allzu stark.« Wenn ich selbst meine Nudeln abscanne, fließt diese Arbeit im Gegensatz zur Arbeit von Kassierer*innen übrigens nicht ins Bruttoinlandsprodukt ein. Zwar haben Unternehmen vielleicht etwas Geld gespart, weil sie Maschinen angeschafft haben und dafür weniger Löhne zahlen müssen, aber sie »berücksichtigen nicht die sozialen Kosten, die sie durch die Entlassung von Mitarbeitenden verursachen«.

Bei Amazons »Just Walk Out«-Supermärkten sollten Kund*innen weder die Waren scannen noch an Kassen bezahlen, sondern einfach mit ihrem Einkauf den Laden verlassen. Der entsprechende Betrag wurde automatisch von ihrem Nutzerkonto abgezogen. Die Zukunft war plötzlich zum Greifen nah. Dann kam heraus, dass ein großer Teil der Abläufe im Laden von Tausenden Arbeitskräften überwacht wurde, die remote aus Indien arbeiteten – ein weiteres Beispiel für die unsichtbare menschliche Arbeit hinter vermeintlich perfekter KI. Mit Kassierer*innen vor Ort wäre das nicht passiert.[198]

Künftig könnte KI das Supermarktproblem lösen: Wenn Technologie wirklich gut genug werden würde, um meinen Einkauf automatisch und vor allem korrekt zu erkennen, ohne dass Produkte gescannt werden oder hinter den Kulissen heimlich schlecht bezahlte Menschen schuften müssen. Das wäre eine echte Produktivitätssteigerung. Mal abgesehen davon, dass wir uns trotzdem überlegen müssen, was mit den Kassierer*innen passiert – und ob wir als Gesellschaft negative Kosten davontragen, wenn beispielsweise einsame Menschen einen weiteren Ort verlieren, an dem sie alltägliche soziale Interaktionen mit anderen Menschen haben. Aber so weit sind wir noch nicht.

Wenn wir Technologien entwickeln und einsetzen, die genauso gut und schnell sind wie Menschen, aber eben nicht besser, dann werden Arbeitsplätze abgebaut, und zwar vor allem die von Menschen, die niedriger qualifiziert sind. Unternehmen haben dann nicht die Produktivitätsgewinne, die zu positiven Veränderungen in der gesamten Wirtschaft führen könnten. Deshalb sollten Unternehmen nicht nur daran denken, wie sie möglichst viel Geld machen und ihre Aktionär*innen fröhlich stimmen können, sondern sich darauf fokussieren, wie sie das Arbeitsleben ihrer Beschäftigten verbessern könnten – und wie echte Produktivitätsgewinne aussehen können.

Werden diese richtig genutzt und vor allem verteilt, könnte das der Mittelschicht zugutekommen. »Wenn wir uns zusammenreißen, könnte das Zeitalter der künstlichen Intelligenz eines sein, in dem wir die Mittelschicht wieder aufbauen«, sagt David Autor, Ökonom am MIT.[199] Er forscht seit den 1990er-Jahren zum Einfluss von Technologie auf den Arbeitsmarkt und der Frage, ob sie für mehr oder weniger Gerechtigkeit sorgt. Auch wenn sein Fokus auf den USA liegt, lassen sich viele der Ergebnisse auf Deutschland und andere westeuropäische Länder übertragen.

Die Computerisierung des Arbeitsmarktes hat sich positiv ausgewirkt – zumindest für gut verdienende Arbeitskräfte, die eine Hochschule besucht hatten. Im Gegenzug sind jedoch Jobs in der Produktion und in Büros verschwunden, die Menschen ohne Hochschulabschluss eine Möglichkeit zum Aufstieg geboten haben.

Der Arbeitsmarkt hat sich polarisiert, wie Autor beschreibt: Löhne seien am obersten und untersten Ende der Einkommens- und Qualifikationsverteilung überproportional angestiegen, aber nicht in der Mitte.[200] Wer lange studiert hat, gut ausgebildet ist, verdient in der Regel gut. Diese Jobs sind in den vergangenen Jahren und Jahrzehnten attraktiver geworden. Gleichzeitig sind auch die Gehälter in den Jobs am unteren Ende prozentual deutlich gestiegen. Oft sind das Jobs, für die keine hohe formale Qualifikation nötig ist. Basisarbeit, die bisher kaum automatisiert werden kann. Dass es hier prozentual höhere Anstiege gibt, ist in Deutschland vor allem der Einführung und der stetigen Erhöhung des Mindestlohns zu verdanken (der allerdings weiterhin nicht armutsfest ist). Der Anteil der Jobs, in denen nur Niedriglöhne gezahlt werden, ist so von 21 Prozent im Jahr 2018 auf 16 Prozent im Jahr 2023 gesunken.[201] Die Zahl der Menschen, die armutsgefährdet sind, ist im selben Zeitraum dennoch angestiegen. Und: Prozentual am geringsten gestiegen sind die Löhne in der Mitte, also bei denjenigen, die weder Spitzensätze verdienen noch vom Anstieg des Mindestlohns profitieren.

Aber was, wenn die Unterscheidung zwischen den Qualifikationsniveaus künftig gar nicht mehr so aussagekräftig wäre? Aktuell laufen die ersten Studien zu der Frage, inwieweit KI dabei helfen kann, die Fähigkeiten von höher und niedriger qualifizierten Arbeitskräften anzugleichen. Die MIT-Ökonom*innen Shakked Noy und Whitney Zhang haben untersucht, welchen Einfluss ChatGPT auf professionelle Schreibaufgaben mittleren Schwierigkeitsgrades hat.[202] Dafür wurden Berufstätige, die eine Hochschule besucht hatten, mit Schreibaufgaben beauftragt, die typisch für ihren Beruf waren: Marketingfachkräfte mussten eine Pressemitteilung schreiben, Führungskräfte eine schwierige E-Mail an ein Mitglied ihres Teams. Die Gruppe, die ChatGPT nutzte, erledigte die Aufgaben schneller und lieferte bessere Qualität ab. Besonders spannend: Die Ungleichheit zwischen den Arbeitskräften nahm ab. Diejenigen mit geringeren Fähigkeiten, die also schlechter schreiben konnten, profitierten stärker: Die Qualität ihrer Texte stieg, und sie brauchten weniger Zeit. Arbeitskräfte mit höheren Fähigkeiten hingegen wurden deutlich schneller bei gleichbleibender Qualität.

Noy und Zhang schreiben, dass ChatGPT die Produktivität auf zwei Arten beeinflussen könnte: KI kann einerseits den Arbeitsaufwand reduzieren, indem es schnell einen Text mit ausreichender Qualität produziert, den die Arbeitskräfte ohne Änderungen nutzen können. Dann benötigen sie weniger Zeit für die Aufgabe selbst. Andererseits kann KI die Fähigkeiten der Arbeitskräfte ergänzen, indem sie etwa beim Brainstorming hilft oder einen ersten Entwurf erstellt, der dann von der Person bearbeitet und verbessert wird. Sie beobachteten, dass ChatGPT vor allem für Ersteres genutzt wird, viele Teilnehmende also einfach die erstellten Texte übernahmen, ohne sie zu bearbeiten, und so ihren Arbeitsaufwand reduzierten.

Wenn generative KI von Menschen genutzt wird, die im Vergleich zu ihren anderen Fähigkeiten schlechter im Schreiben und Kommunizieren sind, könnte das große Auswirkungen auf den Arbeitsmarkt haben, schreiben Noy und Zhang: Es könnte dafür sorgen, dass ihnen mehr Berufe zur Auswahl stehen, in denen sie besser verdienen können. Davon profitieren etwa Menschen, die zwar viele gute Ideen haben, denen es aber schwerer fällt, sie effektiv zu Papier zu bringen. Allerdings könnte sich auch der gegenteilige Effekt einstellen: Die Nutzung von ChatGPT könnte dafür sorgen, dass Arbeitskräfte weniger nachgefragt werden und es damit weniger Jobs gibt, während Kapitalbesitzer*innen, also Arbeitgeber und Softwareunternehmen, auf Kosten der Arbeitnehmenden profitieren.

Natürlich kann diese Studie nicht auf den gesamten Arbeitsmarkt angewendet werden, das ist auch den Autor*innen bewusst. Schließlich haben sie ein Experiment aufgesetzt, das sich nur auf einen Aufgabenbereich konzentriert und nur eine bestimmte Gruppe an Fachkräften einbezieht. Mittlerweile gibt es jedoch einige Studien, die zeigen, dass KI zu mehr Chancengleichheit führen kann, indem sie Menschen mit geringeren Qualifikationen bei bestimmten Aufgaben besser machen kann.

Ökonom David Autor glaubt, dass wir die richtigen Rahmenbedingungen brauchen, um Menschen darauf vorzubereiten und ihnen zu helfen, in dieser neuen, von AI geprägten Arbeitswelt erfolgreich zu sein. Indem wir die Eintrittsbarrieren zu bestimmten Jobs senken und so neue Chancen schaffen, würden mehr Menschen mehr unterschiedliche Jobs offenstehen und der Wirtschaft gleichzeitig mehr sogenannte Fachkräfte. Wenn KI es Menschen ermöglichte, ihre eigenen Fähigkeiten anzureichern und so produktiver zu werden, hätte das auch wirtschaftliche Implikationen. Und: Es könnte verändern, wie wir morgen arbeiten. Steigende Produktivität ermöglicht es uns, Arbeitszeit zu reduzieren – ein Wunsch, den viele Erwerbstätige haben. Kürzere Arbeitszeiten können Berufe in systemrelevanten Branchen attraktiver machen, in denen schon jetzt Fachkräfte fehlen und künftig noch mehr Arbeitskräfte gebraucht werden. Diesen Effekt sehen wir schon jetzt beispielhaft in Unternehmen, die die Viertagewoche oder flexiblere Schichtsysteme anbieten und so wieder Fachkräfte gewinnen können. Gleichzeitig lassen kürzere Arbeitszeiten mehr Raum für Sorgearbeit, für soziales und gesellschaftliches Engagement, für Gemeinschaft.

Wenn uns das gelingt, könnten wir ganze Branchen aufwerten und eine Arbeitswelt schaffen, in der wir uns wieder auf das Wesentliche konzentrieren können. Wir sehen, dass KI in Bildung, Medizin und Pflege einen großen Einfluss haben wird und menschliche Qualitäten trotz der Unterstützung durch neue Technologien künftig noch wichtiger werden. Wer heute schon systemrelevant ist, wird auch in einer KI-Arbeitswelt systemrelevant bleiben, mehr denn je. Idealerweise sollten sich die Arbeitsbedingungen dafür verbessern. Mehr Zeit würde uns ermöglichen, diese Arbeit sinnvoller durch andere Formen der Sorgearbeit zu ergänzen, ohne Menschen auszubrennen. KI kann uns dabei helfen, diesen Wandel anzustoßen und die Probleme zu beseitigen, die wir in der Arbeitswelt seit Jahren und Jahrzehnten mit uns herumschleppen. Aber dafür muss die Technologie richtig gebaut und genutzt werden: menschenzentriert, nicht profitzentriert. Sozial und gerecht, nicht diskriminierend und spaltend. Von uns allen mitgestaltet.

Werden neue Jobs entstehen? Ja. Werden andere Jobs wegfallen? Ja. Werden sich Branchen verändern oder einige ganz wegbrechen? Ja. Die Frage ist, was wir daraus machen: Dürfen Unternehmen ihre Mitarbeitenden einfach vor die Tür setzen und stattdessen mit KI und Robotern ihre Aktienkurse nach oben treiben? Wenn weniger Menschen für ein Unternehmen arbeiten, zahlt dies schließlich weniger Lohnsteuer und Beiträge in die Kranken- und Sozialversicherungen ein, was negative Folgen für die ganze Gesellschaft hat. Eine Zunahme der Arbeitslosigkeit lässt die Staatsausgaben ansteigen. Das funktioniert nicht. Es braucht einen Ausgleich, etwa indem Unternehmensgewinne stärker besteuert werden oder durch eine Maschinensteuer, falls durch den Einsatz von Robotik, KI und anderen

Technologien Arbeitsplätze wegfallen, Kosten im Unternehmen eingespart und Gewinne vergrößert werden können.

Wir müssen dafür sorgen, dass diese zusätzlichen Gewinne in die Gemeinschaft einfließen und den Umbau finanzieren, der unserer Wirtschaft und Arbeitswelt bevorsteht.

Wie die Welt nach diesem Umbau aussieht und wie unsere Arbeit in der fernen Zukunft aussehen kann, zeigt der Blick nach vorne, auf die nächsten Jahre, ins Übermorgen.

KAPITEL 4

GESTERN

HEUTE

MORGEN

ÜBER
MORGEN

Wir wissen nicht, wie die Arbeitswelt in fünf oder zehn oder
20 Jahren aussehen wird. Aber wir können uns überlegen, welche Zukunft wir wollen, wie unser Ideal aussieht, was wir uns wünschen – und uns auf den Weg machen, diese Zukunft zu gestalten. Wir können die Weichen dafür stellen, dass wir in unserer Utopie landen und nicht aus Versehen in einer dystopischen Zukunft, die niemand wollte.

Bei dieser Zukunftsvision werden digitale Technologien und KI in jedem Fall vorkommen: Selbst wenn die Entwicklung heute stoppen würde – was sie nicht tun wird –, wird das massive Auswirkungen haben. Wir können davon ausgehen, dass wir in den kommenden Jahren weitere Sprünge und viele neue Anwendungen sehen werden, die wir uns heute nicht vorstellen können.

Aber natürlich ist Technologie bei Weitem nicht der einzige Aspekt, der unser Übermorgen bestimmen wird. Ob, wie und wie schnell wir die Klimakrise bewältigen, wird eine zentrale Rolle darin spielen, wie unsere Zukunft aussehen kann, in Deutschland, Europa und weltweit. Wir werden nicht nur Auswirkungen auf die Arbeitswelt sehen, sondern auf unsere gesamte Lebensweise, auf unsere Gesundheit, auf unsere Wohnungen, auf unsere Städte, auf unseren Alltag. Kriege, Konflikte und Migration werden zentral davon beeinflusst, wer künftig noch eine Lebensgrundlage hat. Die demografische Entwicklung wird eine wichtige Rolle spielen – und die Frage, ob wir eine inklusivere

Gesellschaft gestalten können, in der Migration nicht mehr als Problem, sondern als Gewinn angesehen wird. Wie wir Vermögen und Sorgearbeit verteilen, wird ein Thema sein – und die Frage, wie wir künftig Wohlstand definieren.

Die politischen Rahmenbedingungen der kommenden Jahre werden hier großen Einfluss haben: Eine Politik, die demokratie-, klima- und menschenfeindlich ist, kann großen Schaden anrichten und unsere Gesellschaft spalten und uns Jahre und Jahrzehnte zurückzuwerfen. Eine Demokratie, die auf Klimaschutz und menschlichen Zusammenhalt ausgerichtet ist, könnte hingegen dabei helfen, den Wandel positiv zu gestalten. Natürlich leben wir nicht in einem Vakuum: Auch die politischen Entscheidungen, die auf europäischer Ebene sowie weltweit getroffen werden, beeinflussen, wie wir künftig leben werden und können.

Was wir brauchen, sind gesellschaftliche Prioritäten, die Klimaschutz und Menschlichkeit in den Fokus stellen, sowie die politischen und wirtschaftlichen Entscheidungen, die diese Prioritäten tragen und gestalten. Wir brauchen eine neue Art zu wirtschaften, um die Klimakrise zu bekämpfen. Wir brauchen einen stärkeren Fokus auf Gemeinschaft und Zusammenhalt, um unsere Demokratie zu stärken und dafür zu sorgen, dass wir nicht weiter auseinanderdriften. KI kann ein Werkzeug sein, das dabei hilft, in der Arbeitswelt und darüber hinaus. Oder es kann dazu beitragen, dass die Schere noch weiter aufgeht, die Klimakrise beschleunigt wird und der Arbeitsmarkt zusammenbricht. Wir haben es in der Hand.

Ich möchte euch deshalb mitnehmen in mögliche Visionen der Zukunft, für die Jahre 2030 und 2050. Wie könnte sich Arbeit bis dahin verändern, welche Rolle wird dabei Technologie spielen und vor allem: Was muss passieren, damit wir in den positiven Szenarien landen und nicht in den negativen? Denn von Selbstverwirklichung bis Verzweiflung ist alles möglich.

WIE WERDEN WIR 2030 ARBEITEN?

In den kommenden Jahren wird KI in der Arbeitswelt ankom- men und erst zögerlich, dann immer schneller für Veränderung sorgen. Wir starten jetzt mit einer Art Übergangszeit, die vermutlich einige wenige Monate oder Jahre anhalten kann – und das Zeug hat zu prägen, wie die weitere Entwicklung aussieht. Wenn es schlecht läuft, bewegen wir uns in die falsche Richtung. Die Ansätze für drei Entwicklungen, die ich für gefährlich und sinnlos halte, beobachte ich bereits jetzt:

- Viele Unternehmen wollen unbedingt sofort um jeden Preis KI einsetzen – und zwar möglichst öffentlichkeitswirksam. Sie setzen auf KI-Projekte, die cool und sexy aussehen und zu denen sie eine Pressemitteilung verschicken können. Unternehmen, die sich vor allem auf solche Prestigeprojekte einschießen, werden weder nachhaltig von den Vorteilen von KI profitieren noch damit ihre Mitarbeitenden entlasten – im Gegenteil: Wenn diese Projekte auf die andere Arbeit gestapelt werden, ist das doppelt schädlich.
- Die Arbeit in Bürojobs ist geprägt von oft nur bedingt nötigen E-Mails, Meetings, Dokumenten, Formularen und Projekten, wodurch kaum Zeit mehr für »die echte« Arbeit bleibt. KI könnte das verstärken – und uns in die *boring apocalyse* – die Langeweile-Apokalypse – verbannen. Diesen Begriff habe ich von Jonathan Frankle:[203] Der

Computerwissenschaftler beschreibt eine Arbeitswelt, in der wir KI nutzen, »um lange E-Mails und Dokumente zu generieren, und die Person, die sie erhält, nutzt ChatGPT, um sie zu ein paar Punkten zusammenzufassen, und tonnenweise Informationen wechseln den Besitzer, aber es ist alles nur Geschwafel. Wir blähen von KI generierte Inhalte nur auf und komprimieren sie wieder.« Wenn die Inhalte keinen echten Mehrwert haben und kein Mensch sie ansieht, können wir es auch gleich lassen. Es ist eine Klickwelt aus der Hölle, mit uns Menschen als Robotern, die als Verbindungsstelle zwischen zwei Maschinen sitzen, als moderne Version der Telefonistin: Wir helfen zwei KIs, miteinander zu reden, und müssen uns bemühen, bei der Sinnlosigkeit des Ganzen nicht über unserer Kaffeetasse einzuschlafen.

- Wie schädlich es sein kann, wenn KI den Takt vorgibt, sehen wir schon heute in der Plattformökonomie. Was wäre, wenn diese Arbeitsweise sich weiter ausbreiten und auch in die Bürowelt schwappen würde? Mit der Verbreitung von Homeoffice hat die digitale Überwachung zugenommen. Wenn jetzt KI dazukommt, könnte eine Arbeitswelt der Kontrolle und Überwachung die Folge sein: Jeder Handgriff, jeder Klick werden aufgezeichnet und analysiert, jeder Fehler kann zur Abmahnung führen. Und wenn ich mich weigere, KI zu nutzen, um all meine Ergebnisse mindestens 30 Prozent schneller abzuliefern, werde ich gefeuert.

Wenn wir in der Übergangsphase, in der KI noch vergleichsweise neu ist, bereits in einer dieser Fallen landen, wird es schwierig, wieder herauszukommen. Deshalb ist es so wichtig, schon jetzt – zu Beginn dieser Entwicklung – darauf zu achten, dass am Ende gute Arbeitsbedingungen stehen und nicht einfach nur Technik um der Technik willen eingesetzt wird.

Sonst könnte die Folge eine Arbeitswelt der Automation sein, in der die Technik den Takt vorgibt und der Mensch nur ausführt, was ihm vorgegeben wird. KI wäre nur da zur Effizienzsteigerung, um den Profit von großen Technologieunternehmen zu steigern. Es ginge nicht darum, möglichst viele Menschen mitzunehmen oder ihre Arbeits- und Lebensqualität zu verbessern.

Oder es könnte zu einer Weiterführung der Industrie 4.0 führen, bei der wirtschaftliche Interessen im Fokus stehen und kleine Unternehmen unter Druck geraten. Wissensarbeitende würden zwar von der KI entlastet, doch die Arbeit von Basis- und manchen Facharbeitenden würde zunehmend automatisiert. Sie verlören ihre Jobs und fänden auch keine neuen mehr.

Auch die Möglichkeit, dass die Plattformökonomie sich noch weiter zuspitzt, ist nicht unrealistisch: Große internationale Konzerne hätten das Sagen, alle andere Unternehmen würden ihnen zuarbeiten. Wie KI gestaltet wird, entscheiden in dieser Welt einige wenige: Sie treffen die Entscheidungen, alle anderen führen sie aus. Das bedeutet, dass der Abstand zwischen Arbeitskräften und Technologieelite weiter zunimmt. Nicht alles wäre negativ: Die Leistungs- und Lernfähigkeit von KI wäre verbessert, es gäbe eine offene Innovationskultur, ein agiles Führungsverständnis und breite KI-Bildung. Aber wollen wir wirklich eine Arbeitswelt, in der die Technik so stark im Zentrum steht, in der die Gestaltung der Arbeitswelt von Plattformen dominiert wird und es eine stärkere Polarisierung bei der Arbeitsqualität gibt? Für mich ist das eine Weiterführung der aktuellen Situation auf dem Arbeitsmarkt, deren Probleme wir täglich beobachten.

Unternehmen, Organisationen und öffentliche Akteur*innen machen sich Gedanken darum, wie die Arbeitswelt in Zukunft aussehen könnte. Eine der ausführlichsten Studien für Deutschland wurde von der Abteilung Denkfabrik Digitale

Arbeitsgesellschaft im Bundesministerium für Arbeit und Soziales veröffentlicht. Darin wurden fünf Szenarien für die Arbeitswelt 2030 entwickelt – die drei eben beschriebenen sowie zwei weitere.

Diese Szenarien sind Teil der sogenannten strategischen Vorschau des Ministeriums und wurden 2021 und 2022 vom Institut für Innovation und Technik, das öffentliche Institutionen, Unternehmen und Organisationen zu Innovationspolitik und -prozessen berät, gemeinsam mit 33 Expert*innen erarbeitet.[204] Sie zeigen, wie sich KI auf die Arbeitswelt auswirken könnte, welche Entwicklungen wünschenswert wären – und in welchem der Szenarien wir am wahrscheinlichsten landen.

In den drei eben beschriebenen Szenarien hätten wir am Ende eine schlechtere, menschenunwürdigere Arbeitswelt. Die gute Nachricht: Es könnte auch anders gehen. Besser.

Werden wir bis 2030 alles über den Haufen werfen, was wir heute in der Arbeitswelt sehen? Sicher nicht, dafür ist der Zeitrahmen zu kurz. Aber es wird Veränderungen geben, die durchaus positiv sein können, wenn jetzt richtig investiert und entschieden wird. Ich wünsche mir eine Arbeitswelt, in der neue Technologien eingesetzt werden, in der Menschen sich weiterbilden können, in der uns lästige, unnötige, langweilige, gefährliche Arbeit abgenommen wird und wir uns auf die positiven Seiten unserer Arbeit konzentrieren können, die uns mit Sinn erfüllen. Eine Welt, in der Weiterbildung eine zentrale Rolle spielt und in der wir Technologie mit Interesse und Offenheit begegnen, weil wir an ihrer Entwicklung und Gestaltung beteiligt sind. Eine Realität, in der es nicht um *Hustle* und Produktivität geht, sondern um Familie und Freundschaften. In der Diversität und Inklusion ein ganz normaler Bestandteil des Arbeitslebens geworden sind. In der starre Hierarchien aufbrechen und es um mehr geht als um die Profite von Unternehmen.

Ein ähnliches Szenario ist das der Transformation, das die Expert*innen erarbeitet haben. Es ist ein Szenario, für das die Politik aktiv geworden ist und gezielt Forschung, Technologie und Innovation gefördert hat. In dem es einen neuen gesellschaftlichen Zusammenhalt gibt, Antworten auf die Klimakrise gefunden wurden, ressourceneffizienter gelebt und gearbeitet wird. Der Fachkräftemangel hat Unternehmen dazu gebracht, ihre Mitarbeitenden als Partner*innen zu sehen statt nur als Kostenpunkt. Die Akzeptanz für KI ist groß, es gibt eine breite Kompetenzvermittlung und Weiterbildung.

Und: Es gibt ein neues Produktivitätsparadigma. Die Mensch-Technik-Interaktion – also die Art, wie wir alle mit KI und Robotern zusammenarbeiten – ist menschenzentriert. Technologische Innovationen werden danach geprüft und entwickelt, wie sie die Effizienz steigern, Geschäftsmodelle innovativer gestalten und die Arbeitsqualität verbessern können. Mitarbeitende werden in die Entwicklung einbezogen.

Es ist ein Szenario, das mich an meine Herangehensweise für dieses Buch erinnert: In dem KI und Technologie fast schon eine untergeordnete Rolle spielen – wie es ja auch sein sollte –, sondern Teil eines größeren gesellschaftlichen Wandels sind, bei dem wir entschieden haben, wie wir gut zusammenleben und arbeiten wollen.

Und: Es klingt ziemlich utopisch. Ich frage Judith Peterka, die die Studie auf der Seite des KI-Observatoriums im Bundesarbeitsministerium begleitet hat, für wie realistisch sie dieses Transformationsszenario hält. Ihr zufolge sei es keine Utopie, in einigen Unternehmen sei es bereits Realität. Aber menschenzentrierte Technologieentwicklung dürfen sich nicht nur einige wenige Unternehmen zum Ziel setzen: »Wir wissen aus der Forschung, dass Produktivitätssteigerungen durch den Einsatz neuer Technologien nicht funktionieren, wenn man die Mitarbeitenden nicht mitnimmt«, sagt Peterka. »Die zentralen Themen sind Weiterbildung und Qualifizierung.« Das bedeutet zum einen, dass wir digitale Fähigkeiten weiter fördern müssen. Gleichzeitig müssen wir uns stärker auf die Eigenschaften konzentrieren, die inhärent menschlich sind: Teamarbeit, Konfliktfähigkeit, Kreativität, Empathie. Denn die werden wir brauchen.

»Wir müssen ein Bewusstsein dafür schaffen, wie eine gute Arbeitswelt künftig aussehen könnte, und Tools entwickeln, die dabei helfen können, diese zu gestalten.« Außerdem brauche es eine Stärkung der Mitbestimmung und einen klaren Rechtsrahmen.

Es gibt aber noch ein anderes Zukunftsszenario, das (leider) deutlich realistischer ist: Drei Viertel der befragten Expert*innen nehmen an, dass es eintritt, aber nur ein Viertel hält das für wünschenswert. Mir geht es genauso. Es ist »die Zukunft der Ambivalenz«, in der wir uns so durchwursteln, ohne größeren Plan. Die großen Technologiekonzerne dominieren, die Arbeitswelt polarisiert sich weiter, es gibt keine gemeinsame Vision. Die Innovationskultur fehlt, um Arbeit wirklich neu zu denken.

Wie Aufgaben automatisiert werden, kann sehr unterschiedlich aussehen – und diese Ausgestaltung hat große Auswirkungen auf Arbeitskräfte: Peterka erklärt mir das an einem Beispiel: Nehmen wir eine Person, die in der Datenverarbeitung arbeitet und dafür ein KI-Tool nutzt. Diese Person kennt sich ziemlich gut aus. Sie kennt die Daten, sie kennt die Wünsche der Kund*innen, sie denkt mit. In einer technikzentrierten Realität wären ihre Kenntnisse und Fähigkeiten allerdings irrelevant, denn sie wurden bei der Entwicklung des Tools nicht beachtet. Ihre Kompetenzen würden nicht genutzt. Der Mensch assistiert der Maschine, kann sich selbst dabei aber nicht einbringen. Das Produktivitätspotenzial wird nicht ausgenutzt.

Im Prinzip wird hier jemand böse gesagt nur fürs Klicken bezahlt, nicht fürs Denken. Was mich wieder an die *Bullshit Jobs*
von David Graeber erinnert – und an die *Boring Apocalypse*. So
will ich im Jahr 2030 sicher nicht arbeiten. Wenn die Kompetenz der Person von vornherein in die Entwicklung mit einbezogen werden würde und dabei helfen kann, die KI mit der
Zeit noch schlauer zu machen, wären wir 2030 in einer deutlich
sinnvolleren, besseren – und produktiveren – Arbeitswelt.

WIE WERDEN WIR 2050 ARBEITEN?

204 Während wir 2030 noch eher am Anfang der KI-Revolution stehen, werden wir in den folgenden Jahren und Jahrzehnten riesige Veränderungen sehen: Die Geschwindigkeit wird weiter zunehmen, und wir werden uns als Gesellschaft große Fragen stellen müssen. Wie wir sie beantworten, entscheidet über unsere Zukunft. Im Jahr 2050 werden wir die Auswirkungen dessen sehen, was wir heute anstoßen.

Die Technologie wird sich verändern, die zentralen Fragen, die wir uns rund um Arbeit und Technologie stellen müssen, bleiben dieselben: Wie wollen wir als Menschen mit Maschinen interagieren? Wie gehen wir damit um, wenn Menschen ihre Jobs verlieren und aufgrund des technologischen Fortschritts keine neuen finden? Wie finanzieren Menschen ihr Leben? Und vermutlich die alles umfassende Frage: Wie können wir den politischen Rahmen gestalten, in dem all diese Fragen aufgefangen und beantwortet werden?

Wie wir übermorgen leben und arbeiten, wird nicht nur von Technologie beeinflusst, sondern auch von der Klimakrise. 2050 ist das Jahr, in dem die EU klimaneutral sein will. Bis dahin müssten wir also Energieversorgung, Wirtschaft, unser Leben, unsere Arbeitswelt entsprechend umgebaut haben. Ob und wie wir das schaffen, wird nicht nur den Zustand des Planeten, sondern auch den unserer Gemeinschaft und unses Zusammenlebens beeinflussen. Tragen alle die notwendigen Veränderungen mit? Entstehen neue Arbeitsplätze, weil wir unsere Wirtschaft schnell genug wandeln? Oder zerstört die Klimakrise nicht nur unsere Umwelt, sondern auch unsere Arbeit? Ich fürchte das Schlimmste und hoffe auf das Beste.

Im schlimmsten Fall spitzt sich die Klimakrise zu, weil politische Entscheidungen aufgeschoben oder gar nicht getroffen wurden – mit verheerenden Folgen. Wir könnten 2050 in einer Welt der Verzweiflung leben, bestimmt von sozialen Konflikten, Kriminalität, Terrorismus und organisiertem Verbrechen. Neue Technologien hätten mehr Arbeitsplätze vernichtet als neu geschaffen, der demografische Wandel und die von der Klimakrise angestoßenen Migrationsbewegungen würden Volkswirtschaft und Finanzsysteme zusammenbrechen lassen. Viele Menschen wären arbeitslos. Die Welt hätte ihre Ordnung verloren.

Wenn wir in den kommenden Jahren zumindest einige gute politische Entscheidungen umsetzen können, könnte die Entwicklung eine bessere sein: Zwar wäre auch dann die Klimakrise im Jahr 2050 eine Realität, es gäbe weltweite Rezessionen und große Technologiekonzerne, die viel Macht auf sich konzentrieren würden. Der Ruhestand wäre abgeschafft worden: Menschen blieben im Alter länger fit, arbeiteten remote und zahlten Steuern, was die Sozialsysteme stützen würde. Allerdings hätten wir es vielleicht geschafft, Städte umweltfreundlich umzubauen, KI und Robotik weiterzuentwickeln, und es würden mehr Jobs durch neue Technologien geschaffen als verschwunden sind. Vielleicht wären diverse Formen von Grundeinkommen eingeführt. Es ist nicht alles rosig in dieser Realität, aber es könnte schlimmer sein, so die Prognose der internationalen Delphi-Studie des Millennium Projects.[205]

Ich werde im Jahr 2050 selbst schon fast im Rentenalter sein (in der Hoffnung, dass es eine gesetzliche Rente bis dahin überhaupt noch gibt und wir nicht alle bis 80 arbeiten müssen). Zu diesem Zeitpunkt wird die Gen X aus dem Arbeitsleben ausgeschieden sein. Wenn wir keine Migration zugelassen und Menschen nicht gut integriert haben, wird unsere Bevölkerung vermutlich extrem geschrumpft sein. Es wird dann noch wichtiger, dass Technologie uns Arbeit abnimmt. Viele Branchen werden sich grundlegend verändern, neue werden entstehen, andere wegbrechen. Gleichzeitig werden viele Menschen Aufgaben im Gesundheits- und Sozialbereich übernehmen, um andere zu versorgen, zu pflegen, zu betreuen, weiterzubilden. Ob das zwingend Jobs in der Organisationsform sein müssen, wie wir sie heute kennen?

Ich habe in letzter Zeit viel darüber nachgedacht, wie Feuerwehren in Deutschland organisiert sind: Deutschland hat etwa 23.700 Feuerwehren mit mehr als einer Million aktiven Feuerwehrleuten. 95 Prozent davon sind Ehrenamtliche, sie werden für ihre Arbeit bei der Feuerwehr nicht bezahlt, haben eigentlich andere Jobs. Aber sobald der Alarm losgeht, kommen sie zum Feuerwehrhaus und ziehen aus, um Notrufe zu beantworten, Feuer zu löschen, Leben zu retten. Weil sie dazu ausgebildet wurden und regelmäßig trainieren. Obwohl es nicht ihr Job ist. Das funktioniert so gut, dass wir keine große gesellschaftliche Diskussion darüber führen, ob wir die Feuerwehr reformieren müssen oder dass ständig Häuser abbrennen, weil niemand den Alarm beachtet. Ähnlich läuft es beim Technischen Hilfswerk, das im Katastrophenfall hilft, nach Bränden, Hochwasser oder in der Pandemie. Fast alle helfen ehrenamtlich, es gibt nur einen grundlegenden Stab an hauptamtlichen Mitarbeitenden.

Solche Modelle, die auf Gemeinwohl basieren, kann ich mir für die Zukunft noch viel häufiger vorstellen. Denn wie viele Menschen würden sich gerne regelmäßig sozial und gesellschaftlich ehrenamtlich engagieren, wenn ihr Zeitbudget es zulassen würde? Wenn Erwerbsarbeit nicht mehr nötig wäre, um die Lebenskosten zu decken, würden wir unsere Zeit neu einteilen.

Solche Gedankenspiele werden vor allem relevant, wenn wir einige Weichen für das Jahr 2050 heute und morgen richtig stellen. Wenn wir es schaffen, die Weltwirtschaft nachhaltig umzubauen und die Grundbedürfnisse fast aller Menschen zu decken – durch das Zusammenspiel von Politik, Wirtschaft und neuen Technologien. Wenn Arbeitslosigkeit ein Ding der Vergangenheit wird. Ja, es wird auch in dieser Welt noch gearbeitet – schließlich haben wir Menschen schon immer gearbeitet, nur früher eben nach dem Lauf der Natur und nicht 40 Stunden in Vollzeit, als wäre das als einzige Option genetisch codiert. Wir werden darüber diskutieren, wie wir eigentlich leben wollen. Denn Menschen müssen vielleicht nicht mehr arbeiten, um Geld zu verdienen. Es findet ein bedeutsamer Wandel statt: weg von menschlicher Arbeit und menschlichem Wissen hin zu Maschinenarbeit und -wissen.

Es ist die Utopie, die Keynes beschreibt. Es ist die Utopie, in der auch wir leben könnten – oder zumindest unsere Kinder. Ich könnte mir sehr gut vorstellen, dass die Menschen in dieser Zukunft die 40-Stunden-Woche für genauso überholt halten wie wir die 60-Stunden-Woche. Dass sie das Konzept der Arbeitslosigkeit gar nicht mehr kennen. Und dass sie ihre Identität nicht an ihren Beruf knüpfen, wie wir es derzeit tun.

Die Frage, wie Chancen, Einkommen und Vermögen verteilt und wie Sozial- und Wirtschaftssysteme neu definiert werden, wird sich in dieser Zukunft dringender stellen denn je – und wir müssen uns heute schon auf sie vorbereiten. Dass in vielen Ländern, Städten und Regionen – etwa in Indien, Kenia, Finnland, Wales und Kanada – Tests zu verschiedenen Formen des bedingungslosen Grundeinkommens durchgeführt werden, sehe ich als positive Entwicklung. Denn in einer Welt mit deutlich weniger Erwerbsarbeit müssen wir trotzdem sicherstellen, dass Menschen gut und sicher wohnen, essen, leben können. Wir wissen aus den Studien, dass ein bedingungsloses Grundeinkommen nicht dazu führen muss, dass Menschen nicht mehr arbeiten wollen. Eine alternative Möglichkeit wäre etwa die Einführung eines Grundeinkommens, das an einen gewissen gesellschaftlichen Beitrag gekoppelt ist, auch um Struktur, Teilhabe und Sinn aus der heutigen Arbeitswelt nicht zu verlieren. So oder so: In einer Welt mit weniger Jobs und weniger Arbeit werden wir um andere Modelle der Vermögensverteilung nicht herumkommen.

208   Wie ein solches Einkommen für alle finanziert werden könnte? Wenn KI uns die Produktivitätsgewinne beschert, die wir uns erhoffen, sind zusätzliche Steuern auf Finanztransaktionen, Umweltbelastungen, Roboter und neue Technologien sowie die Schließung von Steueroasen einige Optionen. Das würde uns ermöglichen, uns mehr fürs Gemeinwohl einsetzen zu können.

Positive Veränderung wird aber nicht von alleine passieren, und sie kann auch nicht erst dann angestoßen werden, wenn es schon zu spät ist. Deshalb habe ich aus all den Gesprächen, die ich geführt habe, aus all den Studien und Büchern, die ich gelesen habe, ein paar Handlungsanweisungen abgeleitet. Für die Politik, für Wirtschaft und Unternehmen, aber auch für uns alle. Denn wie unser Übermorgen aussehen wird, entscheidet sich nicht erst im Jahr 2040 oder 2050. Es entscheidet sich gestern, heute und morgen. Es entscheidet sich jetzt. Und wir müssen unsere Zukunft selbst in die Hand nehmen.

10 FORDERUNGEN FÜR EINE BESSERE ARBEITSWELT

1. Eine Zukunftsvision gestalten. Wir brauchen eine Arbeitsvision, ein Ziel für 2050. So, wie die Klimaneutralität oder der Kohleausstieg als gemeinsames gesellschaftliches Ziel festgelegt wurden, müssen wir Ziele für unsere Arbeitswelt formulieren.

- Nur kurzfristige Lösungen zu erarbeiten und von Legislaturperiode zu Legislaturperiode zu planen, reicht nicht. Es braucht langfristige Lösungen, die von einem breiten politischen Konsens getragen werden.
- Damit heutige und künftige Regierungen gut beraten sind, braucht es staatliche, unabhängige Gremien, die divers besetzt und in ihrer Arbeit auf Ethik sowie Gemeinwohl fokussiert sind.
- Dafür müssen wir Wohlstand und Wirtschaftsleistung anders messen: Das Bruttoinlandsprodukt muss ersetzt oder ergänzt werden um Faktoren wie Bildung, Lebenserwartung, ökologische Aspekte und das Wohlbefinden der Bevölkerung. Auch die Wirtschaft muss ihren Beitrag leisten: Wir brauchen einen neuen Gesellschaftsvertrag, in dem Unternehmen Verantwortung für ihre Mitarbeitenden und die Gemeinschaft übernehmen und sich aktiv daran beteiligen, Wohlstand nicht mehr nur über Geld und Konsum zu definieren. Das heißt nicht, dass Unternehmen keine Gewinne mehr machen sollten. Aber die Frage, unter welchen Umständen diese Gewinne erwirtschaftet werden und wer von ihnen profitiert, muss anders beantwortet werden als heute.
- Es geht darum, dass wir Veränderung proaktiv gestalten, statt nur zu reagieren, wenn es vielleicht schon zu spät ist. Der wohl wichtigste erste Schritt, der auch positiv auf den Arbeitsmarkt wirkt: schnell breite Klimamaßnahmen umsetzen, die alle Sektoren umfassen, und den Sozialstaat stärken.

2. Unsere (Weiter-)Bildung fördern. Bildung alleine wird nicht all unsere Probleme und Herausforderungen lösen, denn auch sie stößt an Grenzen: Nicht jede Person kann unbegrenzt neue berufliche Fähigkeiten dazulernen – und es kann von niemandem verlangt werden, ständig auf neue Berufsfelder umzuschulen. Aber ohne großflächige Bildungs- und Weiterbildungsangebote werden wir noch früher Probleme bekommen. Bildung muss für alle Menschen zugänglich sein. Dabei ist es wichtig, Chancengerechtigkeit herzustellen, in der Schule, an Hochschulen und bei der beruflichen Aus- und Weiterbildung. Lehrpläne müssen geändert, Studiengänge überarbeitet, Lehrkräfte geschult, Ausbildungen angepasst, technische Geräte, Software und schnelles Internet breit verfügbar gemacht werden.

- Unternehmen müssen Fort- und Weiterbildung ihrer Mitarbeitenden zur Priorität erklären. Das wird die Wirtschaft nachhaltig stärken und helfen, Menschen bei den anstehenden Veränderungen mitzunehmen. Dabei geht es nicht nur um die Vermittlung von harten Skills, sondern vor allem um Soft Skills: Kreativität, Teamfähigkeit, Flexibilität, Resilienz. Diese Fähigkeiten werden in einer digitalisierten Welt wichtiger denn je.
- Wir müssen offen für neue Technologien bleiben – auch wenn sie uns Angst machen und der Reflex da ist, sie zu ignorieren. Es ist wichtig, KI-Tools auszuprobieren, mit ihnen zu experimentieren, Spaß an ihnen zu haben. Zu verstehen, was sie können und was sie nicht können, wo sie uns helfen und unterstützen können. Das kann Ängste nehmen: weil man sich so weniger ohnmächtig fühlt.

3. Unser Weltbild hinterfragen. Viele KI-Tools sind diskriminierend gestaltet und werden trotzdem eingesetzt. Warum? Weil sie tun, was sie tun sollen: Die Prozesse automatisieren, die bisher von Menschen übernommen wurden – von der Bewerbung bis hin zur Visumsvergabe. KI wird Menschen mit Behinderung diskriminieren, wenn wir es in Deutschland nicht einmal schaffen, die UN-Behindertenrechtskonvention einzuhalten. KI wird die Bewerbungen von People of Color aussortieren, wenn genau das tagtäglich in Unternehmen von Menschen gemacht wird.

- Wir haben die diskriminierenden Muster, die in unserer Gesellschaft herrschen und die oft kleingeredet werden, in Technologie festgeschrieben. Wenn wir in einer gerechteren Welt leben wollen, reicht es nicht, einzelne Tools zu überarbeiten. Wir müssen an unser Weltbild ran. Für eine gerechtere Arbeitswelt müssen wir die Diskriminierung in unserer Gesellschaft beseitigen. Dafür braucht es entschiedene Gesetzgebung und die Förderung von Organisationen, die an dieser wichtigen Aufgabe arbeiten.
- Parallel muss der Einsatz von KI vor allem in Risikobereichen genau überprüft werden. Es muss klar sein, mit welchen Daten sie trainiert wurde und auf welcher Basis sie Entscheidungen trifft. Die *Black Box* muss geöffnet werden. Es braucht niedrigschwellige Wege für Laien, die Begründung für Entscheidungen einzusehen und das Ergebnis bei Verdacht auf Diskriminierung anzufechten.

4. Vielfalt fördern. Diverse Teams arbeiten erfolgreicher und erkennen schneller *Biases,* die bei der Entwicklung und Einführung von neuen Technologien entstehen.

- Um in einer KI-Welt besser zu arbeiten, brauchen wir mehr Frauen, People of Color, queere Menschen, Menschen mit Behinderung und andere marginalisierte Gruppen in der Technologieentwicklung sowie auf Entscheidungsebenen in Unternehmen. Technologie muss barrierefrei entwickelt und für alle zugänglich sein. In Schulen und Hochschulen müssen unterrepräsentierte Gruppen stärker in technischen und naturwissenschaftlichen Fächern gefördert werden. In Unternehmen müssen Diversität und Inklusion zur Chef*innen-Sache erklärt und auf höchster Ebene implementiert werden.
- Wir brauchen eine bessere Integration von Migrant*innen in Gesellschaft und Arbeitsmarkt. Deutschland ist eines der unattraktivsten Länder für ausländische Fachkräfte. Die bürokratischen Hürden sind hoch, die Sprache kompliziert, es dauert lange, bis der Staat Berufsqualifikationen anerkennt. Das größte Problem ist jedoch unsere miserable Willkommenskultur, das größte Risiko der politische Rechtsruck, den wir entschieden bekämpfen müssen. Menschen kommen als Menschen nach Deutschland, nicht als Arbeitskräfte. So müssen sie und ihre Familien auch behandelt werden.

5. Digitalisierung menschenzentriert vorantreiben. In vielen Unternehmen und Organisationen muss grundlegend digitalisiert werden (Tschüss, Fax!). Welche Schritte sollten digitalisiert werden? Was sind die richtigen Tools dafür? Wo kann man eine Zwischenstufe überspringen? Das sind die Fragen, die sich Unternehmen und Organisationen stellen müssen. KI kann helfen, Digitalisierungsprozesse zu vereinfachen und zu beschleu- nigen. Wer die Digitalisierung jetzt nicht angeht, wird in den kommenden Jahren abgehängt.

- Mit der fortschreitenden Digitalisierung müssen Prozesse angepasst werden. Oft wird so gearbeitet, wie man das »halt schon immer« gemacht hat. In der Pandemie sind neue Arbeitsschritte, Meetings, Kommunikationsformen dazugekommen und haben sich eingebürgert, ohne je hinterfragt zu werden. Produktiv ist das nicht. Neue Technologien ermöglichen, anders zu arbeiten und Arbeitsschritte neu zu denken.
- Wichtig ist, die Mitarbeitenden einzubeziehen: In der Regel wissen sie am besten, wo es hakt und welche Arbeitsschritte für mehr Entlastung oder Produktivität automatisiert werden sollten. Es geht nicht darum, KI möglichst PR-wirksam einzusetzen, sondern menschenzentriert zu arbeiten. Die Mitarbeitenden auf allen Schritten, von Entwicklung bis Einführung, einzubinden ist deshalb unerlässlich.

6. Richtig investieren. Langfristige Lösungen verlangen zielge-
richtete Investitionen: in Bildung und Weiterbildung, in Forschung und Entwicklung, in Klimaschutz, in digitale Infrastruktur, in menschenzentrierte KI, in Cybersicherheit.

- Um das zu finanzieren, gibt es einige Optionen: eine
  angemessene CO_2-Steuer, eine Vermögenssteuer für
  Überreiche oder eine Abgabe für Unternehmen, die in
  ihrem Geschäftsmodell vom Einsatz neuer Technologien
  profitieren: eine Maschinensteuer. Zudem muss die
  berühmte Schuldenbremse so reformiert werden, dass
  Zukunftsinvestitionen möglich sind, besonders im Hinblick
  auf die Klimakrise.
- Es braucht finanzielle Unterstützung für alle, die diese
  benötigen, durch ein Klimageld, durch eine stabile
  Grundsicherung für Erwachsene und Kinder, durch eine
  Reform des Elterngeldes. Wir wissen nicht, wie viele
  Jobs künftig wegfallen werden. Aber wir müssen mit
  dem Schlimmsten rechnen. Deshalb braucht es mehr
  Forschung zu Modellen wie einem bedingungslosen
  Grundeinkommen, einer negativen Einkommensteuer
  oder anderen Formen der Vermögensverteilung, die den
  Grundbedarf aller Menschen sichern und dafür sorgen, dass
  niemand zurückgelassen wird.

7. Unabhängige Technologieentwicklung fördern. Die eigene Entwicklung von neuen Technologien und KI-Tools ist wichtig, um ethische Rahmenbedingungen gestalten zu können und die Machtkonzentration in der Technologiebranche aufzubrechen.

- Die Grundlagentechnologien vieler privatwirtschaftlich vermarkteter Produkte kommen aus der öffentlich getragenen Wissenschaft. Der Bildgenerator Stable Diffusion etwa wurde an der Ludwig-Maximilians-Universität in München entwickelt und als Open-Source-Modell veröffentlicht. Bei der Forschung und Entwicklung müssen Hochschulen weiter eine führende Rolle spielen und mehr mit der Wirtschaft kollaborieren, auch um KI stärker von Großkonzernen unabhängig zu machen. Hier braucht es politische Förderung. Wichtig ist, dass die wirtschaftlichen Erträge aus öffentlich finanzierten Innovationen wieder zurück in die öffentliche Hand fließen: Dass nicht nur Unternehmen davon profitieren, sondern auch der Staat – und damit wir alle. Eine höhere Besteuerung von auf diesem Wege erzielten Unternehmensgewinnen könnte eine Lösung sein.
- Neben ethischen Rahmenbedingungen sollten grüne Technologien gefördert werden: Wir brauchen mehr Forschung und Entwicklung, die Ökologie und Technologie verbinden.

8. Regulatorische Rahmenbedingungen schaffen. Mit welchen Daten darf KI trainiert werden? Wie werden besonders mächtige Programme reguliert? Wie wird sichergestellt, dass KI-Tools nicht diskriminieren? Wie müssen Entscheidungspfade offengelegt werden? Für diese Fragen muss die Politik regulatorische Rahmenbedingungen schaffen – auf nationaler, europäischer und sogar globaler Ebene.

- Der *AI Act* der EU ist ein Anfang, aber wird nicht ausreichen. Erstens muss dieser noch in nationales Recht umgesetzt und hierfür angepasst werden. Zudem verändert sich die Technologie stetig weiter, was eine stetige Weiterentwicklung der Regulierungen verlangt. Grundlage dafür ist, dass Politiker*innen und Jurist*innen verstehen, wie diese Technologien funktionieren, welche Risiken und Chancen es gibt und welche Formen von Regulierung sinnvoll sind, damit sie informierte Entscheidungen treffen können.
- Eine Non-Profit-Organisation, die staatlich getragen ist und sich im öffentlichen Interesse dafür einsetzt, neue Technologien zu entwickeln oder zu zertifizieren, würde sicherstellen, dass Tools nicht diskriminierend gebaut werden, bestehender *Bias* nicht verstärkt wird und die entwickelten Produkte barrierefrei nutzbar sind. Wie wäre es mit einer öffentlich-rechtlichen KI-Anstalt? Das Ziel muss sein, Gleichberechtigung und Chancengleichheit zu stärken, statt die soziale Ungleichheit zu verschärfen.

9. Gesellschaftlich und politisch engagieren. Betriebsräte und Gewerkschaften werden in der technologischen Entwicklung, die wir am Arbeitsplatz sehen, eine große Rolle spielen. Sie können helfen, den Wandel sozialer und menschlicher zu gestalten. Um ihnen die Macht dazu zu verschaffen, ist es wichtig, dass viele Erwerbstätige dort organisiert sind, denn nur so können sie Forderungen gegenüber Unternehmen und Organisa- tionen durchsetzen. Das Bestehen und die Wirkungsfähigkeit von Gewerkschaften müssen politisch gefestigt werden. Unternehmen, die die Gründung von Betriebsräten verhindern, müssen dafür sanktioniert werden.

- Wenn ihr in einem Unternehmen arbeitet, das noch keinen Betriebsrat hat: Tut euch mit Kolleg*innen zusammen und gründet einen. Wenn es schon einen gibt, fragt nach, inwiefern er Technologien prüft, bevor sie eingesetzt werden. Bietet eure Expertise an, wenn ihr sie habt. Werdet Mitglied in einer Gewerkschaft und engagiert euch dort.
- Wir gestalten unsere Zukunft gemeinsam: im politischen Rahmen statt in Parteien und politischen Organisationen, in Umweltorganisationen, NGOs und in der Nachbarschaft. Ehrenamtliche Arbeit stärkt unsere Gemeinschaft, was wichtiger ist denn je: Nur gemeinsam können wir die Umbrüche, die auf uns zukommen, bewältigen. Deshalb ist es wichtig, dass Zeit und Raum für dieses Engagement existieren. Künftige Gesellschaftsmodelle könnten sich noch stärker an der Art und Weise orientieren, wie Ehrenämter organisiert sind. Die Stärkung dieser Strukturen ist deshalb unerlässlich.

10. Mensch bleiben. In einer Welt, die zunehmend digitalisiert und automatisiert wird, ist unsere Menschlichkeit das Wichtigste, was wir haben.

- Deshalb ist es so wichtig, uns auf menschliche Fähigkeiten zu besinnen: auf Empathie und Teamarbeit, auf Kreativität und Resilienz. Das dürfen wir nicht vergessen oder vernachlässigen – und idealerweise schaffen wir uns eine Arbeitswelt, in der viel mehr Raum für all diese Dinge bleibt.
- Wir wollen nicht nur als Zwischenschritt zwischen zwei Maschinen stehen, die noch nicht miteinander sprechen können, sondern wir wollen einen echten Beitrag leisten. Wir wollen nicht, dass die KI uns den Takt vorgibt und wir kaum noch hinterherkommen, sondern wir wollen gestalten. Wir wollen nicht, dass die wichtigsten menschlichen Jobs von Robotern übernommen werden, sondern wir wollen unsere Menschlichkeit bewahren. Wir wollen keine Technologie, die diskriminiert, wir wollen Gemeinschaft, Pluralität und Demokratie schützen. Wir wollen nicht, dass uns all das genommen wird, was uns Freude und Glück bringt, sondern kreativ denken und Sinn in unserem Alltag finden. Und dafür brauchen wir das, was uns ausmacht, am meisten. Denn das kann nie automatisiert werden.

ZUM SCHLUSS

Der Umbruch, der uns bevorsteht, wird kommen, und zwar schneller und heftiger, als wir es uns jetzt vorstellen können und wollen. Das ist gut und wichtig: Die Situation in der aktuellen Arbeitswelt, der Fachkräftemangel, die Pflegekrise, die notwendige grüne Transformation – all das drängt uns dazu, den Kopf aus dem Sand zu ziehen und die Veränderung tatkräftig anzugehen.

Doch diese Veränderung wird nicht automatisch eine positive Veränderung. Den Weg müssen wir gestalten. Um der Klimakrise zu begegnen, haben wir eine gesellschaftliche und politische Vision entwickelt: Bis 2045 will Deutschland klimaneutral werden. Das Ziel ist klar, der Kompass eingeordnet – auch wenn es bei der Umsetzung nicht so entschieden vorangeht, wie es notwendig wäre.

Eine solche Vision brauchen wir für die Arbeitswelt der Zukunft: Wir müssen gemeinschaftlich entscheiden, wie wir übermorgen arbeiten wollen, um morgen nicht in der Dystopie zu landen.

Viele langweilige, unnötige, repetitive Aufgaben könnten wegfallen, automatisiert werden. Wir könnten uns von *Bullshit Jobs* verabschieden, Zeit und Ressourcen frei machen und den Fokus auf die Dinge legen, die wirklich wichtig für unser Wohlbefinden und unsere Gemeinschaft sind. Wir könnten Vermögen und Unternehmensgewinne gerechter verteilen, steigende Produktivität für das Gemeinwohl nutzen – und uns allen mehr

Zeit geben. Mit mehr Zeit können wir uns überlegen, welche Strukturen es jenseits der Erwerbsarbeit geben kann und sollte. Ehrenamtliche Strukturen wie die Freiwillige Feuerwehr könnten uns dabei ein Vorbild sein. Sorgeaufgaben könnten neu und gerechter verteilt werden. Und wir können überlegen: Welche Aufgaben und Tätigkeiten sollen weiter menschlich bleiben, selbst wenn sie automatisiert werden könnten? Und welche dürfen ruhig weg?

Arbeit gibt unserem Leben Struktur, Teilhabe, Sinn. Aber wir können all das auch aus anderen Bereichen unseres Lebens schöpfen, wenn wir die Freiheit dafür haben.

Deshalb möchte ich hier, ganz am Ende, einige letzte Fragen stellen. Sie mögen ketzerisch klingen. Vielleicht wird sich die ein oder andere Person im ersten Moment persönlich angegriffen fühlen. Aber ich stelle sie trotzdem.

Finden wir es ehrlich gut, wie wir heute arbeiten?

Wollen wir wirklich so weitermachen?

Schreiben wir gerne E-Mails, füllen Formulare aus, arbeiten auf Deadlines hin, sitzen in Meetings? Wollen wir, wenn unser Job in ein paar Jahren automatisiert wird, wirklich in einen anderen Job wechseln, der uns mit einem ähnlichen Gefühl in den Feierabend schickt?

Sind wir wirklich zufrieden – oder sind wir zufrieden genug, in dem Rahmen, der uns aktuell gegeben ist?

Ginge es auch anders?

Natürlich gibt es Berufe, die sinnstiftend und erfüllend sind. Ich habe selbst so einen. Aber: Wenn mein Lebensunterhalt gesichert wäre, würde ich trotzdem weiterhin schreiben – und hätte mehr Freiräume für andere Dinge, die mir wichtig sind. Manche Menschen würden mehr Zeit mit ihren pflegebedürftigen Eltern verbringen und andere häufiger Ja sagen, wenn ihr Kind mit ihnen spielen will. Manche würden selbst einen Esstisch bauen – obwohl sie noch nie ein Möbelstück gebaut haben. Andere würden die lange Fahrradtour machen, die sie immer aufgeschoben haben. Oder einen ganzen Tag am See liegen und mit einer Freundin über die Ängste reden, die wir im Alltag nie so offen ansprechen. Sinnhaft ist das allemal – auch wenn nichts davon ein klassischer Job ist.

Vielleicht haben wir uns mit der heutigen Arbeitswelt in eine Sackgasse manövriert, aus der wir uns jetzt – langsam im Rückwärtsgang – wieder herauswagen können. Denn nur weil wir heute so arbeiten, wie wir arbeiten, heißt das nicht, dass wir für immer so weiterarbeiten müssen. Oder sollten.

Die Arbeit, auf die wir keinen Bock mehr haben? Kann ruhig die KI machen.

LESELISTE

222 DEUTSCHSPRACHIGE BÜCHER

Daren Acemoğlu und Simon Johnson: Macht und Fortschritt: Unser 1000-jähriges Ringen um Technologie und Wohlstand. Übersetzt von Stephan Gebauer, Thorsten Schmidt. Campus, 2023.

Kenza Ait Si Abbou: Menschenversteher. Wie Emotionale Künstliche Intelligenz unseren Alltag erobert. Droemer, 2023.

James Bridle: Die unfassbare Vielfalt des Seins. Jenseits menschlicher Intelligenz. Übersetzt von Andreas Wirthensohn. C. H. Beck, 2023.

Erik Brynjolfsson, Andrew McAfee: The Second Machine Age. Wie die nächste digitale Revolution unser aller Leben verändern wird. Plassen Verlag, 2014.

Friedrich Engels: Die Lage der arbeitenden Klasse in England. Sammlung Hofenberg, 2017.

Martin Ford: Aufstieg der Roboter: Wie unsere Arbeitswelt gerade auf den Kopf gestellt wird – und wie wir darauf reagieren müssen. Übersetzt von Matthias Schulz. Börsenmedien/books4success, 2021.

Hannah Fry: Hello World. Was Algorithmen können und wie sie unser Leben verändern. Übersetzt von Sigrid Schmid. C. H. Beck, 2019.

David Graeber: Bullshit Jobs: Vom wahren Sinn der Arbeit. Klett-Cotta, 2020.

Larissa Holzki, Stephan Scheuer: Inside KI. Wie Künstliche Intelligenz und ihre Pioniere unser Leben und Arbeiten revolutionieren. Herder, 2024.

John Maynard Keynes: Wirtschaftliche Möglichkeiten für unsere Enkel. Übersetzt und herausgegeben von Jens C. Knipp. Reclam, 2024.

Alexander König (Hrsg.): Praxisratgeber Künstliche Intelligenz: Wie Chatbots & Co. den Unterricht verändern. Friedrich Verlag, 2023.

Kai-Fu Lee, Chan Qiufan: AI 2041. Zehn Zukunftsvisionen. Übersetzt von Thorsten Schmidt. Campus, 2022.

Miriam Meckel, Léa Steinacker: Alles überall auf einmal. Rowohlt Verlage, 2024.

Cathy O'Neil: Angriff der Algorithmen. Wie sie Wahlen manipulieren, Berufschancen zerstören und unsere Gesundheit gefährden. Übersetzt von: Karsten Petersen. Hanser Verlag, 2017.

Sarah Raich: Equilon. Roman. dtv, 2023.

Mina Saidze: FairTech. Digitalisierung neu denken für eine gerechte Gesellschaft. Quadriga, 2023.

Mustafa Suleyman, Michael Bhaskar: The Coming Wave. Künstliche Intelligenz, Macht und das größte Dilemma des 21. Jahrhunderts. Übersetzt von Andreas Wirthensohn. C. H. Beck, 2024.

Katharina Zweig: Die KI war's! Heyne, 2023.

ENGLISCHSPRACHIGE BÜCHER

Ruha Benjamin: Race After Technology. Polity, 2019.

Joy Buolamwini: Unmasking AI. My Mission to Protect What Is Human in a World of Machines. Random House, 2023.

Kate Crawford: Atlas of AI. Power, Politics, and the Planetary Costs of Artificial Intelligence. Yale University Press, 2022.

Carl Benedikt Frey: The Technology Trap – Capital, Labor and Power in the Age of Automation. Princeton University Press, 2019.

Mary L. Gray, Siddharth Suri: Ghost Work: How to Stop Silicon Valley from Building a New Global Underclass. HarperCollins, 2019.

Annie Lowrey: Give People Money. How a Universal Basic Income Would End Poverty, Revolutionize Work, and Remake the World. Random House, 2018.

Ethan Mollick: Co-Intelligence. Living and Working with AI. Portfolio Penguin, 2024.

Safiya Umoja Noble: Algorithms of Oppression. How Search Engines Reinforce Racism. NYU Press, 2018.

Kevin Roose: Futureproof. 9 Rules for Humans in the Age of Automation. Random House, 2021.

Hilke Schellmann: The Algorithm. How AI Decides Who Gets Hired, Monitored, Promoted & Fired & Why We Need to Fight Back Now. Hachette Book Group, 2024.

Janelle Shane: You Look Like a Thing and I Love You. How Artificial Intelligence Works and Why It's Making the World a Weirder Place. Headline, 2020.

Daniel Susskind: A World Without Work. Technology, Automation and How We Should Respond. Penguin Books, 2021.

DANKSAGUNG

Danke an KiWi, ganz besonders an meinen Lektor David Rupp: 225
Ohne dich wären meine Bücher nur ein Haufen Wörter.
Danke an alle Kolleg*innen in Presse, Marketing, Design,
Vertrieb, Events, Social Media, Korrektorat, Herstellung, ins-
besondere Philipp Achilles, Rosa Baumgartner, Martina Bohr,
Mara Desgranges, Elisabeth Reith, Luise Ritter, Linda Schulhof
und Ines Wallraff. Danke an Kerstin Gleba, dass ihr mich ein
zweites Mal bei euch aufgenommen habt.

Danke an meine Agentin Gila Keplin und die Agentur Mar-
cel Hartges.

Und danke an Ulrike, die immer meine erste Agentin bleiben wird.

Danke an Gisela Thomas und Lotta Luley, die meine Lese-
reise organisiert haben.

Danke an Miriam Bröckel und Carsten Güth für mein wun-
derschönes Cover.

Danke an Maya Claussen für meine Autorinnen-Fotos.

Danke an meine Leser*innen, ohne die es nie ein zweites
Buch gegeben hätte. Ihr seid die Besten!

Danke an die Buchhändler*innen und Bibliothekar*innen
für all die Unterstützung. Danke an die Volkshochschulen, Stif-
tungen, Buchfestivals und anderen Veranstalter*innen, die Le-
sungen und Diskussionen rund um Bücher organisieren. Danke
an alle Rezensent*innen und Buchblogger*innen, die geholfen
haben, meine Ideen in die Welt zu tragen.

Danke an die Expert*innen, die mit mir gesprochen und mich in ihre Gedanken und Gehirne mitgenommen haben.

Es ist so ein Geschenk, andere Autor*innen als Freund*innen in meinem Leben zu haben. Ihr wisst genau, wie sich dieses Bücherschreiben anfühlt und steht mir immer mit gutem Rat zur Seite. Besonderer Dank an Alice Hasters, Melanie Raabe, Betiel Berhe und Sarah Raich.

Danke an meine Freund*innen für die Kaffeedates, Gespräche, Memes, Lachflashs und Umarmungen, die immer genau dann kamen, wenn ich sie am meisten gebraucht habe. Anne, Anne-Kathrin, Aylin, Aylin Eda, Daniel, Jessi, Jovone, Jule, Julia, Kim, Luise, Matthias, Stephan, Thea, Tina – you light up my life!

Danke an Christian, für alles. You're my favorite person! Und danke an alle Alts!

Danke an die beste Familie, die ich mir wünschen könnte, ich bin so dankbar, dass ich euch habe. Was für ein unfassbares Glück!

ANMERKUNGEN

1. Bitkom, 2023: https://www.bitkom.org/Presse/Presseinformation/Ein-Jahr-ChatGPT-Jeder-Dritte-hat-KI-Chatbot-ausprobiert.

2. DIW Berlin, 2021: https://www.diw.de/de/diw_01.c.830723.de/publikationen/wochenberichte/2021_48_1/kuenstliche_intelligenz_in_deutschland_erwerbstaetige_wissen_oft_nicht_dass_sie_mit_ki-basierten_systemen_arbeiten.html.

3. John McCarthy et al.: A Proposal for the Dartmouth Summer Research Project on Artificial Intelligence. 1955, S. 2. http://jmc.stanford.edu/articles/dartmouth/dartmouth.pdf.

4. Katharina Zweig: Die KI war's! Heyne, 2023, S. 32.

5. https://mitsloan.mit.edu/ideas-made-to-matter/machine-learning-explained.

6. New York Times, 2012: https://www.nytimes.com/2012/06/26/technology/in-a-big-network-of-computers-evidence-of-machine-learning.html.

7. BR, 2023: https://www.br.de/nachrichten/netzwelt/chatgpt-schafft-die-ki-das-bayerische-abitur,TVBjrXE; Bt3n, 2023: https://t3n.de/news/chatgpt-abitur-bayern-bestanden-ki-bildung-1556393/.

8. Nick Bostrom, 2003. https://nickbostrom.com/ethics/ai.

9. Future of Life Institute, 2023: https://futureoflife.org/open-letter/pause-giant-ai-experiments/.

10. WSJ, 2023: https://www.wsj.com/tech/ai/elon-musk-says-his-new-ai-bot-grok-will-have-sarcasm-and-access-to-x-information-b4e169de; Business Insider, 2023: https://www.businessinsider.com/elon-musk-ai-chatbot-grok-sounds-like-foul-mouthed-troll-2023-11.

11. DAIR Institute, 2023: https://www.dair-institute.org/blog/letter-statement-March2023/.

12. OpenAI, 2015: https://openai.com/blog/introducing-openai.

13. Connie Loizos, StrictlyVC, Youtube, 2019, ab 31:35: https://youtu.be/TzcJlKg2Rc0?si=LrSQmyGc2HSDL2w-&t=1908.

14. Europäische Kommission, 2024: https://digital-strategy.ec.europa.eu/de/policies/european-approach-artificial-intelligence; https://data.consilium.europa.eu/doc/document/ST-5662-2024-INIT/en/pdf.

15. Emily M. Bender, Timnit Gebru, Angelina McMillan-Major et al.: On the Dangers of Stochastic Parrots: Can Language Models Be Too Big? In: FAccT'21: Proceedings of the 2021 ACM Conference on Fairness, Accountability, and Transparency, March 2021, S. 610–623. https://dl.acm.org/doi/pdf/10.1145/3442188.3445922.

16. Spiegel Online, 2023: https://www.spiegel.de/netzwelt/apps/new-york-anwalt-blamiert-sich-mit-fake-urteilen-aus-chatgpt-a-8935d1c8-b6c2-4079-8ecd-1cf4c2d33259.

17. OpenAI, 2023. S. 10: https://cdn.openai.com/papers/gpt-4.pdf.

18. AlgorithmWatch, 2023: https://algorithmwatch.org/de/bing-chat-wahlen-2023/#umfragewerte.

19. ReadWrite, 2023: https://readwrite.com/a-look-at-the-curious-winter-break-behavior-of-chatgpt-4/.

20. New York Times, 2024: https://www.nytimes.com/2024/04/06/technology/tech-giants-harvest-data-artificial-intelligence.html.

21. The Atlantic, 2023: https://www.theatlantic.com/technology/archive/2023/06/generative-ai-future-training-models/674478/.

22. Scientific American, 2023: https://www.scientificamerican.com/article/when-it-comes-to-ai-models-bigger-isnt-always-better/.

23. Kate Crawford: Atlas of AI. Power, Politics, and the Planetary Costs of Artificial Intelligence. Yale University Press, 2022, S. 30.

24. Alex de Vries: The growing energy footprint of artificial intelligence. In: Joule, Vol. 7, Issue 10, S. 2191–2193. 2023: https://www.cell.com/joule/abstract/S2542-4351(23)00365-3, abgerufen über https://web.archive.org/web/20231012103809/https://www.cell.com/action/showPdf?pii=S2542-4351%2823%2900365-3.

25. New York Times, 2011: https://www.nytimes.com/2011/09/09/technology/google-details-and-defends-its-use-of-electricity.html.

26. Scientific American, 2023: https://www.scientificamerican.com/article/the-ai-boom-could-use-a-shocking-amount-of-electricity/.

27. Alexandra Sasha Luccioni, Yacine Jernite, Emma Strubell: Power Hungry Processing: Watts Driving the Cost of AI Deployment? 2023: https://arxiv.org/pdf/2311.16863.pdf.

28. David Rolnick et al.: Tackling Climate Change with Machine Learning. In: ACM Computing Surveys, Vol. 55, Issue 2. Article No 42, S. 1–96: https://dl.acm.org/doi/10.1145/3485128#d1e6968; World Economic Forum, 2024: https://www.weforum.org/agenda/2024/02/ai-combat-climate-change/.

29. Amil Merchant et al.: Scaling deep learning for materials discovery. In: Nature 624, 2023, S. 80–85: https://www.nature.com/articles/s41586-023-06735-9.

30. Reuters, 2024: https://www.reuters.com/sustainability/climate-energy/can-artificial-intelligence-pave-way-greener-cement-steel-2024-01-08/.

31. Scientific American, 2023: https://www.scientificamerican.com/article/ais-climate-impact-goes-beyond-its-emissions/.

32. Deutschlandfunk, 2019: https://www.deutschlandfunk.de/lithium-abbau-in-suedamerika-kehrseite-der-energiewende-100.html; NPR, 2023: https://www.npr.org/sections/goatsandsoda/2023/02/01/1152893248/red-cobalt-congo-drc-mining-siddharth-kara; Der Spiegel, 2019: https://www.spiegel.de/wissenschaft/mensch/kobalt-aus-dem-kongo-hier-sterben-menschen-fuer-unsere-e-autos-a-1291533.html;

Friedrich-Naumann-Stiftung, 2023: https://www.freiheit.org/de/pressemitteilung/so-stark-wie-das-schwaechste-glied.

33. Astra Taylor: The Automation Charade. In: Logic Magazine, Issue 5, 2018: https://logicmag.io/failure/the-automation-charade/.

34. TIME, 2023: https://time.com/6247678/openai-chatgpt-kenya-workers/.

35. The Guardian, 2023: https://www.theguardian.com/technology/2023/aug/02/ai-chatbot-training-human-toll-content-moderator-meta-openai.

36. Mary L. Gray, Siddharth Suri: Ghost Work: How to Stop Silicon Valley from Building a New Global Underclass. HarperCollins, 2019.

37. The Guardian, 2024: https://www.theguardian.com/technology/2024/apr/16/techscape-ai-gadgest-humane-ai-pin-chatgpt.

38. Kate Crawford: Atlas of AI, S. 66–68.

39. Ding Wang, Shantanu Prabhat, Nithya Sambasivan: Whose AI Dream? In search of the aspiration in data annotation. In: CHI Conference on Human Factors in Computing Systems (CHI '22), April 29–May 5, 2022: https://arxiv.org/pdf/2203.10748.pdf.

40. The Verge, 2023: https://www.theverge.com/features/23764584/ai-artificial-intelligence-data-notation-labor-scale-surge-remotasks-openai-chatbots.

41. TIME, 2023: https://time.com/6297403/the-workers-behind-ai-rarely-see-its-rewards-this-indian-startup-wants-to-fix-that/.

42. Sueddeutsche.de, 2016: https://www.sueddeutsche.de/digital/diskriminierung-wenn-algorithmen-vorurteile-haben-1.2806403.

43. Joy Buolamwini, Timnit Gebru: Gender Shades: Intersectional Accuracy Disparities in Commercial Gender Classification. In: Proceedings of Machine Learning Research 81:1–15, 2018: https://proceedings.mlr.press/v81/buolamwini18a/buolamwini18a.pdf; http://gendershades.org/overview.html.

44. BBC, 2024: https://www.bbc.com/news/technology-68655429.

45. Washington Post, 2023: https://www.washingtonpost.com/technology/interactive/2023/ai-generated-images-bias-racism-sexism-stereotypes/.

46. The Verge, 2024: https://www.theverge.com/2024/2/21/24079371/google-ai-gemini-generative-inaccurate-historical.

47. Kate Crawford, Atlas of AI, S. 135.

48. Kate Crawford, Atlas of AI, S. 127–128.

49. ZDF Heute, 2023: https://www.zdf.de/nachrichten/wirtschaft/frauen-tech-jobs-studie-100.html; Deutscher Bundestag, 2020: https://www.bundestag.de/dokumente/textarchiv/2020/kw10-pa-enquete-ki-684058.

50. Bundeszentrale für politische Bildung, 2020: https://www.bpb.de/kurz-knapp/zahlen-und-fakten/soziale-situation-in-deutschland/61698/erwerbstaetige-nach-wirtschaftssektoren/.

51. Hermann Bausinger: Arbeit und Freizeit. In: Funkkolleg Geschichte, Studienbegleitbrief 2, Weinheim und Basel 1979, S. 43–86: https://bibliographie.uni-tuebingen.de/xmlui/bitstream/handle/10900/47617/pdf/Bausinger_Hermann_Funkkolleg_Geschichte_Bd.pdf?sequence=1&isAllowed=y.

52. Friedrich Engels: Die Lage der arbeitenden Klasse in England. Hofenberg Digital, 2017, S. 44–45.

53. Nicholas Crafts: Forging Ahead and Falling Behind: The Rise and Relative Decline of the First Industrial Nation. In: Journal of Economic Perspectives, 1998, Vol. 12, No. 2, S. 193–210: https://www.aeaweb.org/articles?id=10.1257/jep.12.2.193.

54. Charles H. Feinstein: Pessimism Perpetuated: Real Wages and the Standard of Living in Britain during and after the Industrial Revolution. In: The Journal of Economic History, 1998, Vol. 58, No. 3, S. 625–658: https://www.jstor.org/stable/2566618; Robert C. Allen: Engels' pause: Technical change, capital accumulation, and inequality in the british industrial revolution. In: Explorations in Economic History, 2009, Vol. 46, Issue 4, S. 418–435: https://www.sciencedirect.com/science/article/abs/pii/S0014498309000199.

55. Friedrich Engels: Die Lage der arbeitenden Klasse in England, S. 46.

56. Smithsonian Magazine, 2011: https://www.smithsonianmag.com/history/what-the-luddites-really-fought-against-264412/.

57. Thomas Pynchon: Is It O.K. To Be A Luddite? In: New York Times, 1984: https://archive.nytimes.com/www.nytimes.com/books/97/05/18/reviews/pynchon-luddite.html.

58. Daron Acemoğlu, Simon Johnson: Power and Progress: Our Thousand-Year Struggle Over Technology and Prosperity. Basic Books London, 2023, S. 129–132. Auf Deutsch erschienen als: Macht und Fortschritt: Unser 1000-jähriges Ringen um Technologie und Wohlstand. Übersetzt von Stephan Gebauer, Thorsten Schmidt. Campus, 2023; Digital Public Library of America, 2018: https://dp.la/primary-source-sets/cotton-gin-and-the-expansion-of-slavery.

59. PBS: https://www.pbs.org/wgbh/aia/part3/3i3126.html.

60. Arunima Datta: Women in the business of waking up industrial Britain. 2020, Journal of Victorian Culture Online: https://jvc.oup.com/2020/06/12/waking-up-industrial-britain/; Arunima Datta: Knocker Ups: A Social History of Waking Up in Victorian Britain's Industrial Towns. Journal of Victorian Culture, 2020, Vol. 25, No. 3, S. 331–348: https://academic.oup.com/jvc/advance-article/doi/10.1093/jvcult/vcaa013/5829726, https://watermark.silverchair.com/vcaa013.pdf.

61. »Hier Amt, wie beliebt?« Die Telefonistin. Ein historischer Frauenberuf bei der Post. Eine virtuelle Ausstellung der Museumsstiftung Post und Telekommunikation. Kuratorin: Anjuli Spieker. https://artsandculture.google.com/story/-wVBHt0Ki7HnLA?hl=de, https://www.lebenx0.de/hier-amt-was-beliebt/; AT&T Media Newsroom, 31. Oktober 2003, via Internet Archive: https://web.archive.org/web/20110608014824/http://www.att.com/gen/press-room?pid=4800&cdvn=news&newsarticleid=20902.

62. MIT News, 2020: https://news.mit.edu/2020/study-inks-automation-inequality-0506; Daron Acemoğlu, Pascual Restrepo: Automation and New Tasks: How Technology Displaces and Reinstates Labor. In: Journal of Economic Perspectives, 2019, Vol. 33, No. 2, S. 3–30: https://pubs.aeaweb.org/doi/pdfplus/10.1257/jep.33.2.3.

63. Hermann Gartner, Heiko Stüber: Arbeitsplatzverluste werden durch neue Arbeitsplätze immer wieder ausgeglichen. In: IAB-Kurzbericht, 13/2019: https://doku.iab.de/kurzber/2019/kb1319.pdf.

64. Statistisches Bundesamt, 2022: https://www.destatis.de/DE/Themen/Arbeit/Arbeitsmarkt/Qualitaet-Arbeit/Dimension-5/tarifbindung-arbeitnehmer.html.

65. Daron Acemoğlu, Simon Johnson: Power and Progress. S. 279–280.

66. Milton Friedman: A Friedman doctrine. In: New York Times, 1970: https://www.nytimes.com/1970/09/13/archives/a-friedman-doctrine-the-social-responsibility-of-business-is-to.html.

67. Aristoteles, Politik, Erstes Buch, Viertes Kapitel, Übersetzt von J. H. v. Kirchmann. Verlag der Dürr'schen Buchhandlung, Philosophische Bibliothek Band 7. Leipzig, 1880; https://www.projekt-gutenberg.org/aristote/politik/chap002.html.

68. John Maynard Keynes: Wirtschaftliche Möglichkeiten für unsere Enkel. Übersetzt und herausgegeben von Jens C. Knipp. Reclam, 2024, S. 13.

69. Statistisches Bundesamt, 2023: https://www.destatis.de/DE/Presse/Pressemitteilungen/2023/06/PD23_N032_81.html.

70. John Maynard Keynes, Wirtschaftliche Möglichkeiten für unsere Enkel 2024, S. 14.

71. David Graeber: On the Phenomenon of Bullshit Jobs: A Work Rant. In: Strike! Magazine, 2013, Issue 3: https://strikemag.org/bullshit-jobs/.

72. John Maynard Keynes, 2024, S. 15–16.

73. John Maynard Keynes, Wirtschaftliche Möglichkeiten für unsere Enkel, S. 17–21.

74. Carl Benedikt Frey: The Technology Trap – Capital, Labor and Power in the Age of Automation. Princeton University Press, 2019, S. 6.

75. Techcrunch, 2024: https://techcrunch.com/2024/01/09/duolingo-cut-10-of-its-contractor-workforce-as-the-company-embraces-ai/.

76. Klarna, 2024: https://www.klarna.com/international/press/klarna-ai-assistant-handles-two-thirds-of-customer-service-chats-in-its-first-month/; CBS News, 2024: https://www.cbsnews.com/news/klarna-ceo-ai-chatbot-replacing-workers-sebastian-siemiatkowski/.

77. The Telegraph, 2023: https://www.telegraph.co.uk/business/2023/12/03/klarna-chief-bets-ai-app-freezes-hiring/.

78. Reuters, 2023: https://www.reuters.com/technology/ibm-pause-hiring-plans-replace-7800-jobs-with-ai-bloomberg-news-2023-05-01/.

79. The Guardian, 2023: https://www.theguardian.com/business/2023/may/18/bt-cut-jobs-telecoms-group-workforce.

80. BBC, 2024: https://www.bbc.com/news/business-68144738.

81. WELT, 2024: https://www.welt.de/wirtschaft/article249698774/Softwarehersteller-SAP-will-wegen-KI-Grossumbau-8000-Stellen-streichen.html.

82. PwC, 2024: https://www.pwc.com/gx/en/issues/c-suite-insights/ceo-survey.html.

83. Handelsblatt, 2024: https://www.handelsblatt.com/technik/ki/weltwirtschaftsforum-niemand-hat-vor-sie-durch-ki-zu-ersetzen/100006958.html.

84. Microsoft Worklab, 2023: https://www.microsoft.com/en-us/worklab/podcast/how-copilot-is-transforming-one-global-creative-agency.

85. SWR, 2022: https://www.swr.de/swraktuell/baden-wuerttemberg/stuttgart/olg-stuttgart-mit-ki-gegen-flut-von-dieselklagen-100.html.

86. WDR-Lokalzeit, 2023: https://www1.wdr.de/lokalzeit/landwirtschaft/technik-ki-roboter-kuhstall-100.html.

87. Architektur-Fachmagazin, 2023: https://www.architektur-online.com/kolumnen/bauroboter-automatisierung-auf-der-baustelle.

88. Washington Post, 2023: https://www.washingtonpost.com/technology/2023/03/18/gpt4-review/; Spiegel, 2024: https://www.spiegel.de/wissenschaft/technik/kuenstliche-intelligenz-chatgpt-besteht-turing-test-zu-menschlichem-verhalten-a-0af83891-e0ce-46cc-baf5-e0dae4caadee.

89. Hilke Schellmann: The Algorithm. Hachette Books, 2024.

90. Reuters, 2018, Link via Wayback Machine: https://web.archive.org/web/20181010041625/https://www.reuters.com/article/us-amazon-com-jobs-automation-insight/amazon-scraps-secret-ai-recruiting-tool-that-showed-bias-against-women-idUSKCN1MK08G; Hilke Schellmann: The Algorithm, S. 5.

91. Hilke Schellmann: The Algorithm, S. 12–13.

92. Hilke Schellmann: The Algorithm, S. 23–24.

93. Hilke Schellmann: The Algorithm, S. 146–149.

94. Hilke Schellmann: The Algorithm, S. 119–120.

95. Sara Weber: Die Welt geht unter, und ich muss trotzdem arbeiten? Kiepenheuer & Witsch, 2023, S. 113–114.

96. Hilke Schellmann: The Algorithm, S. 289–290.

97. Hilke Schellmann: The Algorithm, S. 21–23.

98. KIDD-Handbuch, 2024: https://kidd-handbuch.gitbook.io/kuenstliche-intelligenz-im-dienste-der-diversitaet/einfuehrung/readme.

99. KI-Observatorium, 2023: https://www.ki-observatorium.de/rubriken/anwenden/transparenz-und-menschliche-kontrolle-von-ki-systemen-in-der-betrieblichen-praxis.

100. AlgorithmWatch, 2019: https://algorithmwatch.org/de/polnische-regierung-schafft-umstrittenes-scoring-system-fuer-arbeitslose-ab/; Fundacja Panoptykon, 2015: https://www.ohchr.org/sites/default/files/Documents/Issues/Poverty/DigitalTechnology/LSE_appendix2.pdf; Netzpolitik.org, 2020: https://netzpolitik.org/2020/warum-das-scoring-polnischer-arbeitssuchender-gescheitert-ist/.

101. Der Standard, 2024: https://www.derstandard.at/story/3000000201774/vorurteile-und-zweifelhafte-umsetzung-der-ams-ki-chatbot-trifft-auf-spott-und-hohn; @ TDomej, x.com, 2024: https://twitter.com/TDomej/status/1742575803592786132; Lisa-Marie Idowu, LinkedIn.com, 2024: https://www.linkedin.com/posts/lisa-marie-idowu_diversität-rassismus-sexismus-activity-7150010764622299136-9Z0e/.

102. Bertelsmann Stiftung, 2020: https://www.bertelsmann-stiftung.de/fileadmin/files/user_upload/Handreichung_fuer_die_digitale_Verwaltung_Algo.Rules_12_2020.pdf; Bertelsmann Stiftung, 2020: https://algorules.org/de/startseite.

103. WGA, 2023: https://www.wgacontract2023.org/the-campaign/what-we-won.

104. Spektrum.de, 2023: https://www.spektrum.de/news/ersetzt-kuenstliche-intelligenz-bald-schauspieler/2166312.

105. SAG-AFTRA, 2023: https://www.sagaftra.org/files/sa_documents/TV-Theatrical_23_ Summary_Agreement_Final.pdf.

106. Betriebsverfassungsgesetz, § 90: https://www.gesetze-im-internet.de/betrvg/__90. html; Betriebsverfassungsgesetz, § 87: https://www.gesetze-im-internet.de/ betrvg/__87.html.

107. ver.di, 2022: https://www.verdi.de/themen/nachrichten/++co++f2ad4dfe-4bb5-11ed-a9ca-001a4a16012a.

108. Zeit Online, 2024: https://www.zeit.de/wirtschaft/2024-01/amazon-strafe-frankreich-lager-ueberwachung.

109. Tagesschau.de, 2023: https://www.tagesschau.de/investigativ/ndr/amazon-betriebsraete-101.html.

110. Correctiv, 2022: https://correctiv.org/aktuelles/ungerechte-arbeit/2022/11/23/ amazon-kurierfahrer-lkw-logistikzentrum-paket/.

111. Beth Gutelius, Sanjay Pinto: Pain Points: Data on Work Intensity, Monitoring and Health at Amazon Warehouses. University of Illinois at Chicago, 2023: https:// indigo.uic.edu/articles/report/Pain_Points_Data_on_Work_Intensity_Monitoring_ and_Health_at_Amazon_Warehouses/24435124.

112. Kate Crawford: Atlas of AI, S. 84–85.

113. T3n, 2023: https://t3n.de/news/urteil-amazon-mitarbeiter-ueberwachung-1533586/.

114. @ambergirts, Tiktok, 2023: https://www.tiktok.com/@ambergirts/ video/7203767968629689646; Business Insider, 2023: https://www.businessinsider. com/amazon-delivery-driver-shares-viral-tiktok-ai-monitoring-system-tracking-2023-2.

115. The Information, 2021: https://www.theinformation.com/articles/how-amazon-is-using-high-tech-cameras-to-rate-driver-safety; Business Insider, 2021: https:// www.businessinsider.com/amazon-ai-cameras-score-driver-safety-decide-pay-employment-report-2021-8.

116. Bloomberg, 2021: https://www.bloomberg.com/news/features/2021-06-28/fired-by-bot-amazon-turns-to-machine-managers-and-workers-are-losing-out.

117. Computerwoche, 2021: https://www.computerwoche.de/a/ueberwachung-der-mitarbeiter-nimmt-zu,3552329.

118. Hilke Schellmann: The Algorithm, S. 206–207.

119. Zentralverband des Deutschen Bäckerhandwerks, 2023: https://www. baeckerhandwerk.de/baeckerhandwerk/zahlen-fakten/.

120. BG BAU, 2023: https://bauportal.bgbau.de/bauportal-32023/thema/meldungen/ rund-um-die-bg-bau/mit-kuenstlicher-intelligenz-ki-fuer-sichere-arbeitsplaetze-in-der-bauwirtschaft.

121. Bitkom, 2023: https://www.bitkom.org/Presse/Presseinformation/ChatGPT-in-Schule-nutzen.

122. Ständige Wissenschaftliche Kommission der Kultusministerkonferenz: Large Language Models und ihre Potenziale im Bildungssystem. 2024. https:// www.swk-bildung.org/content/uploads/2024/02/SWK-2024-Impulspapier_ LargeLanguageModels.pdf.

123. Friedrich-Gymnasium Freiburg, 2023: https://www.fg-freiburg.de/fg/aktuelles/ meldungen/2023_mathematik_lichterketten.php.

124. Alicia Bankhofer: Gewusst wie, warum und wann. In: Praxisratgeber Künstliche Intelligenz: Wie Chatbots & Co. den Unterricht verändern. Herausgeber: Alexander König. Friedrich Verlag, 2023, S. 12–13.

125. Elona Gutschlag, Fanny Hanff: ChatGPT als Recherchetool. In: Praxisratgeber Künstliche Intelligenz. 2023, S. 19–22.

126. Stefan Wilsmann: Künstliche Intelligenz oder Kunst-Intelligenz? In: Praxisratgeber Künstliche Intelligenz, 2023, S. 33–35.

127. Robert Bosch Stiftung, 2022: https://www.bosch-stiftung.de/de/schulbarometer/lehrerumfrage-arbeitsbelastung.

128. Deutsches Schulportal, 2023: https://deutsches-schulportal.de/bildungswesen/lehrerarbeitszeit-infografik-so-viele-stunden-arbeiten-lehrerinnen-und-lehrer-wirklich/.

129. Janina Brüggemann, 2023: https://mathemia.de/blog/2023-10-08-chatgpt-und-mathpix/.

130. Tim Kantereit: Leichter unterrichten? In: Praxisratgeber Künstliche Intelligenz, 2023, S. 38–39.

131. Deutschlandfunk, 2023: https://www.deutschlandfunk.de/wirtschaftsinformatikerin-wessels-chatgpt-auch-in-klassenzimmern-auf-dem-vormarsch-100.html.

132. Sal Khan: How AI could save (not destroy) education. TED, 2023: https://www.ted.com/talks/sal_khan_how_ai_could_save_not_destroy_education/transcript.

133. TUM, 2023: https://www.tum.de/aktuelles/alle-meldungen/pressemitteilungen/details/chatgpt-kann-zu-mehr-bildungsgerechtigkeit-fuehren.

134. Matthew Beane: Shadow Learning: Building Robotic Surgical Skill When Approved Means Fail. Administrative Science Quarterly, 2019, 64 (1), S. 87–123: https://journals.sagepub.com/doi/full/10.1177/0001839217751692.

135. Städtische Kliniken Mönchengladbach, 2022: https://www.sk-mg.de/Pressemitteilung/2022-12-20/Staedtische-Kliniken-Moenchengladbach-initiieren-Projekt-fuer-KIbasiertes-Assistenzsystem-zur-Priorisierung-in-der-Notaufnahme.htm.

136. SWR 1, 2023: https://www.swr.de/swr1/hausarztpraxis-in-rauenberg-setzt-ki-telefon-assistenten-ein-100.html.

137. MDR, 2023: https://www.mdr.de/wissen/krebs-cup-syndrom-ki-kann-tumor-herkunft-erkennen-100.html; MIT News, 2023: https://news.mit.edu/2023/ai-model-can-help-determine-where-patients-cancer-arose-0807.

138. Aerzteblatt.de, 2022: https://www.aerzteblatt.de/archiv/226738/Aerztliche-Versorgung-Schlechte-Rahmenbedingungen-sorgen-fuer-grossen-Frust.

139. Kassenärztliche Bundesvereinigung, 2020: https://www.kbv.de/media/sp/BIX2020_Projektbericht.pdf.

140. Ärztezeitung, 2017: https://www.aerztezeitung.de/Wirtschaft/Deutsche-Aerzte-nehmen-sich-rund-sieben-Minuten-Zeit-pro-Patient-298572.html.

141. Web.de, 2022: https://web.de/magazine/gesundheit/hausarzt-abgefertigt-studien-zeigen-folgen-gesundheit-36574916.

142. Tagesschau.de, 2022: https://www.tagesschau.de/inland/gesellschaft/aerzte-marburger-bund-103.html.

143. Barmer, 2023: https://www.barmer.de/resource/blob/1143786/1b8d8606f75a5778f8c7ccfef93d6e59/pflegestudie-coronabezogene-ressourcen-und-belastungsanalyse-bei-pflegekraeften-data.pdf.

144. Ärztezeitung, 2023: https://www.aerztezeitung.de/Wirtschaft/Alten-und-Krankenpflege-fehlten-im-vergangenen-Jahr-rund-35000-Fachkraefte-438336.html.

145. Deutsches Institut für Menschenrechte, 2022: https://www.institut-fuer-menschenrechte.de/aktuelles/detail/gesundheitsversorgung-von-menschen-mit-behinderungen-verbessern.

146. Antidiskriminierungsstelle des Bundes, 2021: https://www.antidiskriminierungsstelle.de/SharedDocs/downloads/DE/publikationen/Expertisen/diskrimrisiken_diskrimschutz_gesundheitswesen.pdf

147. Scientific American, 2023: https://www.scientificamerican.com/article/ai-chatbots-can-diagnose-medical-conditions-at-home-how-good-are-they/.

148. Wired, 2021: https://www.wired.com/story/new-algorithms-reduce-racial-disparities-health-care/; Science Writer, 2021: https://www.thesciencewriter.org/issue-1/ai-tool-narrows-pain-disparity-for-black-patients-with-knee-osteoarthritis-study-finds.

149. Karan Singhal, Shekoofeh Azizi et al.: Large Language Models Encode Clinical Knowledge. 2022: https://arxiv.org/pdf/2212.13138.pdf.

150. John W. Ayers et al.: Comparing Physician and Artificial Intelligence Chatbot Responses to Patient Questions Posted to a Public Social Media Forum. *JAMA Intern Med.* 2023, 183 (6), S. 589–596; https://jamanetwork.com/journals/jamainternalmedicine/fullarticle/2804309.

151. Bundeszentrale für politische Bildung, 2023: https://www.bpb.de/themen/migration-integration/laenderprofile/deutschland/543561/herausforderungen-fuer-zugewanderte-pflegekraefte/.

152. Hynn Koo, Edward Steager, University of Pennsylvania, 2022: https://penntoday.upenn.edu/news/penn-dental-engineering-shapeshifting-microrobots-can-brush-and-floss-teeth.

153. ZDNet, 2023: https://www.zdnet.com/article/can-ai-curb-loneliness-in-older-adults-this-robot-companion-is-proving-its-possible/.

154. TU München, 2022: https://geriatronics.mirmi.tum.de/de/garmi-roboter/; Münchner Merkur, 2023: https://www.merkur.de/lokales/garmisch-partenkirchen/garmisch-partenkirchen-ort28711/robotik-forschung-in-garmisch-partenkirchen-weltweit-an-nummer-eins-92686513.html.

155. DLR, Institut für Robotik und Mechatronik, 2022: https://www.dlr.de/de/rm/downloads/projekte/smile/Whitepaper_DLR_Pflege_und_Alter.pdf.

156. MIT Technology Review, 2023: https://www.technologyreview.com/2023/01/09/1065135/japan-automating-eldercare-robots/.

157. Euronews, 2023: https://www.euronews.com/next/2023/09/19/is-this-drinks-companys-ai-powered-ceo-a-gimmick-or-the-future-of-work.

158. Business Insider, 2023: https://www.businessinsider.com/video-game-company-made-bot-its-ceo-stock-climbed-2023-3.

159. Wirtschaftswoche, 2023: https://www.wiwo.de/finanzen/boerse/gehalt-so-viel-verdienen-die-top-manager-der-dax-konzerne-aktuell-/29330938.html.

160. Initiative Chef:innensache, 2022: https://chefinnensache.de/karrierezuversicht-sinkt-auf-einen-tiefstand/.

161. Niels Van Quaquebeke, Fabiola H. Gerpott: The Now, New, and Next of Digital Leadership: How Artificial Intelligence (AI) Will Take Over and Change Leadership as We Know It. In: Journal of Leadership & Organizational Studies, 2023, Vol. 30 (3), 265–275. S. 1: https://journals.sagepub.com/doi/pdf/10.1177/15480518231181731.

162. Jay Dixon, Bryan Hong, Lynn Wu: The Robot Revolution: Managerial and Employment Consequences for Firms. In: Management Science, 2021, 67 (9), S. 8-16: https://papers.ssrn.com/sol3/papers.cfm?abstract_id=3422581; Wharton School, 2023: https://knowledge.wharton.upenn.edu/article/how-are-ai-and-robotics-redefining-productivity/.

163. Quartz, 2019: https://qz.com/1698337/replika-this-app-is-trying-to-replicate-you.

164. Bethanie Maples, Merve Cerit, Aditya Vishwanath, Roy Pea: Loneliness and suicide mitigation for students using GPT3-enabled chatbots. In: npj Mental Health Research 3, 2024: https://www.nature.com/articles/s44184-023-00047-6.

165. Tagesschau.de, 2023: https://www.tagesschau.de/wissen/forschung/ki-psychotherapie-100.html; BBC, 2024: https://www.bbc.com/news/technology-67872693.

166. Fabrizio Dell'Acqua et al.: Navigating the Jagged Technological Frontier: Field Experimental Evidence of the Effects of AI on Knowledge Worker Productivity and Quality. In: Harvard Business School Technology & Operations Mgt. Unit Working Paper, 2023, No. 24–013, S. 8-16: https://papers.ssrn.com/sol3/papers.cfm?abstract_id=4573321.

167. Bundesministerium für Arbeit und Soziales: Fachkräftemonitoring für das BMAS – Mittelfristprognose bis 2027, 2023: https://www.bmas.de/SharedDocs/Downloads/DE/Publikationen/Forschungsberichte/fb-625-fachkraeftemonitoring-bmas-mittelfristprognose-2027.pdf?__blob=publicationFile&v=3.

168. Alexander Burstedde, Gero Kunath, Dirk Werner: Fachkräftemangel trotz Arbeitslosigkeit – kein Widerspruch. In: IW-Kurzbericht Nr. 47, 2023: https://www.iwkoeln.de/studien/alexander-burstedde-gero-kunath-dirk-werner-fachkraeftemangel-trotz-arbeitslosigkeit-kein-widerspruch.html.

169. Der Spiegel, 2022: https://www.spiegel.de/wirtschaft/soziales/bis-2030-koennten-fuenf-millionen-fachkraefte-fehlen-a-a9dcf938-2156-4c98-9861-fc08a33c0439.

170. Carl Benedikt Frey, Michael Osborne: The Future of Employment: How Susceptible are Jobs to Computerisation? Working Paper. Oxford Martin School, University of Oxford, 2013: https://www.oxfordmartin.ox.ac.uk/downloads/academic/future-of-employment.pdf, veröffentlicht in: Technological Forecasting and Social Change, 2017, Vol. 114, S. 254–280: https://doi.org/10.1016/j.techfore.2016.08.019.

171. Frey, Osborne, 2013, S. 1.

172. Forbes, 2024: https://www.forbes.com/sites/timbajarin/2024/03/20/nvidias-ceo-on-the-democratization-of-coding/.

173. Frey, Osborne, 2013, S. 24–25.

174. Frey, Osborne, 2013, S. 39.
175. Frey, Osborne, 2013, S. 41.
176. Holger Bonin, Terry Gregory, Ulrich Zierahn: Übertragung der Studie von Frey/ Osborne (2013) auf Deutschland. Endbericht. Bundesministerium für Arbeit und Soziales, 2015: https://www.bmas.de/SharedDocs/Downloads/DE/Publikationen/ Forschungsberichte/fb-455.pdf?__blob=publicationFile&v=2.
177. Carl Benedikt Frey, Michael Osborne: Generative AI and the Future of Work: A Reappraisal. Working Paper. Oxford Martin School, University of Oxford, 2023: https://www.oxfordmartin.ox.ac.uk/downloads/academic/2023-FoW-Working-Paper-Generative-AI-and-the-Future-of-Work-A-Reappraisal-combined.pdf.
178. Frey, Osborne, Generative AI and the Future of Work, S. 3.
179. Frey, Osborne, Generative AI and the Future of Work, S. 4–5.
180. Léonard Boussioux, Jacqueline N. Lane et al.: The Crowdless Future? How Generative AI Is Shaping the Future of Human Crowdsourcing. Working Paper. Harvard Business School, 2023: https://papers.ssrn.com/sol3/papers.cfm?abstract_id=4533642.
181. Frey, Osborne, Generative AI and the Future of Work, S. 7.
182. Katja Grace, Harlan Stewart et al.: Thousands of AI Authors on the Future of AI (Preprint). January 2024: https://aiimpacts.org/wp-content/uploads/2023/04/ Thousands_of_AI_authors_on_the_future_of_AI.pdf.
183. Yahav Avigal, Lars Berscheid et al.: SpeedFolding: Learning Efficient Bimanual Folding of Garments. 2022: https://arxiv.org/abs/2208.10552; NPR.org, 2022: https:// www.npr.org/2022/10/22/1130552239/robot-folding-laundry.
184. World Economic Forum, 2023: https://www.weforum.org/agenda/2023/09/jobs-ai-will-create/.
185. Goldman Sachs, 2023: https://www.gspublishing.com/content/research/en/ reports/2023/03/27/d64e052b-0f6e-45d7-967b-d7be35fabd16.html.
186. Kenan Institute, 2023: https://kenaninstitute.unc.edu/kenan-insight/will-generative-ai-disproportionately-affect-the-jobs-of-women/.
187. David Baboolall, Duwain Pinder et al.: Automation and the Future of the African American Workforce. McKinsey & Company, 2018: https://www.mckinsey.com/ featured-insights/future-of-work/automation-and-the-future-of-the-african-american-workforce.
188. Fortune, 2023: https://fortune.com/2023/08/31/ai-remote-workers-threat-nick-bloom-work-from-home/.
189. Rest of World, 2023: https://restofworld.org/2023/ai-revolution-outsourced-workers/.
190. ILO, 2016: https://www.ilo.org/wcmsp5/groups/public/---asia/---ro-bangkok/---sro-bangkok/documents/publication/wcms_538193.pdf.
191. Online Labour Observatory, 2021: http://onlinelabourobservatory.org/paper/ oli2021/.
192. Bertelsmann Stiftung, 2021: https://www.bertelsmann-stiftung.de/fileadmin/files/ BSt/Publikationen/GrauePublikationen/OECD_BSt_Broeckelt_die_Mittelschicht. pdf.

193. Hans-Böckler-Stiftung, 2023: https://www.boeckler.de/de/pressemitteilungen-2675-deutsche-milliardenvermogen-superreiche-54381.htm.

194. Netzwerk Steuergerechtigkeit, 2024: https://www.netzwerk-steuergerechtigkeit.de/wp-content/uploads/2024/04/Besteuerung_Reichtum_D_Aut_CHE.pdf; Tagesschau.de, 2023: https://www.tagesschau.de/wirtschaft/weltwirtschaft/milliardaere-erbschaften-100.html; Spiegel.de, 2024: https://www.spiegel.de/wirtschaft/unternehmen/dax-unternehmen-in-deutschland-zahlen-rekord-dividende-a-00680582-916a-4966-93f1-cb9b25e09783.

195. Daron Acemoğlu, Simon Johnson: Power and Progress. S. 219–221.

196. Ethan Mollick: Co-Intelligence. Living and Working with AI. Portfolio Penguin, 2024, S. 143–147.

197. MIT Management Sloan School, 2019: https://mitsloan.mit.edu/ideas-made-to-matter/lure-so-so-technology-and-how-to-avoid-it.

198. The Guardian, 2024: https://www.theguardian.com/commentisfree/2024/apr/10/amazon-ai-cashier-less-shops-humans-technology.

199. NPR, 2023: https://www.npr.org/sections/money/2023/05/09/1174933574/what-if-ai-could-rebuild-the-middle-class.

200. David H. Autor: Why Are There Still So Many Jobs? The History and Future of Workplace Automation. In: Journal of Economic Perspectives, 2015, Vol. 29, No. 3, S. 3–30: https://pubs.aeaweb.org/doi/pdfplus/10.1257/jep.29.3.3.

201. Statistisches Bundesamt, 2024: https://www.destatis.de/DE/Presse/Pressemitteilungen/2024/02/PD24_050_62.html.

202. Shakked Noy, Whitney Zhang: Experimental evidence on the productivity effects of generative artificial intelligence. In: Science, 2023, Vol. 381, No. 6654, S. 187–192: https://www.science.org/doi/10.1126/science.adh2586.

203. New York Times, 2023: https://www.nytimes.com/2023/05/28/opinion/artificial-intelligence-thinking-minds-concentration.html.

204. Robert Peters, Klaus Burmeister, Wenke Apt: Arbeiten mit Künstlicher Intelligenz – fünf Kurzszenarien zur »Mensch-Technik-Interaktion 2030«. Denkfabrik Digitale Arbeitsgesellschaft, Bundesministerium für Arbeit und Soziales, 2023: https://www.denkfabrik-bmas.de/fileadmin/Downloads/Publikationen/Arbeiten_mit_KI_fuenf_Szenarien_2030_bf.pdf.

205. Arbeit 2050: Drei Szenarien. Neue Ergebnisse einer internationalen Delphi-Studie des Millennium Project. Bertelsmann Stiftung, 2019: https://www.bertelsmann-stiftung.de/fileadmin/files/BSt/Publikationen/GrauePublikationen/Arbeit_2050_Drei_Szenarien..pdf.

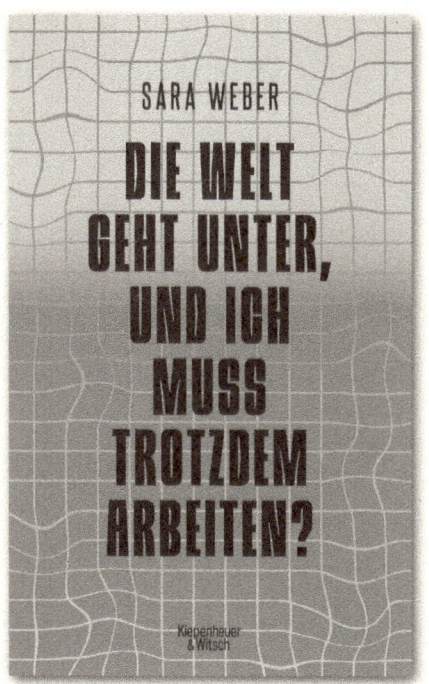

»Das Buch, das es gerade braucht! Sara Weber gibt kluge, konstruktive, klare Gedanken zum Thema Arbeit, und die wirken wie Medizin gegen die Verzweiflung.« *Alice Hasters*

Kiepenheuer & Witsch

Leseproben und mehr unter www.kiwi-verlag.de